“ 아름다운 아이들이 있는 곳에서 ”
교사로 살아가는 길

이론과 실제가 함께 담긴

교직실무

TEACHING PRACTICE

| 정주영 저 |

학지사

머리말

평범한 스승은 말을 하고, 좋은 스승은 설명을 하고,
우수한 스승은 모범을 보이고, 위대한 스승은 감화를 준다.
-앨프리드 화이트헤드-

취업에 대한 걱정, 불안한 미래, 혼란스러운 사회 · 경제적 상황으로 인해 요즘은 교직을 꿈꾸는 사람들이 많다. 이런 사람들의 눈에는 교직이 그저 그만인 직장으로 비춰질 것이다. 신분이 보장되고, 월급이 고정적으로 나오며, 심지어 정시 퇴근에 방학까지 있는 아주 멋진 직업으로 말이다. 이와는 반대로 아이들을 가슴에 품고 그들과 함께 호흡하며 그들의 숨결에 따라 나의 행복이 날마다 싹이 트는 그런 아름다운 공간으로 교직을 꿈꾸는 사람도 있다. 이런 사람들의 눈에는 교직이 희망과 미래, 비전과 사랑이 싹트는 공간으로 비춰질 것이다.

앞에 두 부류의 사람들이 보는 교직의 특성은 모두 맞다. 하지만 또 반대로는 두 부류의 사람 모두 틀렸다고 말할 수 있다. 교직에 오랜 시간 몸담았고, 또 현재 교직에 몸담고 있는 우리는 감히 말할 수 있다. 교직은 여러분이 생각하는 그리 단순한 곳이 아니라는 것을 말이다. 아이들과 함께 뒹굴고 웃으며 꿈을 키워 나가는 공간임과 동시에 그것을 위해 교사가 해야 할 일이 얼마나 많으며, 복잡한지……. 이

땅에서 교사로 살아간다는 것이 참으로 많은 것을 감내하고 참으며 기다리는 시간의 연속임을 우리는 뼈저리게 느끼고 있다.

밖에서 바라보는 교직의 모습은 참 평화로워 보인다. 안에서 바라보는 교직의 모습도 사실 그리 혼란스러워 보이지는 않다. 밖에서는 교직을 잘 모르기 때문이고 안에서는 이미 교사들 스스로 하는 일에 적응이 되었기 때문이다. 하지만 교사가 하는 일을 하나씩 들여다보면 실로 놀라울 정도로 그 직무와 일이 많고 복잡하다. 이 책도 사실 그 내용을 모두 담아내지 못할 정도이니, 웬만한 직업 안내서에 비해 교직이 얼마나 많은 일을 감당해야 하는지 미루어 짐작할 수 있다.

우리는 현장에 근무한 경험을 바탕으로 교사들이 구체적으로 어떤 활동을 하는지 이론적 · 실제적 · 현실적 · 사실적으로 밝혀 주기를 원했다. 그래서 이 땅에서 교사로 살아간다는 것이 단순한 일이 아님을 알려 주고 싶었다. 더불어 교사는 교사 나름대로, 또 교사가 되기 위해 준비하는 사람은 그들 나름대로 이 책이 교직에 대한 자그마한 길라잡이가 되기를 희망하였다. 글을 쓰면서 늘 느끼는 것이지만 아쉬움이 많이 남는다. 보다 더 최신의 자료와 풍성한 내용을 담고 싶었으나 역량이 많이 부족함을 느낀다. 앞으로 더욱 알차게 돌아오기를 기대해 본다.

끝으로, 꼭 감사의 말을 전해 주고 싶은 분이 있다. "어머니! 불편한 몸임에도 부족한 아들을 바라보는 당신의 그 청아한 눈빛은 제게 그 어떤 선생님보다 훌륭한 가르침이 됩니다. 또한 당신의 그 따스한 가슴은 제가 느낀 그 어떤 사랑보다 크고 깊은 것입니다. 당신의 존재 자체가 제게는 행복이며 감사함입니다. 가르치는 사람으로 오랜 기간 교단에 서 있지만, 제 인생 한걸음 한걸음에 수놓인 당신의 눈물자국보다 훌륭한 스승을 만난 적이 없습니다. 오래 강녕하시기를 진심으로 기원합니다." 그리고 공부하는 사람을 남편으로 만나 많은 것을 포기하고 많은 것을 지원해 주고 있는 사랑하는 아내에게도 그 고마움을 표한다.

아울러, 이 책이 출판되기까지 여러모로 도움을 주신 학지사 김진환 사장님과 김은석 부장님께 진심으로 감사의 말씀을 올린다.

2013년 3월 동의대 엄광산 자락에서

정주영

차 례

제2부 학교 차원

책장을 열며

교사로 살아간다는 것은 참으로 행복한 일임과 동시에 참으로 어려운 일이다. 교직의 특수성으로 인해 받게 되는 강한 책무성과 많은 오해가 있는 것이 사실이다. 사실 교직은 외부에서 바라보는 것처럼 단순히 가르치고 배우는 활동만 존재하는 것은 아니다. 헤아릴 수 없이 다양하고 역동적인 문제들이 시시각각 발생한다. 이러한 교직생활에 대해 알아보는 첫걸음으로, 여기서는 먼저 교직이란 무엇이며 교직윤리란 또 무엇인지, 그리고 어떤 교원단체들이 있는지를 알아본다. 이를 통해 학술적으로 그리고 일반적으로 교사에 대한 인식이 어떠한지 살펴보도록 한다.

1부
교직생활

이 장의 주제

- 교직과 교직관의 개념을 통해 교직을 바라보는 다양한 관점을 이해한다.
- 교직윤리를 학습하며 교사로서 갖추어야 할 덕목은 무엇인지 확인한다.
- 교사가 가입할 수 있는 교원단체에는 무엇이 있는지 확인해 보고, 각 단체의 특징과 역할을 살펴본다.

1장 교직과 교직관

1. 교직과 교직문화

교사에게 학교는 직업인으로서 교단의 기쁨과 행복 그리고 애환을 경험하는 역동적인 삶의 장이다. 학교는 또한 일종의 조직사회로, 교사들은 학교라는 조직에 영향을 주기도 하고 조직에서 영향을 받으며 조직과 불가분의 관계에 있다(정태범, 2002).

1) 교 직

(1) 교직의 개념

학자들마다 교육의 의미를 저마다 다양하게 규정하는 것만 보아도 교육이라는 활동이 얼마나 복잡하고 어려운 일인지를 짐작할 수 있다. 교사는 이러한 교육활동의 중핵적 역할을 담당하는 사람이고, 이러한 교사들이 담당하는 직무상의 일을 교직이라고 할 수 있다. 즉, 학교에서 발생하는 교육활동과 관련한 노력을 전문적으로 수행하는 사람이 교사이며, 교사가 종사하는 직무를 교직이라고 한다(안창선, 남경현, 이욱범, 1999: 53).

교직을 쉽게 교사의 직무 또는 교사의 직업적 역할이라고 규정지을 때 이를 보다 쉽게 이해하기 위해 다른 직종에서 수행하고 있는 일반적인 직업의 특수성을 살펴보면 보다 명확하게 이해할 수 있을 것이다.

'직업'은 '직(職)'과 '업(業)'의 합성어다. 여기서 '직(職)'은 다시 두 가지의 뜻으로 구분해 볼 수 있는데, 하나는 관(官)을 중심으로 행하는 직무라는 관직적 뜻이 있고, 다른 하나는 직분을 맡아 행한다는 개인의 사회적 역할의 뜻이 있다. 한편, '업(業)'이라는 말은 생계를 유지하기 위하여 전념하는 일이라는 뜻과 자기 능력의 발휘를 위하여 어느 한 가지 일에 전념한다는 뜻이 있다. 따라서 합성어로서의 직업이라는 용어는 사회적 책무로써 개인이 맡아야 하는 직무성과 생계유지나 과업을 위하여 수행하는 노동행위의 이중적 의미를 내포한다고 볼 수 있다(이무근, 1999: 21).

직업의 성격을 통해 직업의 개념을 살펴보면 다음과 같다(안창선 외, 1999: 47-50). 첫째, 직업은 생계유지의 수단으로서 성격을 갖는다. 둘째, 직업은 생계유지의 수단인 동시에 개인의 자아실현의 과정이라는 성격을 갖는다. 셋째, 사회적 측면에서 보면 직업은 사회구성원의 책무로써 사회적 역할을 수행하는 과정이다. 넷째, 직업이 갖는 또 다른 성격은 계속성이다. 어떤 일이 직업으로써 성립하기 위해서는 반드시 지속성을 가져야 한다. 다섯째, 모든 직업은 노동행위가 수반된다(최소영, 2003).

따라서 교사는 교직을 통해 생계유지의 수단적 성격이 있으며, 교육활동을 통해 자아실현의 과정을 거치고 사회구성원으로 다양한 역할과 책무성을 다하며, 그 직을 사임하지 않는 한 계속적으로 업무를 수행하며, 정신적 · 육체적 노동행위를 하고 있다.

(2) 교직 생애 발달

교사는 교직 생애 전반에 걸쳐 교수 기술, 지식, 행동, 태도 그리고 관심거리 등에서 변화가 일어난다고 알려져 있다. 교사 발달은 교직 경력이 진척됨에 따라 교직 전 생애를 통하여 교직 관련 지식, 기능, 행동, 태도 그리고 관점에서 변화가 일어나는 것을 의미한다. 교사 발달에 관한 연구는 풀러(Fuller, 1969)의 교사의 주요 관심사 변화에 관한 단계별 연구로 시작되었다. 그는 교직 이전 단계, 초기 교직 단계 그리고 후기 교직 단계의 3단계로 구분하여, 무관심 단계에서 교사 자신에 대한 관심 단계, 아동에 대한 관심 단계로 변화한다고 제시하였다. 카츠(Katz, 1972)는 풀러의 개념화를 바탕으로 유치원 교사들의 발달 단계를 생존 단계, 보강 단계, 갱신 단계 그리고 성숙 단계의 4단계로 나누어 제시하면서, 교사들의 발달 단계에 따라 다른 연수 욕구를 보인다고 하였다.

버든(Burden, 1979)은 초등학교 교사들을 대상으로 한 연구를 통해, 교사 발달 단계를 생존 단계, 조정 단계, 성숙 단계로 제시하였다. 특히 카츠와 버든은 교직 생애에서 5년째 되는 해가 교사 성숙에 있어서 매우 중요한 시기로서, 대체로 5년째에 교직에 안정감과 자신감을 갖게 되며 원숙한 교사가 된다고 보기 때문이다. 카츠와 버든이 교직 생애에 있어 5년째를 성숙 단계로 제시하는 점에 대해서 크리스텐슨(Christensen, 1985)은 부정적인 견해를 가지고 있다. 5년째를 성숙 단계로 제시하게 된다면, 교직 생애 5년째 이후의 시기에는 더 이상 변화나 발달이 없는 것 같은 인상을 주는 제한점을 안고 있다는 것이다. 이 점은 크루크섕크(Cruickshank, 1980)에 의해서도 지지되는 바, 그들은 교사들의 관심사가 교직 경력이 많아진다고 해서 없어지는 것이 아니며, 계속적으로 교직과 관련한 많은 관심사와 문제를 겪게 된다고 하였다.

한편, 언러와 터너(Unruh & Turner, 1970)는 교사 발달 단계를 교직이전 시기, 초기교수 시기, 안전구축 시기, 성숙 시기의 단계로 나누고, 마지막 성숙 단계에 이르기까지는 교직 생애 15년의 기간이 소요된다고 하였다. 이 시기쯤 되면 교사들은 교직 자체에 만족과 안정감을 느끼고 그들의 지식과 배경을 향상시킬 수 있는 방안을 찾으려 한다는 것이다.

피터슨(Peterson, 1978) 역시 연령에 따른 교사 발달 과정을 연구한 결과, 교사들은 최소 15년 이상의 교직 경력을 갖게 되는 40대 시기를 그들이 교직에 들어온 후 가장 행복한 시기로 분류하고 있다. 또한 교사들은 교직 경력이 쌓이면서 다양한 욕구를 갖게 되는데, 장내찬과 임자현(2002)은 이들 욕구 중에서도 의사결정 참여와 관련하여 교직 생애에서 15년이 지난 고경력 교사들에게 가장 높게 나타나고 있음을 밝히고 있다.

2) 교직문화

조직은 어떤 조직이든 그 나름의 고유 특성을 가지고 있는데, 이러한 조직의 특성을 일반적으로 조직풍토라고 부르며(Sergiovanni & Starratt, 1998) 넓게는 조직문화(organizational culture)라고도 한다.

조직문화에 대하여 숄츠(Scholz, 1987)는 "개인의 행동을 유도하고 또 행동으로부터 의식 자체를 형성하는 암묵적 · 본질적 · 비형식적인 조직의식"으로 정의하고 "동일한 방향으로 향하게 하고 조직이 나아가야 할 암묵적인 감정을 낳은 이데올로기 · 메타포 · 유추 · 전설 · 신화"라고 하였다. 하그레이브스(Hargreaves, 1992)는 교육조직에서 문화의 개념을 탐구하고 문화란 "특정한 교사집단 혹은 보다 광범위한 교직사회에서 공유되고 있는 태도, 가치, 신념, 습관, 가정 및 행동방식"이라고 정의하였다.

오웬(Owens, 2004)은 조직문화란 "그 조직의 활동과 대인관계에 대하여 구성원이 공유하는 가치와 신념"(Yukl, 2002: 108)으로, 공유된 가치란 중요한 것, 신념이란 우리가 진실이라고 생각하는 것, 행위규범이란 우리가 거기서 일을 처리하는 방식으로 정의하고 있다.

박영숙(2003)은 교직문화의 내용과 전달 체계, 관리 관행을 모두 포함하는 것으로 "교직사회 전반에서 인식 가능한 분위기와 느낌, 교직사회 구성원의 일상적 활동과 행위, 가치, 신념 체계 등을 종합하는 교직사회의 이미지, 구성원의 의식 및 가치 체계, 이것의 관리 체계"로 정의하고 있다.

학교 조직문화와 유사한 용어인 교직문화는 교사문화와 명확하게 구분되지 않고 사용되고 있으나 학교기관에서 가르치는 입장에 있는 사람들, 즉 교사, 교감, 교장 등 교원이 중심이 되는 문화라고 할 수 있다(이정선, 2000).

박병량과 주철안(2005: 198-199)은 학교문화의 하위문화로 교사문화, 학생문화, 학부모문화로 나누고 있다. 여기에서 교사문화, 즉 교직문화란 교사들이 교무실을 중심으로 동료교사와 긴밀하게 상호작용하면서 일련의 행동양식을 형성하며 교사집단의 특유한 가치 유형과 규범을 형성하는 것으로 정의하고 있다. 이러한 교사문화는 학생들이 생활하는 학교의 기본적인 가치 체계와 규범을 구성하여 학교문화의 가장 비중 있는 부분이 된다. 그들에 의하면 교사문화는 일반적으로 인간관계 지향적 · 개인주의적 · 보수주의적 특징을 지닌다(pp. 199-200). 교사문화 중에는 교육활동에 직접적으로 관련되지 않는 사적이고 사회적 측면도 당연히 포함될 것으로 보아, 그것과 구별되는 개념으로써 교육활동(schooling)에 직접적으로 관련되는 측면을 중심으로 고려한다는 점에서 교직문화라는 개념의 타당성이 보인다. 따라서 흔히 쓰는 교사문화라는 개념과 본질적인 차이가 나는 개념은 아니다.

이인효(1990)는 "교사집단이 교직활동에 참여하는 과정에서 형성 · 공유하고 있는 교직활동을 이끄는 민속적 원리"라고 정의하고 있다. 황기우(1992)는 "직업문화의 일종으로서 교사집단에 나타난 교사 특유의 독특한 행동양식, 규범, 가치관"이라고 정의하고 있다.

김병찬(2003: 6)은 "교사들이 교직활동을 수행하면서 형성하게 되는 신념, 가치 및 의미 체계"를 교직문화라 정의하고, 중학교 교사들의 교직문화에 대한 질적 사례연구를 수행하였다. 그에 의하면, 중학교 교사들의 교직문화는 ① 행정업무 중심의 문화, ② 교사 편의 위주의 문화, ③ 형식주의 문화, ④ 개인주의 문화, ⑤ 외부의 영향에 취약한 문화, ⑥ 목적의식이 약한 문화, ⑦ 여교사 중심 문화 등의 7가지 특징이 있고, 학교 유지 기제로는 관료주의 문화와 분업 체제가 있다.

박영숙(2003)은 교직문화의 특성을 개방성, 참여성, 협력성, 적응성, 자율성, 발전 지향성으로 구분하여 강한 특성과 약한 특성에 관하여 조사하였다. 협력성과 자율성에 대해서는 긍정적인 인식이 높은 편(협력성은 최고 5점 중에 평균 3.33점, 자율성은 평균 3.23점)이고, 개방성과 적응성에 대해서는 상대적으로 낮은 것(개방성은 2.87점, 발전 지향성은 3.02점)으로 나타났다. 교원집단의 경우에는 '발전 지향성'에 대한 긍정적 인식이 다른 집단에 비하여 낮은 편(평균 2.97점)이고, 교육전문직 집단은 대체로 전체 평균보다 낮으나 그 가운데에서도 '자율성'에 대하여는 긍정적 인식이 높다. 그리고 학부모집단은 교원과 교육전문직이 인식하는 수준보다는 대체로 긍정적 인식이 높은 편으로 나타났다.

표 1-1 교직문화의 특성

(단위: 평균 점수)

조사 내용	전 체	교 원	교육전문직	학부모
사회에 개방적이다.	2.87	2.85	2.79	2.97
교육 구성원의 참여가 활발하다.	3.19	3.13	3.18	3.26
교육 구성이 상호 협력적이다.	3.33	3.39	3.15	3.44
교육환경 변화에의 적응력이 높다.	2.98	3.00	2.76	3.18
교육(학교) 조직 운영이 자율적이다.	3.23	3.03	3.39	3.26
발전 지향적인 정책 방안의 수용도가 높다.	3.02	2.97	2.87	3.23

2. 교직관

교직관은 교직에 대한 지각 · 태도 · 가치관 등을 수반하는 개념으로서 교직이라는 특수한 직업을 보고 이해하는 기본 관점을 말한다. 그러므로 교직관은 교사의 직무와 교사로서 갖추어야 할 조건을 결정하는 기본 요건이 된다. 일반적으로 교직관은 성직관, 노동직관, 전문직관, 기술직관 등 4가지 유형으로 구분한다. 각 명칭이 시사하고 있듯이 교직관은 유형마다 서로 다른 철학적 관점, 현실적 견해, 문제의 인식 등에 바탕을 두고 있다.

1) 성직관

성직관은 교사의 직업을 신부직, 목사직, 승려직 등과 같이 소명의식(mission)을 가지는 성직자들의 업무와 동일시하는 관점이다. 1990년대까지의 학부모들이 교사에게 보여 주었던 모습에서 쉽게 찾을 수 있는 관점이다. 즉, "선생님의 그림자도 밟아선 안 된다."라는 시선이 바로 교직을 성직으로 보는 관점인 것이다.

이 관점을 지닌 교육학자들은 교직이 주로 학생들의 인격 형성을 돕는 직업으로서 단순한 지식과 기술 대신에 참다운 인격을 갖추는 데 도움을 주는 정신적 직종이어야 한다고 본다. 교직이 돈, 명예, 권력 따위와는 거리가 먼 직업이라는 생각이다.

2) 노동직관

성직관과는 아주 대조적인 관점이다. 교사직도 다른 세속적인 직업과 마찬가지로 생계를 유지하기 위해 노동의 대가로 보수를 받는 직종의 하나라는 관점이다. 그러므로 교직을 노동직으로 보는 사람들은 교사들도 보수 인상, 처우 개선, 인사문제해결, 근무조건 향상 등을 위하여 노동조합을 결성하거나 심지어 단체행동을 통해 투쟁하는 것도 당연하다고 주장한다.

3) 전문직관

오늘날 가장 널리 받아들여지고 있는 교직에 대한 관점으로서, 교직은 교사만이 가지는 책임과 업무의 한계를 바탕으로 한 전문적 직업이라는 입장이다. 즉, 교사는 '학교'라는 교육활동의 장에서 학생들의 생활지도를 비롯하여, '수업'이라는 시간을 통해 지식을 전달하는 전문적인 사람이라고 보는 관점이다. 교직은 일반직업과 달리 교육에 몸담고 있는 교사들의 전문성을 인정하고, 그에 따라 교사의 자격이 엄격히 규제되어야 하며, 교육활동에 책임과 그에 수반되는 윤리성이 강조되어야 한다고 보는 교직관이다.

전문직관은 또한 교사들이 스스로 자질을 향상하기 위한 권리를 가지며, 교권을 확립하고 경제 · 사회적 지위를 향상시키기 위하여 교직 단체를 구성하거나 단체행동을 할 수 있다고 본다. 이와 같이 전문직관이 교직은 지성적이고, 자율적이며, 이타적 봉사활동이면서 고도의 자율성과 직업윤리가 요구된다고 강조함과 동시에 교직 단체를 결성하고 단체행동을 통해 소기의 목적을 쟁취하는 것이 마땅하다고 보는 점에 비추어 볼 때, 전문직관은 성직관과 노동직관이 통합된 교직관이라고 말할 수 있다.

4) 기술직관

교직이 교과목의 내용을 전수 · 전달하는 기능직의 일종이라는 교직관이다. 이 교직관은 참다운 교육이란 반드시 가르쳐야 할 것만을 가르치되 학생들을 인간답게 하는 것이라 보고, 교직은 문화와 사회 속에 형성된 교과내용을 가르치는 방법과 기능이 요구된다는 입장을 나타낸다. 한마디로 교사는 학생들을 올바르게 길러낼 수 있는 방법과 기술을 지니고 있어야 한다는 입장이다.

현대사회는 교육의 전문성이 과거 어느 때보다도 강조되고 있으며, 교직을 그 직업에만 독특한 요소로 특징지움으로써 일반 직업과 엄격하게 구분하고 있다. 그런데 현실적으로는 전문직으로서의 교직의 특성이 일관성 있게 체계화되어 있지 않은 실정이며, 여러 가지 기준에 따라 다양한 형태로 특징지어지고 있다. 그러나 지금까지 제시된 전문직으로서의 교직이 지니는 특성을 분석해 볼 때, 그것이 무엇을 의미하는지는 대강 가늠할 수 있다.

교직은 전문적 지식을 필요로 하며, 그것을 확보하기 위해 장기간에 걸친 훈련과 교육이 요구되며, 자율적 통제 기능이 보장되고, 확고한 책임 및 윤리의식이 필요한 직종이라고 말할 수 있다.

참고문헌

김병찬(2003). 중학교 교사들의 교직문화에 대한 질적 사례연구. 교육행정학연구, 21(1). 한국교육행정학회.

김정규(1988). 교사와 교육. 서울: 형성출판사.

김종철, 김종서, 서정화, 정우현, 정재철, 김선양(1994). 최신교사론. 서울: 교육과학사.

남억우, 정일환, 권상혁, 최희선(1987). 교사론. 서울: 교육과학사.

박병량, 주철안(2005). 학교 · 학급경영. 서울: 학지사.

박영숙(2003). 교직 활성화를 위한 교직문화 변화 전략 개발 연구. 서울: 한국교육개발원.

안창선, 남경현, 이욱범(1999). 교사론. 서울: 교육과학사.

이기현(1991). 중학교 교사의 교직관과 직무만족과의 관계. 동국대학교 대학원 석사학위논문.

이무근(1999). 직업교육학 원론. 서울: 교육과학사.

이원필(1979). 교사의 전문성. 서울: 배영사.

이인효(1990). 인문계 고등학교 교직문화연구. 서울대학교 대학원 박사학위논문.

이정선(2000). 초등학교 교직문화에 대한 이해. 교육인류학연구, 3(5), 51-87. 한국교육인류학회.

이태상, 임세헌(2010). 교직 생애 발달과 의사결정 참여 및 학교몰입의 관계 탐색. 한국교육논단, 9(3), 129-149. 한국교육포럼.

장내찬, 임자현(2002). 의사결정 참여와 직무 만족과의 관계: 초 · 중등학교를 중심으로. 인적자원관리연구, 5. 한국인적자원관리학회.

정우현(1977). 교사론. 서울: 배영사.

정태범(2002). 장학론. 서울: 교육과학사.

최소영(2003). 초등교사의 교직선택 시기 및 동기와 조직 헌신도의 관계. 서강대학교 대학원 석사학위논문.

황기우(1992). 한국 초등학교의 교직문화에 관한 해석적 분석. 고려대학교 대학원 박사학위 논문.

Burden, P. T. (1979). Teacher's perceptions of the characteristics and influences of their personal and professional development. Unpublished doctoral dissertation. The Ohio State University.

Christensen, J. C. (1985). Adult learning and teacher career stage development. In Peter J. Burke & R. G. Heideman(Eds.), *Career-long teacher education*(pp. 158-180). Springfield, IL: Charles C. Thomas.

Cruickshank, D. R. (1980). *Teaching is tough.* Englewood Cliffs, NJ: Prentice-Hall.

Fuller, F. (1969). Concern of teachers: a developmental conceptualization. *American Educational Research Journal, 6*(1). Washington D.C.: American Educational Research Association.

Hargreaves, A. (1980). A Sociological Critique of Individualism. *British Journal of Educational Studies,* Vol. 28.

Hargreaves, A. (1992). Culture of teaching: A focus of change. In A. Hargreaves & M. G. Fullan (Eds.), *Understanding teacher development*(pp. 216-240). New York: Teachers College Press.

Katz, L. G. (1972). Developmental stages of preschool teachers. *The Elementary School Journal, 73*(1), 50-54.

Owens, R. G. (2004), *Organizational behavior in education: Adaptive leadership and school reform* (8th ed.). NY: Pearson Education.

Peterson, A. R. (1978). Career patterns of secondary school teachers: An exploratory interview study of retired teachers. The Ohio State University.

Scholz, C. (1987). Corporate Culture and Strategy: The Problem of Strategic Fit. *Long Range Planning, 20,* 78-87.

Sergiovanni, T. J., & Starratt, R. J. (1998). *Human Perspectives* (2nd ed.). New York: McGraw-Hill Book Co.

Unruh, A., & Turner, H. E. (1970). *Supervision for Change and Innovation.* Boston: Houghton Mifflin.

Yukl, G. (2002). *Leadership in organization* (5th ed.). NJ: Prentice Hall.

2장 교직윤리

1. 교직윤리의 개념

교직윤리란 교육의 목적을 달성하고 교원의 복지를 증진시키기 위하여 교원의 직무관계에서 지켜야 할 도리로 정의할 수 있다. 이것은 히포크라테스의 선서가 기원이 되었다고 하는데, 그는 교사의 윤리적 자질로서 교육애를 가질 것과 학생은 무한한 가능성의 존재임을 인식하는 것이 필요하다고 주장하였다.

교직윤리는 강제적 · 타율적이 아니라 자발적이며 능동적인 성격을 지닌다. 교직자는 다른 어떤 직종의 사람들보다 더 높은 윤리의식을 가지고 있어야 한다. 교사의 행동을 규제하는 국가적 기준이 있으나, 그것은 최소한의 기준을 나타낸 것이고 교사의 자발적 · 능동적 규율이 더 실제적이며 중요하다.

우리나라는 1958년 9월 대한교육연합회(한국교원단체총연합회의 전신) 第12차 대의원회에서 교직의 존엄성과 교원의 윤리성을 강조하는 「교원윤리강령」을 제정하였다. 강령은 전문에서 교육의 목적 · 방향, 교직의 존엄성, 교육의 정신을 담은 데 이어 1~3장에서는 각각 학생, 학생의 가정, 사회에 대한 자세와 바른 역할을 규정했고, 교사로서 지녀야 할 교직관, 교양관을 담은 4장과 5장까지 총 26개항의 실천 덕목을 규정했다.

1981년 11월 현직교사가 제자를 유괴 살인하는 사건(이윤상 유괴살인사건)이 일어난 이후로 교단은 자성과 교권 회복의 필요성을 인식하게 되었다. 이에 대한교육연합회는 사도헌장, 사도강령 제정과 함께 1973년에 폐지된 스승의 날을 부활시킬 것을 정부에 요청했다. 이로써 교육부는 1982년 5월 15일 스승의 날 기념식과 새로 제정된 사도헌장과 사도강령을 선포했다.

이윤상 유괴살인사건

1980년 11월, 당시 중학생이었던 이윤상이 같은 학교 스승인 주영형에게 유괴되어 살해된 사건

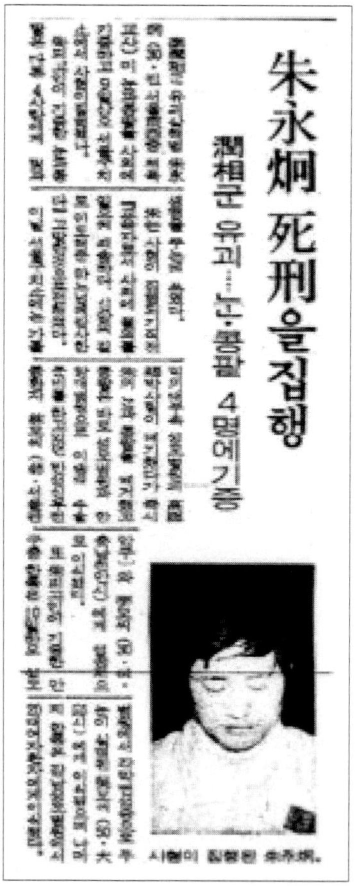

朱永炯 死刑을집행

潤相군 유괴…눈·콩팥 4명에기증

○ 언제: 1980년 11월 13일
○ 어디서: 서울 영등포의 아파트
○ 누가: 이윤상이 다니던 중학교의 체육교사 주영형
○ 무엇: 누나의 심부름을 갔던 이윤상
○ 어떻게: 유괴 후 영등포의 아파트에서 이불을 덮어 질식사시킨 후 북한강 둔치에 암매장
○ 왜: 도박 빚을 갚기 위해

1980년 11월 13일, 누나의 심부름을 가던 14세의 중학생이 같은 학교 체육교사에게 유괴된 사건을 말한다. 소년의 이름은 이윤상. 서울특별시 마포구 공덕동에 살던 2대 독자였다. 이 유괴사건은 발생 직후부터 미궁에 빠졌다. 유괴범은 62회에 걸쳐 이윤상의 집에 협박 편지와 협박전화를 통해 인질금으로 4000만 원을 요구하였다. 이 군의 부모는 유괴범에게 돈을 건네기 위해 범인과 약속한 장소에 나갔지만 범인은 매번 나타나지 않았다.

경찰은 공개수사 대신 비밀수사를 통해 범인 검거에 나섰으나, 아무런 성과도 거

두지 못하게 되자 결국 공개수사 방침을 정하고 매스컴에 사건의 전모를 발표하였다. 사건의 실마리는 쉽게 잡히지 않다가 사건 발생 1년 만인 1981년 11월 30일 이 군이 다니던 중학교의 체육교사 주영형이 범인인 것으로 밝혀졌다.

범인인 주영형은 중학교 교사이면서도 방탕한 생활에 빠져 있었다. 교사의 직분을 이용해 어린 여학생들과 불륜 행각을 벌인 데다 도박에 빠져 노름빚을 잔뜩 짊어지고 있었다. 이 노름빚은 그가 결국, 어린 제자를 유괴하는 원인이 되었다.

유괴 후 범인은 서울 영등포의 아파트에 이 군을 감금한 뒤, 손발을 묶고 입에 반창고를 붙이고 이불을 덮어 질식사시켰다. 그리고 시체를 경기도 가평군 북한강 둔치에 암매장하였으며, 범인과 불륜 관계에 있던 두 여고생이 범행을 도운 것으로 밝혀졌다. 두 여고생도 이 혐의로 구속되었다.

범인 주영형은 1심에서 사형 선고를 받고 계속 항소 · 상고하였으나, 대법원에서도 사형으로 확정 판결을 내렸다. 그는 1983년 7월 9일에 사형당했다.

사도헌장

오늘의 교육은 개인의 성장과 사회의 발전과 내일의 국운을 좌우한다. 우리는 국민교육의 수임자로서 존경받는 스승이요, 신뢰받는 선도자임을 자각한다. 이에 긍지와 사명을 새로이 명심하고 스승의 길을 밝힌다.

① 우리는 제자를 사랑하고 개성을 존중하며 한마음 한뜻으로 명랑한 학풍을 조성한다.
② 우리는 폭넓은 교양과 부단한 연찬으로 교직의 전문성을 높여 국민의 사표가 된다.
③ 우리는 원대하고 치밀한 교육계획의 수립과 성실한 실천으로 맡은 바 책임을 완수한다.
④ 우리는 서로 협동하며 교육의 자주 혁신과 교육자의 지위 향상에 적극 노력한다.
⑤ 우리는 가정교육 · 사회교육과의 유대를 강화하여 복지국가 건설에 공헌한다.

사도강령

민주국가의 주인은 국민이므로 나라의 주인을 주인답게 길러 내는 교육은 가장 중대한 국가적 과업이다. 우리 겨레가 오랜 역사와 찬란한 문화를 계승 · 발전시키며, 선진제국과 어깨를 나란히 하여 인류 복지 증진에 주도적으로 기여하려면 무엇보다도 문화국민으로서의 의식 개혁과 미래 사회에 대한 창의적이고 자주적인 인간 육성에 온 힘을 기울여야 한다. 그러기 위하여 우리 교육자는 국가 발전과 민족중흥의 선도자로서의 사명과 긍지를 지니고 교육을 통하여 국민 각자의 능력을 최대한으로 계발하여 개인의 자아실현과 국력의 신장 그리고 민족의 번영에 열과 성을 다하여야 한다. 또한 교육자의 품성과 언행이 학생의 성장 발달을 좌우할 뿐 아니라 국민윤리 재건의 관건이 된다는 사실을 명심하고 사랑과 봉사, 정직과 성실, 청렴과 품위, 준법과 질서에 바탕을 둔 사도 확립에 우리 스스로 헌신하여야 한다.

이러한 우리의 뜻은 교직에 종사하는 모든 교육자가 공동체 의식을 가지고 노력하여야만 이루어질 수 있다는 것을 인식하고 「사도헌장」 제정에 때맞추어 우리의 행동지표인 현행 「교원윤리강령」으로 개정하여 이를 실천함으로써 국민의 사표가 될 것임을 다짐한다.

2002년 5월 15일, 전국교직원노동조합은 「참교육실천강령」을 선포하였고, 2005년 5월 15일, 한국교원단체총연회는 「교직윤리헌장」을 발표하여 교원의 사회적 책무와 윤리적 의무 실행을 다짐하였다.

전국교직원노동조합의 「참교육실천강령」

참교육실천강령

우리는 교육민주화 운동과 전국교직원노동조합 결성의 정신을 이어받아 교육을 올바로 세우기 위하여 참교육실천강령을 제정하고 실천한다.

1. 우리는 더불어 사는 삶을 소중히 여기는 인간상을 추구한다.

1. 우리는 민족의 자주성 확보와 평화통일을 앞당기기 위한 교육을 실천한다.
1. 우리는 민주주의의 완성과 생활화를 지향하는 교육을 실천한다.
1. 우리는 몸과 마음의 건강을 지키는 교육을 실천한다.
1. 우리는 양성평등교육을 실천한다.
1. 우리는 인권교육을 실천한다.
1. 우리는 노동의 가치와 노동자의 권리를 존중하는 교육을 실천한다.
1. 우리는 자연과 인간의 공생을 지향하는 교육을 실천한다.
1. 우리는 교육과정을 창조적으로 운영한다.
1. 우리는 서로 돕고 협동하는 학습의 원리를 구현한다.
1. 우리는 학생자치를 존중하고 돕는다.
1. 우리는 동료 교사와 함께 연구하고 실천한다.
1. 우리는 학부모 · 지역사회와 협력한다.
1. 우리는 참교육을 가로막는 제도와 관행에 맞서 투쟁한다.

한국교원단체총연합회의 「교직윤리헌장」

교직윤리헌장

우리는 교육이 인간의 가치와 존엄성을 높이며 개인의 성장과 자아실현은 물론 국가와 민족의 미래에 중대한 영향을 준다는 사실을 명심하고 국민으로부터 부여받은 교육자의 책무를 다하기 위해 최선을 다한다.

우리는 균형 있는 지 · 덕 · 체 교육을 통하여 미래사회를 열어 갈 창조정신과 세계를 향한 진취적 기상을 길러 줌으로써 학생을 학부모의 자랑스러운 자녀요, 더불어 사는 민주사회의 주인으로 성장하게 한다.

우리는 교육자의 품성과 언행이 학생의 인격 형성을 좌우할 뿐 아니라 사회 전반의 윤리적 지표가 된다는 사실을 깊이 인식하고 윤리성과 전문성을 높이기 위해 노력한다.

이에 우리 모두의 의지를 모아 교직의 윤리를 밝히고 사랑과 정직과 성실에 바탕을 둔 교육자의 길을 걷는다.

우리의 다짐

- 나는 학생을 사랑하고 학생의 인권과 인격을 존중하며 합리적인 절차와 방법에 따라 지도한다.
- 나는 학생의 개성과 가치관을 존중하며 나의 사상 · 종교 · 신념을 강요하지 않는다.
- 나는 학생을 학업성적 · 성별 · 가정환경의 차이에 따라 차별하지 않으며 부적응아와 약자를 세심하게 배려한다.
- 나는 수업이 교사의 최우선 본분임을 명심하고 질 높은 수업을 위해 부단히 연구하고 노력한다.
- 나는 학생의 성적평가를 투명하고 엄정하게 처리하며 각종 기록물을 정확하게 작성 · 관리한다.
- 나는 교육전문가로서 확고한 교육관과 교직에 대한 긍지를 갖고 자기계발을 위해 노력한다.
- 나는 교직수행 과정에서 습득한 학생과 동료 그리고 직무에 관한 정보를 악용하지 않는다.
- 나는 학생이나 학부모로부터 사적 이익을 취하지 않으며 사교육기관이나 외부 업체와 부당하게 타협하지 않는다.
- 나는 잘못된 제도와 관행을 개선하는 데 앞장서며 교육적 가치를 우선하는 건전한 교직문화 형성에 적극 참여한다.
- 나는 학부모와 지역사회를 교육의 동반자로 삼아 바람직한 교육공동체 형성을 위해 함께 노력한다.

2. 교직윤리의 필요성

교직을 보는 관점은 그것을 보는 시각에 따라서 다양한 관점이 존재할 수 있지만 일반적으로 봉사적인 측면이 수반되는 전문직으로 분류된다. 그러므로 교직에 종사하고 있는 교원들에게는 전문가로서 탁월한 지적 능력과 교수-학습 지도기술이 요구되는 동시에 고도의 윤리성과 도덕성이 요구된다. 1966년 UNESCO와 ILO가 공동으로 채택한 '교원의 지위에 대한 권고'에서도 교직은 전문직이므로 전문적 지식과 기능을 갖추어야 할 뿐 아니라 전문가의 식견과 판단에 따라 교육 문제를 해결할 수 있는 자율성과 그에 수반되는 책임이 중요하다고 언급하고 있다. 여기서 말하는 전문가로서의 책임감이 곧 교직에서 요구되는 윤리성과 도덕성이라고 할 수 있다.

교육은 인간을 형성하고 인격을 변화시키는 정신적인 과업이고, 교직은 그와 같은 활동을 수행하는 전문직적 성격을 지니고 있기 때문에 교원에게는 그 어떤 직업보다도 높은 수준의 윤리의식이 요구된다고 볼 수 있다. 따라서 교원에게는 법규적 · 공식적 규칙의 준수도 중요하지만 학생지도나 조직생활에서 요구되는 윤리의 실천도 대단히 중요한 의미를 갖는다. 특히, 우리 사회 전반에 도덕성 회복의 문제가 화두가 되고 있고 교육계의 부정과 부패가 끊임없이 제기되고 있는 요즘, 교육을 바로 세우고 교원의 권위를 회복하기 위해서는 무엇보다도 교직윤리의 확립이 중요한 과제라고 할 수 있다.

교직윤리의 필요성에 대한 주장을 요약하여 제시하면 다음과 같다.

첫째, 교직은 본질적으로 인간다운 인간을 기르며 이를 통해 사회 발전을 이루고자 하는 도덕적인 일이다. 도덕적 인간 형성 및 사회 발전이라는 가치 지향적인 일을 담당하는 교원에게 교직윤리가 필요한 것은 당연하다.

둘째, 교직이 전문직이기 때문에 윤리성이 강조된다. 리버만(Lieberman)이 제시한 전문직의 조건을 보면 전문직은 그 자체의 기능을 수행하는 데 있어서 반드시 지켜야 할 직업윤리를 가진다. 의사나 변호사, 법관과 같이 전문 직종에 종사하는 사람들은 그들의 직무 수행에 있어서 법에서 정한 규정이나 규칙 외에도 스스로 정한 윤리규정이나 윤리강령을 준수하도록 요구받고 있다. 이것은 전문직의 판단이나 결정은 사회에 많은 파급효과를 초래하기 때문이다. 그러므로 전문직으로서의 교원 역시 행동규범으로서 윤리규정이 필요하다. 특히, 자라나는 학생을 가르치고 사회를 선도할 책임이 있는 교원들에게는 학생들의 동일시 대상으로서, 또 사회의 모범으로서 고도의 윤리성이 수반되어야 한다.

셋째, 교원이 학생들에게 효과적인 교육을 하고 긍정적인 강력한 교육적 영향력을 갖도록 하기 위해서 교직윤리가 요구된다. 교원에 대한 신뢰와 존경심, 교사의 권위 등이 없으면 교육이 효과적으로 이루어질 수 없다. 따라서 교원의 전문적 지식과 그에 따른 바람직한 인격 및 도덕적 성품 등 교원윤리가 필요하다. 교원의 윤리를 확립할수록 교사의 권위와 교육력이 강화되고, 반대로 교원의 권위가 실추되고 교육력이 약화될수록 교원윤리를 확립하기 어려워진다. 교원의 정년 단축, 정부의 교원 경시정책, 일부 교원의 부정부패와 무사안일 등으로 인한 교권의 실추, 교원의 사기 저하, 교실 붕괴 등의 제반 교육적 문제가 야기되고 있는 요즘, 교직-교사윤리의 확립은 이 시대 교육의 가장 중요한 과제 중의 하나라고 할 수 있다.

넷째, 효과적인 학생지도를 위해서 교직윤리가 요구된다. 학생의 도덕적 · 윤리적 측면의 발달은 학생을 둘러싸고 있는 환경에 의해서 영향을 받는다. 학생을 둘러싸고 있는 중요한 인적 환경은 기성세대를 대표하는 부모와 교사다. 특히, 교사는 사회적 측면에서 부모와 함께 기성세대를 대표하며 심리적 측면에서 학생의 동일시 대상이 된다. 그러므로 교사의 인격, 윤리성 등은 직접적으로 학생들에게 영향을 미치게 된다. 학생들은 교사와의 인격적 접촉을 통하여 감화를 받기도 하고 교사를 동일시 대상으로 삼기도 하기 때문이다. 따라서 효과적인 학생 지도가 이루어지도록 하기 위하여 교원은 높은 수준의 윤리의식을 확립하고 이를 실천해 나갈 필요가 있다.

다섯째, 교원의 인격이나 행동에 나타나는 교직윤리가 곧 교육내용 및 교육방법이 될 수 있다는 점에서 바른 교직윤리가 필요하다. 교육은 말로 이루어지기에 앞서 교원과의 인격적 접촉 및 모델링을 통해 이루어진다. 이를테면, 교원은 '걸어다니는 교과서'이며 이런 점에서 사표(師表)라고 불린다. 스트라이크(Strike)는 이것을 '일치성 주장(the congruence argument)'이라고 부른다. 예컨대, "시민윤리를 가르치기 위해서 교사는 자신의 인격과 행위를 올곧게 하여 학급의 조직 속에서 시민윤리를 시범보여야 하며 모든 일은 시민윤리의 원리에 일치되는 방식으로 수행되어야 한다. 일치성 주장에 전제된 가정은 시민윤리는 설교보다는 시범과 실행에 의해 가르쳐진다는 생각이다"(Strike, 2003: 520).

여섯째, 오늘날 사회는 탈산업화, 정보화, 지구화 등을 통해 새로운 윤리가 요구되며 다문화 및 포스트모던 시대를 맞아 다양한 가치와 윤리가 공존하고 있다. 이러한 상황에서 전통적 가치가 상실되고 가치혼돈 또는 가치부재의 상황이 생기기도 한다. 개인의 성장과 바람직한 사회발전을 추구하는 교육은 인류의 미래를 위한 바람직한 가치를 형성하는 데 기여해야 한다. 이런 점에서 교원은 건전하고 포괄적인 사회윤리 내지 시민윤리를 가지고 실천할 필요가 있다.

3. 교원의 징계

공무원 징계의 종류는 '주의' '경고' '견책' '감봉' '해임' '파면' 등이 있는데, '주의'와 '경고'는 인사상 아무런 불이익이 없지만, '견책' 이상은 경력사항에 계속 따라다니며 인사상 불이익을 당하게 된다.

중징계에는 정직, 해임, 파면이 해당된다.

- 파면(罷免): 공직에서 배제(퇴직), 연금 및 퇴직금 불이익
- 해임(解任): 공직에서 배제. 경제적 불이익 없음
- 정직(停職): 1~3월, 신분은 보유하니 직무에 종사하지 못함, 보수의 2/3를 감함

경징계에는 견책, 감봉이 해당된다.

- 감봉(減俸): 1~3월. 보수의 1/3을 감함
- 견책(譴責): 전과(前過)에 대하여 훈계하고 개전(改悛)케 함

표 2-1 징계의 종류

종류		기간	신분	보수
중징계	파면		• 신분 소멸-공무원 관계에서 배제, 복직 불가 • 5년간 공무원 임용 결격사유	• 퇴직 급여액의 1/2 지급 • 5년 미만 근무자 3/4 지급
	해임		• 공무원 관계에서 배제, 복직 가능 • 3년간 공무원 임용 결격사유	• 퇴직 급여액 전액 지급
	정직	1~3개월	• 신분은 보유하나 직무에 종사 못함 • 18개월+정직처분 기간 승진 못함 처분기간 경력 평정에서 제외 • 징계 말소 제한 기한 7년	• 18개월+정직 처분 기간 승급 제한 • 보수의 2/3 감봉

〈계 속〉

경징계	감봉	1~3개월	• 12개월+감봉 처분 기간 승진 못함 • 징계 말소 제한 기간 5년	• 12개월+감봉 처분 기간 승급 제한 • 보수의 1/3 감봉
	견책		• 6개월간 승진 제한 • 징계 말소 제한 기간 3년	• 6개월간 승급 제한

직위해제는 징벌적 제재인 징계와는 그 성질을 달리하나 직위해제 처분을 받은 자는 직무에 종사하지 못할 뿐만 아니라 승급, 보수 등에 있어서 불이익한 처분을 받게 되므로 인사상 불이익한 처분에 해당된다. 직위해제의 경우 출근의 의무가 없다.

직위해제의 사유는 다음과 같다.

① 직무수행능력이 부족하거나 근무성적이 극히 불량한 자
② 파면·해임 또는 정직에 해당하는 징계의결이 요구 중인 자
③ 형사사건으로 기소된 자(약식명령이 청구된 자는 제외됨) 등으로 이 중 ①, ②, ③호가 경합된 때에는 ②호 또는 ③호의 직위해제 처분을 하여야 하고, 직위해제 사유가 소멸된 때에는 지체 없이 직위를 부여하여야 함

징계의결 요구 사유로 직위해제된 경우 징계의결이 되거나 징계의결이 취소될 때 직위해제 처분은 그 효력을 상실한다.

직권면직이란 그 처분의 사유와 효과 면에서 징계면직 처분(파면 · 해임)과 구별되지만 공무원 본인의 의사와는 관계없이 국가의 일방적인 의사에 의하여 공무원의 신분관계를 소멸시킨다는 점에서는 파면·해임과 같기 때문에 직권면직은 공무원 신분보장의 측면에서 보다 신중한 운영이 필요하다.

직권면직의 사유는 다음과 같다.

① 직무수행 능력이 부족하거나 근무성적이 극히 불량하여 임용권자 또는 임용제청권자로부터 직위해제 처분을 받고 3월 이내의 기간 대기명령을 받은 자가 그 기간 중 능력 또는 근무성적의 향상을 기대하기 어렵다고 인정될 때

② 전직시험에서 3회 이상 불합격한 자로서 직무수행능력이 부족하다고 인정될 때
③ 징병검사 · 입영 또는 소집의 명령을 받고 정당한 사유 없이 이를 기피하거나 군복무를 위하여 휴직 중에 있는 자가 재영 중 군무를 이탈하였을 때
④ 당해 직급에서 직무를 수행하는 데 필요한 자격증의 효력이 상실되거나 면허가 취소되어 담당직무를 수행할 수 없게 된 때

4. 교 권

우리나라에는 "스승의 그림자도 밟지 않는다."라는 말이 있다. 선생님을 우러러 보고 존경한다는 뜻에서 생긴 예로부터 전해져 오는 말이다. 그러나 최근에는 이런 말이 무색하게 들릴 정도로 학생들이 선생님들을 무시하거나 심지어 무차별 폭력 등을 가하는 일까지 벌어지고 있다. 전국적으로 교권침해 사례는 2009년 1,570건, 2010년 2,226건, 2011년 4,801건, 2012년 1학기에만 4,482건이 발생하는 등 갈수록 증가 추세를 보이고 있다.

교권이란 교육전문직으로서의 교직에 종사하는 교원의 권리, 교원의 권위로 사용되기도 한다. 넓은 의미의 교권은 교육권(教育權)을 의미하는데, 이것은 교육을 받을 권리와 교육을 할 권리를 포괄한다. 즉, 교육권으로써의 교권에는 학생의 학습권, 학부모의 교육권, 교사의 교육권, 학교 설립자의 교육 관리권 그리고 국가의 교육 감독권이 모두 포함된다.

법률적 근거는 다음과 같다.

① 헌법
② 국가공무원법
③ 교육기본법
④ 교육공무원법
⑤ 교원지위향상을 위한 특별법

제4조(교원의 불체포특권) 교원은 현행범인인 경우 외에는 소속 학교의 장의

동의없이 학원 안에서 체포되지 아니한다.

⑥ 교원예우에 관한 규정

제6조의2(법률지원단의 구성 및 운영) ① 교육감은 「학교폭력예방 및 대책에 관한 법률」 제2조제1호에 따른 학교폭력이 발생한 경우 또는 교육활동과 관련하여 교원과 학생 또는 학부모 등 사이에 분쟁이 발생한 경우에 해당 교원에게 법률 상담을 제공하기 위하여 변호사 등 법률전문가가 포함된 법률지원단을 구성하여 운영하여야 한다. ② 제1항에 따른 법률지원단의 구성 및 운영에 필요한 사항은 교육규칙으로 정한다.

최근 이러한 교권침해사례의 심각한 문제를 해결하기 위해 교육과학기술부는 2012년 8월, 교권 침해 학생 · 학부모에 대한 특별교육 및 가중 처벌, 피해 교원에 대한 상담 · 치료 및 우선 전보 도입, 교권 침해 은폐 처벌, 시도교권보호위원회 설치 등을 주요 내용으로 하는 「교권보호 종합대책」을 발표하였다. 종합대책을 통해 적극적인 교권침해 예방 및 엄정한 대응, 피해 교원의 적극적인 치유 지원 등을 통해 교사의 정당한 교육활동을 보호하고, 학생의 학습권을 보장하기 위한 것이다.

2013년 1월 29일, 대통령령 '교원예우에 관한 규정' 개정안이 국무회의를 통과했으며, 5월부터 전국의 초·중·고등학교와 시·도교육청에 교권보호위원회가 운영되고 교육감은 교원의 교육활동을 보호하는 시책을 세워야 한다. 교권침해를 포함해 교육활동과 관련한 다양한 분쟁을 학교나 교육청 차원에서 실질적으로 조정할 수 있게 되었다.

'교원 예우에 관한 규정'에 따르면 교육활동과 관련한 분쟁 조정만 담당하던 기존의 '학교교육분쟁조정위원회'가 '학교교권보호위원회'로 개편되어 교육활동 침해 예방대책 수립, 교육활동 침해 학생에 대한 선도 조치에 관한 사항 등을 심의한다. 또한 시·도교육청에 시·도교권보호위원회를 신설해 학교교권보호위원회에서 조정되지 않거나 학교교권보호위원회가 없는 학교에서 발생한 분쟁을 조정하고 교육감이 수립하는 교육활동 보호에 대한 시책을 심의한다.

학교교권보호위원회 위원은 교원을 비롯한 내부 구성원은 말할 것도 없고 학부모, 변호사, 교육전문가, 지역사회 인사 등 다양한 외부인사가 참여하도록 하고 임기는 3년 범위에서 한 차례 연임할 수 있다.

시·도교육감은 교원이 교육활동에 전념할 수 있는 여건을 조성하기 위해 교육활동 보호전담기관 및 조직의 구성·운영, 교육활동 침해를 당한 교원에 대한 치료·전보 등 보호조치 등을 포함한 '(가칭)교육활동 보호에 관한 시책'을 수립해야 한다.

각 학교장은 교원의 정당한 교육활동을 보호하기 위해 필요한 경우 소속 학생과 교직원을 대상으로 교육활동 보호를 위한 교육을 실시할 수 있다.

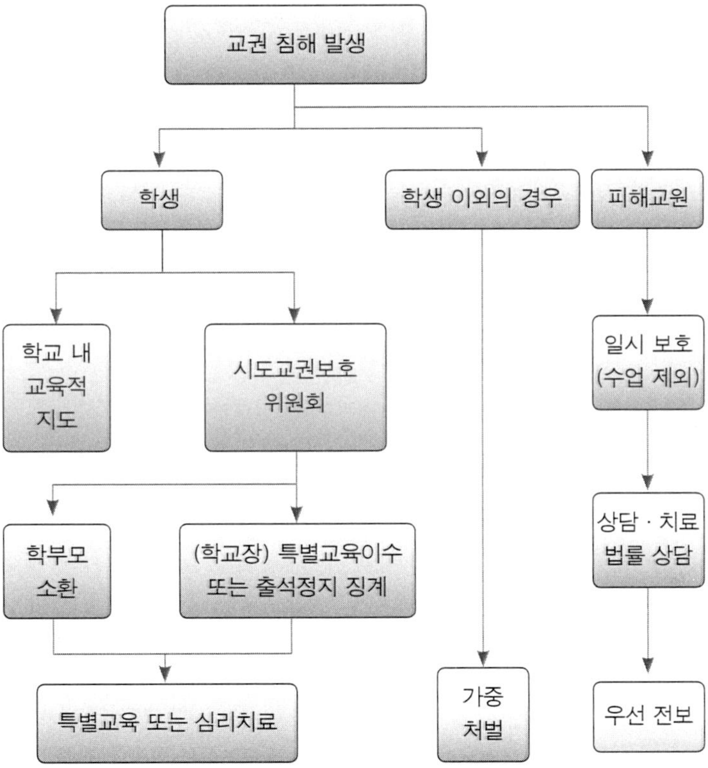

〔그림 2-1〕 교권침해 사안 처리 체계도

출처: 교육과학기술부(2012).

참고문헌

교육과학기술부(2012). 교권보호 종합대책.

김종운, 김효은, 이태곤(2010). 예비교사를 위한 교직실무. 서울: 동문사.

서울대학교교육연구소(1995). 교육학 용어사전.

안세근, 김현욱(2011). 교직실무. 서울: 신정.

조동섭, 이승기, 송윤성, 이현석, 장수진(2009). 새내기 교사가 알아야 할 교직실무 100가지. 서울: 교육과학사.

조동섭, 김도기, 김민조, 김민희, 김병주, 김성기, 김용, 남수영, 박상완, 송기창, 오범호, 윤홍주, 이정미, 이희숙, 정수현, 정제영, 조석훈, 주현준(2009). 초등 교직실무. 서울: 학지사.

홍은숙(2011). 교직관에 따른 전문직 교원윤리의 성격 재음미. 교육철학연구, 33(3). 한국교육철학회.

Strike, K. A. (2003). "The Ethics of Teaching". in Curren, R. (Ed.). *A Companion to the philosophy of Education*. Molden, M. A.: Blackwell Publishing Ltd. 509-524.

3장 교원단체

1. 교원단체의 개념

현행 우리나라에서 '교원단체'와 '교직단체'가 혼용되는 경우가 많으나, 그 어의를 면밀히 분석해 보면 다소 차이가 있다(김병주, 2005). 우선 교원단체는 그 구성원에 초점을 둔 것으로 볼 수 있고, '교원'의 의미를 어떻게 정하는가에 따라 달리 해석할 수 있다. 교육과 관련된 직무에 종사하는 사람으로 보는 관점, 학교에 근무하는 교직원으로 보는 관점, 교실에서 수업을 하는 교사로 보는 관점에 따라 다양하게 해석할 수 있다. 그리고 교직단체라는 용어는 교직과 관련한 단체라는 점에서 교원단체보다는 포괄적인 개념이다. 그러나 이 역시 교직의 범위를 어디까지 설정할 것인가에 따라 달라질 수 있는 개념적 속성을 갖는다. 교원단체에 대한 의미를 좀 더 실제적으로 이해하기 위해 우리나라의 대표적인 교원단체인 한국교원단체총연합회와 전국교직원노동조합의 회원 규정을 살펴보자.

한국교원단체총연합회 회원 규정

1. 「유아교육법」 제22조에 의한 자격기준을 갖고 임용된 교원
2. 「초 · 중등교육법」 제21조 및 별표와 「사립학교법」 제52조의 자격기준을 갖추고

임용된 교원
3. 「고등교육법」 제16조 및 제17조에 의한 자격기준을 갖추고 임용된 교원
4. 교육기관, 교육행정기관 및 교육연구기관의 장학직 · 연구직

전국교직원노동조합 조합원 규정

1. 전국의 유치원 및 초 · 중 · 고등학교의 교원은 조합원이 될 수 있다.

이처럼 우리나라에서는 교직단체의 실제적 의미는 교원과 장학직, 연구직을 대상으로 한 조직임을 알 수 있다. 교원단체의 출현은 직업으로서의 교직이 체계화된 공교육체제 도입 이후 자연스럽게 나타난 현상이라고 할 수 있다. 근대국가에서 결사의 자유는 기본적인 권리로서 교원들의 단체결성권 역시 보장되고 있으며, 그 등장은 자연스러운 현상으로 볼 수 있다.

일반적으로 교직단체에 대한 논의의 시발점을 유네스코와 세계노동기구가 1966년에 공동으로 작성한 '교원 지위에 관한 권고문'에 두고 있다. 이 권고문에 따르면, "교원단체는 교육의 진보에 크게 기여할 수 있는 것이며, 따라서 교육정책의 결정에 마땅히 관여해야 한다."라고 밝혀 그 존재 의의를 천명하였다. 그리고 이 권고문은 학생들을 교육하고 있는 교원에게, 일반 공무원에게 적용하는 법률을 적용하는 데서 오는 한계를 극복하기 위해서 제정된 것이라는 의미도 있다(김병주, 2005). 오늘날 각국의 교직단체는 교육체제와 교원의 신분 형태에 따라 다양한 형태로 나타나고 있으나, 기본적으로는 앞의 권고문에서 밝힌 바와 같이 전문직으로서의 교원의 신장과 교원들의 권익 보호, 복지를 위한 기본적인 조직이라는 점에서 일치하고 있다.

교원단체는 교육의 주체인 교원이 단체를 통하여 정부와 여러 가지 중요한 사항을 협의하고 스스로 자율적인 실천 지표를 제시하며 교원의 권익 신장과 전문성 개발, 사회 · 경제적 지위 향상을 위한 과제 등을 공동의 노력과 책임 아래 추진하는 등 단체의 힘을 바탕으로, 보다 효과적으로 목적을 달성하고자 결성된 조직이다. 즉, 교원단체는 교원의 전문성 제고와 이익 증진 및 단결을 위한 목적으로 설립

된 조직이다. 교원단체는 교원들의 대변단체이자 학생의 이해관계를 대변하는 압력단체 그리고 교원들로 구성된 전문 단체다. 또한 교직의 전문직적 특성을 반영하는 전문직 단체, 교원의 제반 권리를 옹호하고 향상시키기 위하여 노력하는 이익단체, 고도의 자율성이 보장된 특수법인체, 구성원의 가입 및 탈퇴의 자유가 보장된 임의단체로서의 성격을 보인다(윤미나, 2005).

2. 교원단체의 종류

우리나라 교원단체의 유형을 살펴보면 다음과 같다.

1) 한국교원단체총연합회

한국교원단체총연합회(한국교총)는 1945년 해방과 더불어 좌익 성향을 띤 '조선교육자협회'에 맞서 1947년 11월 23일 결성된 '조선교육연합회'를 모태로 발전하였다. 정치적 · 사상적 혼란에서 벗어나기 위하여 교육계는 자유 · 민주적인 교직단체의 필요성에 따라 미국의 전국교육연합회와 유사한 '조선교육연합회'를 결성하여 전문직 기능단체로서 자유민주주의 교육을 수호하는 데 일익을 담당하였다(윤미나, 2005). 1948년 8월 15일 정부 수립과 함께 '대한교육연합회'로 개칭하였고, 1989년 11월에는 그 명칭을 '한국교원단체총연합회'로 바꾸면서 대의원을 260여 명에서 460명으로 늘리고 각 시 · 도에 지역교직단체를 산하단체로 조직하는 등 조직 개편을 단행하였다(안창선 외, 1999: 424). 1991년에는 「교원지위 향상을 위한 특별법」이 제정되고, 1992년에 동법 시행령이 공포됨으로써 한국교총은 교육행정 당국과의 교섭 · 협의권을 정례화하게 되었고, 1999년 7월 교원노조의 합법화를 맞아 조직을 정비하는 등 전문직 이익단체로 거듭나게 되었다(정숙민, 2001: 13).

한국교총은 전문직 단체로서의 성격과 이익단체로서의 성격을 동시에 가지고 있으며, 교원의 권리를 확보하고 직무를 효과적으로 수행하기 위한 단체활동을 할 뿐 아니라 교육 발전과 교원 자신들에 관한 제반정책 형성에 있어서 이익단체로서의 역할을 한다. 그러나 교원들의 자발적인 요구가 아닌 위로부터의 관계에 치우

친 종속적 성격을 갖는다는 점, 사단법인이기 때문에 활동반경이 제한적이라는 점, 회원 확보와 관리 방법이 관료적이고 획일적이어서 조직이 취약하다는 점 등의 취약점을 지니고 있다(신은자, 1996: 9).

2) 전국교직원노동조합

교원노동조합운동은 '학교 경영진의 독단적인 비리'를 척결하기 위하여 1958년 대구지역 대학교수들을 중심으로 시작되었으나, 지지 세력의 부족으로 성공하지 못하였다. 1960년 4 · 19 혁명을 계기로 다시 대구지역 교사들이 중심이 되어 교원노조가 결성되었고, 동년 5월 15일에는 부산 중등학교 교사들이 교원노조를 결성하였다. 5월 22일에 이르러서는 '한국교원노조연합회'를 결성하여 강령 3개 항목과 6개 항목의 결의문을 채택하고 학교교육 민주화를 목적으로 하는 교원 노동운동을 시작하였다(장승남, 2002). 이러한 교원노동운동은 5 · 16 군사 정부가 들어선 후 해체되었다가 1987년 9월 전국교사협의회가 발족되어 활동하던 중에 1989년 5월 전국교직원노동조합(전교조)이 결성되었다.

전교조는 '참교육'을 구호로 내걸고 노동 3권 보장을 주장하면서 교원 노동운동을 전개하였다. 이러한 과정에서 실정법 위반으로 1989년 1,500여 명의 교원들이 교단을 떠나게 되었으나 제6공화국이 출범하면서 정책의 변화와 함께 1994년 해직 교원들이 복직되었다. 1999년 1월 「교원의 노동조합 설립 및 운영에 관한 법률」, 그해 6월 동법 시행령이 공포되면서 교원노조가 허용됨으로써 전교조는 국민의 정부와 함께 합법적인 단체 활동을 하기에 이르렀다(서정화, 1998).

전교조의 주요 목적은 교사들도 노동자로서의 권익을 보장받아야 한다는 것이다. 전교조는 이미 민주노총(전국민주노동조합총연맹) 산하단체로 성장한 교사노동단체 조직이며, 교사들이 스스로 조직한 아래로부터 만들어진 조직이다. 대부분의 선진국 교사노동단체들과는 달리 노동 3권 중 단체행동권은 부여받지 못하고 있는 것이 특징이다.

교육운동사적인 차원에서 침체된 민주세력의 투쟁의지를 '참교육'의 의지로 고양하고 민족민주운동의 연합전선을 형성하였으며 교원 스스로 노동자임을 선포하여 교원의 노동자성을 신성시하였다는 점, 독재 권력에 중대한 손실을 주었으며 참교육에 대한 논쟁을 불러일으킴으로써 전교조의 궁극적 승리를 보장하는 확실한 매개임을 확인시켰다는 점, 그리고 교사 · 학생 · 학부모가 교육의 주체임을 선언하고 나섰다는 점 등은 교육운동의 장을 넓힌 전교조의 중요한 의의다(손인수, 1999).

3) 한국교원노동조합

1999년 2월 12일 한국교원노동조합(한교조)은 교원의 노동기본권 보장과 교육환경 개선 및 실천을 위하여 결성되었다. 전교조처럼 법적 근거는 1999년 1월 6일 국회를 통과한 「교원의 노동조합 설립 및 운영 등에 관한 법률」에 두고 있으나, 전교조와는 달리 한교조는 한국노총(한국노동조합총연맹) 소속으로서 한국교총의 일부 교사들이 이탈하여 5월 16일 '한국교원노동조합' 전국위원회 창립 및 보고대회를 가지고 교총에서 분리되어 나왔다. 한교조는 한국노총의 주도하에 위로부터 조직된 단체라고 할 수 있다. '행복하고 자긍심 있는 교사관 확립' '깨끗하고 선명한 교육' '미래지향적이고 창의적인 교육'의 실천이라는 '푸른 교육'을 이념으로 밝히고 있다. 전교조 및 한교조는 1999년 7월 1일 공식적으로 합법화되었다.

4) 자유교원조합

자유교원조합(자교조)은 2006년 1월 6일, '전교조'에 대항하는 '자유교원조합'을 설립하였다(위키피디아, 2011). 자교조은 대학입시의 전면 자율화, 자립형 사립학교의 자유 설립 및 운영, 학교별 특성화된 교원평가의 실시 및 교원 처우성과급제 도입, 교원정보 공개 추진, 학업성취도 평가 및 기초학력진단 평가의 전국 확대 실시, 교육위원 · 교육감 주민 직선과 교육자치-일반자치의 통합, 교육개방 및 교육산업육성법 제정 추진, 교육과정 및 교과서 개발 체제의 법제화 및 국민 차명 실현, 교육활동과 관계 없는 교사의 교육행정업무 근절책 개발 추진, 초 · 중등교원의 연구년제도 추진 등 10대 정책과제를 내세우고 있다.

5) 대한민국교원조합

대한민국교원조합(대교조, 대한교조)은 '뉴라이트 교사연합'의 후신이다. 2008년 11월 26일 '반전교조활동 강화'를 목표로 창립대회를 열고 자율 · 책임 · 다양화 교육에 기반을 둔 자유민주적 교원운동을 기치로 내걸었다(위키피디아, 2011). '교원 주체의 화해와 협력을 높여 새로운 교단문화의 창출' '교육 선진화를 위한 합리적 논의와 합의를 지향하는 교원노조활동' '자유민주주의적 가치를 기반으로 한 글로벌 교육경쟁력의 회복' '21세기형 교육정책 연구 – 입안 – 제안활동을 통해 전교조형 이념활동 지양' '교원문화의 실제적 안정 및 글로벌 인재 양성 주력을 위한 새로운 교원 패러다임 구축' 등을 5대 전략 목표로 제시하고 있으며, '교원 평가제 수용 및 연구안식년제 도입' '학생들의 학습권과 학교선택권 보장' '기본 인성교육 강화를 통한 한국 교단의 교육력 회복에 주력' '집단 따돌림을 비롯한 학교폭력과 등 · 하교 안전운동 전개' '공교육 활성화를 통한 사교육비 절감방안 마련' '이념적 – 정치적 접근이 아닌 북한인권 · 안보 · 동질성 회복 등을 비롯한 실제적이고 균형 있는 통일 · 역사교육 전개' '합리적 협약을 중심으로 한 새로운 교원노조문화 창출' 등을 구체적인 실천과제로 삼고 있다.

참고문헌

김병주(2005). 한국 교직단체 관련 법령과 실제에 관한 연구. 한국교원대학교 교육정책대학원 석사학위논문.

서정화(1998). 교원단체의 기능 활성화 방안 연구: 교총을 중심으로. 한국교총 정책연구, 제94집. 한국교원단체총연합회.

손인수(1999). 한국교육운동사 5. 서울: 문음사.

신은자(1996). 한국교원단체총연합회와 전국교직원노동조합의 조직적 특성과 상호관계에 관한 연구. 전남대학교 대학원 석사학위논문.

안창선, 남경현, 이욱범(1999). 교사론. 서울: 교육과학사.

위키피디아(2011). http://ko.wikipedia.org

윤미나(2005). 교직단체의 교육정책 형성과정 참여 분석: NEIS사례를 중심으로. 한국교원대학교 대학원 석사학위논문.

장승남(2002). 복수교원단체에 대한 교사의 인식 연구. 아주대학교 대학원 석사학위논문.

정숙민(2001). 교원의 교원단체 가입 동기 및 역할 만족도. 홍익대학교 대학원 석사학위논문.

대한민국교원조합 http://www.kotu.or.kr

자유교원조합 http://www.kltu.net

전국교직원노동조합 http://www.eduhope.net

한국교원노동조합 http://www.kute.or.kr

한국교원단체총연합회 http://www.kfta.or.kr

책장을 열며

교사로서 학교에 근무하면서 맞이하게 되는 업무는 비단 학생들과의 교육활동과 직접적으로 관련된 일만 있는 것은 아니다. 교사가 교육공무원으로서 기본적으로 수행해야 할 의무사항 중의 하나는 행정적 영역의 업무도 존재한다. 학교 차원에서 어떤 행정적 업무를 담당하게 되는지 명확하게 알아야, 이를 통해 학생을 위한 교육활동에 전념할 수 있는 방법을 찾을 수 있을 것이다.

제2부에서는 학교 차원에서 발생하는 여러 가지 사안 중 학교 교육과정 및 학급 교육과정, 학교 컨설팅과 수업 컨설팅, 학교운영위원회, 차세대 나이스, 교원능력개발평가, 교육연구활동 등에 대해 살펴보도록 한다.

2부
학교 차원

이 장의 주제

- 학교 교육과정과 학급 교육과정에 대한 의미를 알 수 있다.
- 학교 컨설팅과 수업 컨설팅의 개념을 근간으로 두 개념 사이의 차이점을 파악할 수 있다.
- 학교운영위원회의 발전과정과 구성요인을 알 수 있다.
- 차세대 나이스에 대해 이해하고 이를 활용할 수 있다.
- 교원능력개발평가에 대비할 수 있다.
- 교육연구 활동의 개념과 종류를 알고 실제로 참여할 수 있다.

4장 학교 교육과정 및 학급 교육과정

1. 2009 개정 교육과정의 개요[1)]

1) 교육과정 구성의 방향

(1) 추구하는 인간상

우리나라의 교육은 홍익인간의 이념 아래 모든 국민으로 하여금 인격을 도야하고, 자주적 생활 능력과 민주시민으로서 필요한 자질을 갖추게 하여 인간다운 삶을 영위하게 하고, 민주국가의 발전과 인류 공영의 이상을 실현하는 데 이바지하게 함을 목적으로 하고 있다.

이러한 교육 이념을 바탕으로, 이 교육과정이 추구하는 인간상은 다음과 같다.

1. 전인적 성장의 기반 위에 개성의 발달과 진로를 개척하는 사람
2. 기초 능력의 바탕 위에 새로운 발상과 도전으로 창의성을 발휘하는 사람
3. 문화적 소양과 다원적 가치에 대한 이해를 바탕으로 품격 있는 삶을 영위하는 사람

---

1) 이 장에서는 2009년 교육과학기술부가 제시한 초·중등학교 교육과정 총론의 전문을 실었다. 이것이 어떤 교재보다 명확하고 보기 좋게 서술되어 있을 뿐 아니라 이를 변형하여 실을 경우 기본적으로 지켜야 할 기준에서 벗어나는 실수를 범할 수 있기 때문에 독자들의 이해를 돕기 위해 전문을 싣게 되었다.

4. 세계와 소통하는 시민으로서 배려와 나눔의 정신으로 공동체 발전에 참여하는 사람

(2) 교육과정 구성의 방침

추구하는 인간상을 구현하기 위한 교육과정 구성의 방침은 다음과 같다.

1. 배려와 나눔을 실천하는 창의적인 인재를 기를 수 있도록 교육과정을 구성한다.
2. 이 교육과정은 초등학교 1학년부터 중학교 3학년까지의 공통 교육과정과 고등학교 1학년부터 3학년까지의 선택 교육과정으로 편성한다.
3. 교육과정 편성 · 운영의 경직성을 탈피하고, 학년 간 상호 연계와 협력을 통한 학교 교육과정 편성 · 운영의 유연성을 부여하기 위하여 학년군을 설정한다.
4. 공통 교육과정의 교과는 교육 목적상의 근접성, 학문 탐구 대상 또는 방법상의 인접성, 생활양식에서의 연관성 등을 고려하여 교과군으로 재분류한다.
5. 선택 교육과정에서는 학생들의 기초영역 학습 강화와 진로 및 적성 등을 감안한 적정 학습이 가능하도록 4개 교과 영역으로 구분하고, 필수 이수단위를 제시한다.
6. 학기당 이수 교과목 수의 축소를 통한 학습 부담의 적정화와 의미 있는 학습활동이 전개될 수 있도록 집중 이수를 확대한다.
7. 기존의 재량활동과 특별활동을 통합하여 배려와 나눔의 실천을 위한 '창의적 체험활동'을 신설한다.
8. 학교 교육과정 평가, 교과 평가의 개선, 국가 수준의 학업성취도 평가 실시 등을 통해 교육과정 질 관리 체제를 강화한다.

2) 학교 급별 교육과정 편성과 운영

(1) 초등학교

① 초등학교 교육목표

초등학교의 교육은 학생의 학습과 일상생활에 필요한 기초 능력 배양과 기본 생활습관을 형성하는 데 중점을 둔다.

- 풍부한 학습 경험을 통해 몸과 마음이 건강하고 균형 있게 자랄 수 있도록 하며, 다양한 일의 세계에 대한 기초적인 이해를 한다.
- 학습과 생활에서 문제를 인식하고 해결하는 기초 능력을 기르고, 이를 새롭게 경험할 수 있는 상상력을 키운다.
- 우리 문화에 대해 이해하고, 문화를 향유하는 올바른 태도를 기른다.
- 자신의 경험과 생각을 다양하게 표현하며 타인과 공감하고 협동하는 태도를 기른다.

② 편제와 시간배당

〈편 제〉

초등학교 교육과정은 교과(군)와 창의적 체험활동으로 편성한다. 교과(군)는 국어, 사회/도덕, 수학, 과학/실과, 체육, 예술(음악/미술), 영어로 한다. 다만, 초등학교 1, 2학년의 교과는 국어, 수학, 바른 생활, 슬기로운 생활, 즐거운 생활로 한다. 창의적 체험활동은 자율활동, 동아리 활동, 봉사활동, 진로활동으로 한다. ⇨ 특별활동과 재량활동이 창의적 체험활동으로 변화된 것이 특징이다.

〈시간배당〉

- 1시간 수업: 40분 기준. 단, 기후, 계절, 학생발달 정도, 학습내용 성격 등을 고려하여 학교에서 탄력적으로 편성 · 운영 가능
- 학년군, 교과(군)별 시간배당은 연간 34주 기준으로 2년간의 기준 수업시수를 나타낸 것

- 학년군별 총 수업시간 수는 최소 수업시간 수
- 3~4학년 국어과 기준 수업시수는 주5일 수업에 따라 감축된 시간 수이므로 학교에서는 442시간을 기준 수업시수로 운영할 수 있음
- 실과의 수업시간은 5~6학년 과학/실과의 수업시수에만 포함된 것

표 4-1 초등학교 시간배당 기준

구 분		1~2학년	3~4학년	5~6학년
교과(군)	국어	국 어 448	408	408
	사회/도덕	수 학 256	272	272
	수학		272	272
	과학/실과	바른 생활 128	204	340
	체육	슬기로운 생활 192	204	204
	예술(음악/미술)	즐거운 생활 384	272	272
	영어		136	204
창의적 체험활동		272	204	204
학년군별 총 수업시간 수		1,680	1,972	2,176

〈편성 · 운영의 중점〉

- 학교는 1학년 학생들의 입학 초기 적응 교육을 위해 창의적 체험활동의 시수를 활용하여 자율적으로 입학 초기 적응 프로그램 등을 편성 · 운영할 수 있다.
- 학교는 모든 교육활동을 통해 학생의 인성과 기본생활습관을 형성할 수 있도록 교육과정을 편성 · 운영한다.
- 각 교과의 기초적 · 기본적 요소들이 체계적으로 학습되도록 계획하고, 정확한 국어 사용 능력을 신장할 수 있도록 배려한다. 특히, 기초적 국어 사용 능력과 수리력이 부족한 학생들을 위해 별도의 프로그램을 편성 · 운영할 수 있다.
- 학교의 특성, 학생교사 학부모의 요구 및 필요에 따라 학교가 자율적으로 교과(군)별 20% 범위 내에서 시수를 증감하여 운영할 수 있다.

- 초등학교에서는 학교의 여건과 교과(군)별 특성을 고려하여 학년, 학기별로 집중 이수를 통해 학기당 이수 교과 수를 감축하여 편성 · 운영할 수 있다.
- 정보통신활용교육, 보건교육, 한자교육 등은 관련 교과(군)와 창의적 체험활동 시간을 활용하여 체계적인 지도가 이루어질 수 있도록 한다.
- 전입 학생이 특정 교과목을 이수하지 못할 경우, 교육청과 학교에서는 '보충 학습 과정' 등을 통해 학습 결손이 발생하지 않도록 한다.
- 학년을 달리하는 학생을 병합하여 복식 학급을 편성 · 운영하는 경우에는 교육 내용의 학년별 순서를 조정하거나 공통 주제를 중심으로 교재를 재구성하여 활용할 수 있다.
- 학교는 학생이 학년군별로 이수해야 할 학년별, 학기별 교과목을 편성하여 안내한다.
- 예술(음악/미술)은 음악과 미술 교과를 중심으로 편성 · 운영한다.

(2) 중학교

① 중학교 교육목표

중학교의 교육은 초등학교 교육의 성과를 바탕으로, 학생의 학습과 일상생활에 필요한 기본 능력을 배양하며, 다원적인 가치를 수용하고 존중하는 민주시민의 자질 함양에 중점을 둔다.

- 심신의 건강하고 조화로운 발달을 추구하며, 다양한 분야의 경험과 지식을 익혀 적극적으로 진로를 탐색한다.
- 학습과 생활에 필요한 기초 능력과 문제해결력을 바탕으로 창의적 사고력을 기른다.
- 자신을 둘러싼 세계에 대한 경험을 토대로 다양한 문화와 가치에 대한 이해를 넓힌다.
- 다양한 소통능력을 기르고 민주시민으로서의 자질과 태도를 갖춘다.

② 편제와 시간배당

〈편 제〉

중학교 교육과정은 교과(군)와 창의적 체험활동으로 편성한다. 교과(군)는 국어, 사회(역사 포함)/도덕, 수학, 과학/기술 · 가정, 체육, 예술(음악/미술), 영어, 선택으로 한다. 선택은 한문, 정보, 환경, 생활 외국어(독일어, 프랑스어, 스페인어, 중국어, 일본어, 러시아어, 아랍어), 보건, 진로와 직업 등을 선택과목으로 한다. 창의적 체험활동은 자율활동, 동아리 활동, 봉사활동, 진로활동으로 한다.

〈시간배당〉

- 1시간 수업: 45분 기준. 단, 기후, 계절, 학생발달 정도, 학습내용 성격 등을 고려하여 학교에서 탄력적으로 편성 · 운영 가능
- 학년군, 교과(군)별 시간배당은 연간 34주 기준으로 3년간의 기준 수업시수를 나타낸 것
- 총 수업시간 수는 3년간의 최소 수업시수임

표 4-2 중학교 수업 배당 기준

구 분		1~3학년
교과(군)	국어	442
	사회(역사 포함)/도덕	510
	수학	374
	과학/기술 · 가정	646
	체육	272
	예술(음악/미술)	272
	영어	340
	선택	204
창의적 체험활동		306
총 수업시간 수		3,366

〈편성 · 운영의 중점〉

- 학교는 학생들이 이수해야 할 3년간의 교과목을 학년별, 학기별로 편성하여 안내한다.
- 교과(군)의 이수 시기와 수업시수는 학교가 자율적으로 결정할 수 있다.
- 학교의 특성, 학생 · 교사 · 학부모의 요구 및 필요에 따라 학교가 자율적으로 교과(군)별 수업시수를 20% 범위 내에서 증감하여 운영할 수 있다.
- 교육 효과를 높이기 위해 학생의 학기당 이수 교과목 수를 8개 이내로 편성하도록 한다.
- 예술(음악/미술)은 음악과 미술 교과를 중심으로 편성 · 운영한다.
- 선택과목을 개설할 경우, 학교는 2개 이상의 과목을 개설함으로써 학생들의 선택권이 보장되도록 한다.
- 학교는 필요한 경우 새로운 선택과목을 개설할 수 있다. 새로운 과목을 개설하여 운영하고자 할 경우에는 시 · 도 교육청의 교육과정 편성 · 운영 지침에 의거하여 사전에 필요한 절차를 거쳐야 한다.
- 학교는 학생의 직업 및 진로에 대한 탐색과 선택을 돕기 위해 진로교육을 강화한 교육과정을 편성 · 운영한다.
- 전입 학생이 특정 교과목을 이수하지 못할 경우, 교육청과 학교에서는 '보충학습 과정' 등을 통해 학습 결손이 발생하지 않도록 한다.

(3) 고등학교

① 고등학교 교육목표

고등학교 교육은 중학교 교육의 성과를 바탕으로, 학생의 적성과 소질에 맞는 진로 개척 능력과 세계시민으로서의 자질을 함양하는 데 중점을 둔다.

- 성숙한 자아의식을 토대로 다양한 분야의 지식과 기능을 익혀 진로를 개척하며 평생학습의 기본 역량과 태도를 갖춘다.
- 학습과 생활에서 새로운 이해와 가치를 창출할 수 있는 비판적 · 창의적 사고력과 태도를 익힌다.
- 우리의 문화를 향유하고 다양한 문화와 가치를 수용할 수 있는 자질과 태도를

갖춘다.

- 국가 공동체의 발전을 위해 노력하며, 세계시민으로서의 자질과 태도를 기른다.

② 편제와 시간배당

〈편 제〉

- 고등학교 교육과정은 교과(군)와 창의적 체험활동으로 편성한다.
- 교과는 보통 교과와 전문 교과로 한다.
  : '보통 교과' 영역은 기초, 탐구, 체육 · 예술, 생활 · 교양으로 구성하며, 교과(군)는 국어, 수학, 영어, 사회(역사/도덕 포함), 과학, 체육, 예술(음악/미술), 기술 · 가정/제2외국어/한문/교양으로 한다. '전문 교과'는 농생명 산업, 공업, 상업 정보, 수산 · 해운, 가사 · 실업, 과학, 체육, 예술, 외국어, 국제에 관한 교과로 한다.
- 창의적 체험활동은 자율활동, 동아리 활동, 봉사활동, 진로활동으로 한다.

〈시간배당〉

- 1시간 수업: 50분 기준. 17회를 이수하는 수업량
- 1시간 수업: 45분 기준. 단, 기후, 계절, 학생발달 정도, 학습내용 성격 등을 고려하여 학교에서 탄력적으로 편성 · 운영 가능
- 필수 이수단위의 교과(군) 및 교과 영역 단위 수는 해당 교과(군) 및 교과 영역의 '최소 이수단위'임
- 필수 이수단위의 괄호 안의 숫자는 전문교육을 주로 하는 학교, 예체능 등 교육과정 편성 · 운영의 자율권을 인정받은 학교가 이수할 것을 권장
- 총 이수단위 수는 교과(군)와 창의적 체험활동의 이수단위를 합한 것으로, 고등학교 졸업에 필요한 '최소 이수단위'임

표 4-3 고등학교 단위 배당 기준

<table>
<tr><th colspan="2" rowspan="2">교과 영역</th><th rowspan="2">교과(군)</th><th colspan="2">필수 이수단위</th><th rowspan="2">학교자율과정</th></tr>
<tr><th>교과(군)</th><th>교과 영역</th></tr>
<tr><td rowspan="10">교과(군)</td><td rowspan="3">기초</td><td>국어</td><td>15(10)</td><td rowspan="3">45(30)</td><td rowspan="9">학생의 적성과 진로를 고려하여 편성</td></tr>
<tr><td>수학</td><td>15(10)</td></tr>
<tr><td>영어</td><td>15(10)</td></tr>
<tr><td rowspan="2">탐구</td><td>사회(역사/도덕 포함)</td><td>15(10)</td><td rowspan="2">35(20)</td></tr>
<tr><td>과학</td><td>15(10)</td></tr>
<tr><td rowspan="2">체육 · 예술</td><td>체육</td><td>10(5)</td><td rowspan="2">20(10)</td></tr>
<tr><td>예술(음악/미술)</td><td>10(5)</td></tr>
<tr><td>생활 · 교양</td><td>기술 · 가정/제2외국어/한문/교양</td><td>16(12)</td><td>16(12)</td></tr>
<tr><td colspan="2">소 계</td><td colspan="2">116(72)</td><td>64</td></tr>
<tr><td colspan="3">창의적 체험활동</td><td colspan="3">24</td></tr>
<tr><td colspan="3">총 이수단위</td><td colspan="3">204</td></tr>
</table>

〈보통교과〉

표 4-4 보통교과 과목

교과 영역	교과(군)	과 목
기초	국어	국어*, 화법과 작문Ⅰ, 화법과 작문Ⅱ, 독서와 문법Ⅰ, 독서와 문법Ⅱ, 문학Ⅰ, 문학Ⅱ
	수학	수학*, 수학의 활용, 수학Ⅰ, 미적분과 통계기본, 수학Ⅱ, 적분과 통계, 기하와 벡터
	영어	영어*, 영어Ⅰ, 영어Ⅱ, 실용 영어회화, 심화 영어회화, 영어독해와 작문, 심화 영어독해와 작문
탐구	사회(역사/도덕 포함)	사회*, 한국지리, 세계지리, 동아시아사, 세계사, 법과 정치, 경제, 사회 · 문화, 한국사*, 도덕*, 생활과 윤리, 윤리와 사상
	과학	과학*, 물리Ⅰ, 물리Ⅱ, 화학Ⅰ, 화학Ⅱ, 생명과학Ⅰ, 생명과학Ⅱ, 지구과학Ⅰ, 지구과학Ⅱ

〈계 속〉

체육·예술	체육	체육*, 운동과 건강생활, 스포츠 문화, 스포츠 과학
	예술 (음악/미술)	음악*, 음악 실기, 음악과 사회, 음악의 이해, 미술*, 미술과 삶, 미술 감상, 미술 창작
생활·교양	기술·가정/ 제2외국어/ 한문/ 교양	기술·가정*, 농업 생명과학, 공학 기술, 가정 과학, 창업과 경영, 해양 과학, 정보 독일어 I, 독일어 II, 프랑스어 I, 프랑스어 II, 스페인어 I, 스페인어 II, 중국어 I, 중국어 II, 일본어 I, 일본어 II, 러시아어 I, 러시아어 II, 아랍어 I, 아랍어 II 한문 I, 한문 II 생활과 철학, 생활과 논리, 생활과 심리, 생활과 교육, 생활과 종교, 생활 경제, 안전과 건강, 진로와 직업, 보건, 환경과 녹색성장

1. 각 과목의 기본 단위 수는 5단위이며, 각 과목별로 1단위 범위 내에서 증감 운영이 가능하며, 가능한 한 한 학기에 이수하도록 한다.
2. *표시를 한 과목은 교과(군)별 학습의 위계를 고려하여 선택할 수 있도록 지도한다. 이 과목은 4단위 범위 내에서 증감하여 운영할 수 있다.
3. 앞의 표에 제시된 과목 이외에 전문교과의 과목을 편성·운영할 수 있다.

〈전문교과〉

표 4-5 전문교과 과목

교 과	과 목				기준 학과
농생명 산업	• 농업 이해 • 생물 공학 기초 • 산림 자원 기술 • 원예 기술 I • 사육 기술 II • 조경 기술 II • 농업 토목 기술 II • 농업 기계 기술 II • 식품 가공 기술 II • 환경 보전	• 농업 기초 기술 • 재배 • 원예 • 원예 기술 II • 누에와 비단 • 농업과 물 • 농업 기계 • 식품 과학 • 농산물 유통 • 환경 관리 I	• 농업 정보 관리 • 작물 생산 기술 • 생활 원예 • 동물 자원 • 조경 • 농촌과 농지 개발 • 농업 기계 공작 • 식품 위생 • 농산물 유통 관리 I • 환경 관리 II	• 농업 경영 • 숲과 인간 • 생산 자재 • 사육 기술 I • 조경 기술 I • 농업 토목 기술 I • 농업 기계 기술 I • 식품 가공 기술 I • 농산물 유통 관리 II • 농업과 관광	• 식물 자원과 • 동물 자원과 • 농업 토목과 • 식품 가공과 • 농업 기계과 • 조경과 • 농산물유통 정보과 • 환경·관광 농업과 • 생물 공학과

공업	• 공업 입문 • 기계 일반 • 기계 공작법 • 기계 기초 공작 • 금형 제작 • 전자 기계 제어 • 금속 제조 • 전기 응용 • 전력 설비 Ⅱ • 전자 · 전산 응용 • 정보 통신 • 프로그래밍 • 토목 설계 • 지적 전산 • 건축 목공 • 색채 관리 • 시각 디자인 • 제조 화학 • 구조 세라믹 • 식품 분석 • 제포 · 봉제 • 평판 인쇄 • 자동차 · 건설 기계 • 건설 기계 구조 · 정비 • 선박 건조 • 항공기 장비 • 대기 · 소음 방지 • 컴퓨터 게임 그래픽 • 영화 · 방송 제작	• 기초 제도 • 전기 일반 • 원동기 • 공작 기계 Ⅰ • 전자 기계 이론 • 로봇 기초 • 재료 가공 • 전기 회로 • 전기 · 전자 측정 • 전자 회로 • 통신 시스템 • 디지털 논리회로 • 토목 일반 • 지적 실무 • 건축 시공 Ⅰ • 조형 • 컴퓨터 그래픽 • 분석 화학 • 세라믹 디자인 • 식품 공업 기술 • 염색 · 가공 • 특수 인쇄 • 자동차 기관 • 자동차 차체수리 • 항공기 일반 • 항공기 전자장치 • 폐기물 처리 • 만화 · 애니메이션 기초 • 촬영 · 조명	• 정보 기술 기초 • 공업 영어 • 유체 기기 • 공작 기계 Ⅱ • 전자 기계 회로 • 로봇 제작 • 주조 • 전기 기기 • 자동화 설비 • 계측 제어 • 컴퓨터 구조 • 측량 • 토목 재료 · 시공 • 건축 구조 • 건축 시공 Ⅱ • 제품 디자인 • 공업 화학 • 기능성 세라믹 • 발효 공업 • 섬유 재료 • 인쇄 일반 • 사진 · 전자 제판 • 자동차 섀시 • 선박 이론 • 항공기 기체 • 환경 공업 일반 • 컴퓨터 게임기획 • 애니메이션 제작 • 방송 시스템	• 전문 제도 • 기계 설계 • 공기 조화 설비 • 산업 설비 • 전자 기계 공작 • 재료 일반 • 금속 처리 • 전력 설비 Ⅰ • 전자 기기 • 통신 일반 • 시스템 프로그래밍 • 역학 • 수리 · 토질 • 건축 계획 일반 • 디자인 일반 • 공예 • 단위 조작 · 공정 제어 • 세라믹 원리공정 • 식품 제조 기계 • 방적 · 방사 • 인쇄 · 사진 재료 • 사진 • 자동차 전기전자 제어 • 선박구조 • 항공기 기관 • 수질 관리 • 컴퓨터 게임 프로그램 • 만화 창작	• 기계과 • 전자 기계과 • 금속 재료과 • 전기과 • 전자과 • 통신과 • 컴퓨터 응용과 • 토목과 • 건축과 • 디자인과 • 화학 공업과 • 환경 공업과 • 세라믹과 • 식품 공업과 • 섬유과 • 인쇄과 • 자동차과 • 조선과 • 항공과 • 컴퓨터 게임과 • 만화 · 애니메이션과 • 영상 제작과
상업 정보	• 상업 경제 • 경영과 법 • 커뮤니케이션 실무 • 세무 회계 • 전자 무역과 국제 상무 • 프로그래밍 실무 • 멀티미디어 기획 • 인터넷 쇼핑몰 관리	• 컴퓨터 일반 • 마케팅과 광고 • 원가 회계 • 금융과 생활 • 유통 정보 관리 • 소프트웨어 개발 • 멀티미디어 실무 • 전자 상거래 실무	• 회계 원리 • 경영 정보 시스템 • 기업 회계 • 국제화와 기업 경영 • 물류 관리 • 사무 관리 실무 • 웹 프로그래밍 • 인터넷 마케팅	• 기업과 경영 • 기업 자원 관리 • 전산 회계 • 무역 영어 • 자료 처리 • 멀티미디어 일반 • 전자 상거래 일반 • 창업 일반	• 경영 정보과 • 회계 정보과 • 무역 정보과 • 유통 경영과 • 정보 처리과 • 멀티미디어과 • 전자 상거래과 • 응용디자인과 • 관광경영과

〈계 속〉

수산 · 해운	• 수산 일반 • 수산 생물 • 양식 생물 질병 • 해양 오염 • 열기관 • 잠수 기술 • 해사 영어 • 전자 통신 운용 • 해양 정보 관리	• 해사 일반 • 수산 경영 일반 • 수산 가공 • 냉동 일반 • 선박 보조 기계 • 항해 • 선화 운송 • 생선회 실무	• 해양 일반 • 해양 생산 기술 • 수산물 유통 • 냉동 기계 • 선박 전기 · 전자 • 선박 운용 • 전자 통신 공학 • 해양 레저 · 관광	• 수산 · 해운 정보 처리 • 수산 양식 • 해양 환경 • 냉동 공조 실무 • 기계 설계 · 공작 • 해사 법규 • 전자 통신 기기 • 항만 물류 일반	• 해양 생산과 • 수산 양식과 • 자영 수산과 • 수산 식품과 • 해양 환경과 • 냉동 공조과 • 동력 기계과 • 항해과 • 전자 통신과 • 해양 레저과 • 항만 물류과 • 해양 정보과
가사 · 실업	• 인간 발달 • 동양 조리 • 패션 디자인 • 주거 • 영 · 유아 교육 원리 • 관광 일반 • 관광 영어 • 보건 간호 • 헤어 미용	• 식품과 영양 • 서양 조리 • 한국 의복 구성 • 실내 디자인 • 영 · 유아 교육 프로그램 • 관광 경영 실무 • 관광 일본어 • 기초 간호 임상 실무 • 피부 관리	• 급식 관리 • 제과 제빵 • 서양 의복 구성 • 가구 디자인 • 영 · 유아 놀이 교육 • 관광 서비스 실무 • 관광 중국어 • 기초 복지 서비스 • 메이크업	• 한국 조리 • 의복 재료 · 관리 • 자수와 편물 • 디스플레이 • 영 · 유아 생활 지도 • 관광 외식 · 조리 • 간호의 기초 • 노인 생활 지원 • 공중 보건	• 조리과 • 의상과 • 실내 디자인과 • 유아교육과 • 관광과 • 간호과 • 복지 서비스과 • 미용과
과학	• 물리 실험 • 과학사 • 고급 수학 • 고급 지구 과학 • 현대 과학과 기술	• 화학 실험 • 전자 과학 • 고급 물리 • 과제 연구 I • 원서 강독	• 생명 과학 실험 • 정보 과학 I • 고급 화학 • 과제 연구 II • 워크숍	• 지구 과학 실험 • 정보 과학 II • 고급 생명 과학 • 환경 과학 • 과학 철학	
체육	• 스포츠 개론 • 체조 운동 • 투기 운동 • 전문 스포츠 경기 체력 • 전문 스포츠 경기 실습 • 스포츠 경영 · 행정	• 스포츠 경기 과학 • 수상 운동 • 빙상 · 설상 운동 • 전문 스포츠 경기 초급 • 스포츠 교육 • 전공 실기	• 체육과 진로 탐구 • 개인 · 대인 운동 • 표현 · 창작 운동 • 전문 스포츠 경기 중급 • 코칭론 • 전공 실습	• 육상 운동 • 단체 운동 • 체력 운동 • 전문 스포츠 경기 중급 • 건강 관리	• 스포츠 경기과 • 체육지도과

예술	• 음악 이론	• 음악사 · 감상	• 시창 · 청음	• 음악 전공 실기	• 음악과
	• 합창	• 합주	• 연주	• 컴퓨터와 음악	• 미술과
	• 교양 실기				• 무용과
	• 미술 이론	• 미술사	• 소묘	• 기초 회화	• 문예창작과
	• 기초 조소	• 기초 디자인 · 공예	• 미술 전공 실기	• 영상 매체와 미술	• 연극영화과
	• 미술 감상과 비평				• 사진과
	• 무용의 이해		• 기초 발레	• 기초 현대 무용	
	• 무용 전공 실기	• 기초 한국 무용	• 안무	• 무용 감상과 비평	
	• 문학의 이해	• 무용 음악	• 고전 문학의 감상과 비평	• 현대 문학의 감상과 비평	
	• 시 창작	• 문장론			
	• 연극의 이해	• 소설 창작	• 희곡 창작	• 매체와 문학	
	• 연극 감상과 비평	• 무대 기술	• 연기	• 연극 제작 실습	
	• 영화 제작 실습	• 영화의 이해	• 영화 기술	• 영화 창작과 표현	
	• 사진의 이해	• 영화 감상과 비평			
	• 사진 편집	• 기초 촬영	• 중급 촬영	• 암실 실기	
		• 디지털 사진 촬영	• 디지털 사진 표현 기법	• 사진 감상과 비평	
외국어	• 심화 영어	• 영어 청해	• 영어회화 Ⅰ	• 영어회화 Ⅱ	• 영어과
	• 영어 독해	• 영어 작문	• 영어권 문화 Ⅰ	• 영어권 문화 Ⅱ	• 독일어과
	• 영어 문법				• 프랑스어과
	• 기초 독일어	• 독일어 청해	• 독일어 회화 Ⅰ	• 독일어 회화 Ⅱ	• 스페인어과
	• 독일어 독해	• 독일어 작문	• 독일어권 문화 Ⅰ	• 독일어권 문화 Ⅱ	• 중국어과
	• 독일어 문법				• 일본어과
	• 기초 프랑스어	• 프랑스어 청해	• 프랑스어 회화 Ⅰ	• 프랑스어 회화 Ⅱ	• 러시아어과
	• 프랑스어 독해	• 프랑스어 작문	• 프랑스어권 문화 Ⅰ	• 프랑스어권 문화 Ⅱ	• 아랍어과
	• 프랑스어 문법				
	• 기초 스페인어	• 스페인어 청해	• 스페인어 회화 Ⅰ	• 스페인어 회화 Ⅱ	
	• 스페인어 독해	• 스페인어 작문	• 스페인어권 문화 Ⅰ	• 스페인어권 문화 Ⅱ	
	• 스페인어 문법				
	• 기초 중국어	• 중국어 청해	• 중국어 회화 Ⅰ	• 중국어 회화 Ⅱ	
	• 중국어 독해	• 중국어 작문	• 중국 문화 Ⅰ	• 중국 문화 Ⅱ	
	• 중국어 문법				
	• 기초 일본어	• 일본어 청해	• 일본어 회화 Ⅰ	• 일본어 회화 Ⅱ	
	• 일본어 독해	• 일본어 작문	• 일본 문화 Ⅰ	• 일본 문화 Ⅱ	
	• 일본어 문법				
	• 기초 러시아어	• 러시아어 청해	• 러시아어 회화 Ⅰ	• 러시아어 회화 Ⅱ	
	• 러시아어 독해	• 러시아어 작문	• 러시아 문화 Ⅰ	• 러시아 문화 Ⅱ	
	• 러시아어 문법				
	• 기초 아랍어	• 아랍어 청해	• 아랍어 회화 Ⅰ	• 아랍어 회화 Ⅱ	
	• 아랍어 독해	• 아랍어 작문	• 아랍 문화 Ⅰ	• 아랍 문화 Ⅱ	
	• 아랍어 문법				

〈계 속〉

국제	• 영어 강독 • 중국어 강독 • 국제 정치 I • 세계 문제 • 국제법 • 한국의 현대 사회 • 예능 실습	• 독일어 강독 • 일본어 강독 • 국제 정치 II • 비교 문화 I • 지역 이해 • 한국어	• 프랑스어 강독 • 러시아어 강독 • 국제 경제 I • 비교 문화 II • 인류의 미래 사회 • 과제 연구 I	• 스페인어 강독 • 아랍어 강독 • 국제 경제 II • 정보 과학 • 한국의 전통 문화 • 과제 연구 II	

1. 전문 교육을 주로 하는 고등학교에서는 〈표 4-5〉에서 필요한 전문 과목을 80단위 이상 이수한다.
2. 전문 교육을 주로 하는 고등학교에서는 다음 과목을 필수로 이수한다.
   - 농생명 산업 계열: 농업 이해, 농업 기초 기술, 농업 정보 관리
   - 공업 계열: 공업 입문, 기초 제도, 정보 기술 기초
   - 상업 정보 계열: 상업 경제, 회계 원리, 컴퓨터 일반
   - 수산 · 해운 계열: 해양 일반, 수산 · 해운 정보 처리, 수산 일반(수산 계열), 해사 일반(해운 계열)
   - 가사 · 실업 계열: 인간 발달, 컴퓨터 일반
   - 체육, 외국어, 국제 계열은 시 · 도 교육감이 정한 지침에 따르되, 과학, 예술 계열은 필수 이수과목을 별도로 정하지 않는다.

③ 고등학교 교육과정 편성 · 운영의 중점

〈공통지침〉

- 고등학교 교육과정의 총 이수단위는 204단위이며 교과(군) 180단위, 창의적 체험활동 24단위로 나누어 편성한다.
- 교과의 이수 시기와 단위는 학교에서 자율적으로 편성 · 운영할 수 있다.
- 교육 효과를 높이기 위해 학생의 학기당 이수과목 수를 8개 이내로 편성하도록 한다.
- 선택과목 중에서 위계성을 갖는 과목의 경우 계열적 학습이 되도록 편성한다. 단, 학교의 실정 및 학생의 요구, 과목의 성격에 따라 탄력적으로 운영할 수 있다.
- 선택과목은 학교의 실정과 학생들의 요구를 반영하여 편성하되, 학교는 필요에 따라 이 교육과정에 제시되어 있는 과목 외에 새로운 과목을 개설할 수 있다. 새로운 과목을 개설하여 운영하고자 할 경우에는 시 · 도 교육청의 교육과정 편성 · 운영 지침에 의거하여 사전에 필요한 절차를 거쳐야 한다.
- 일정 규모 이상의 학생이 이 교육과정의 편제에 있는 특정 선택과목의 개

설을 요청할 경우, 학교는 이를 개설해야 한다.

- 학교에서 개설하지 않은 선택과목 이수를 희망하는 학생이 있을 경우 그 과목을 개설한 다른 학교에서의 이수를 인정하도록 한다.
- 학교 및 학생의 필요에 따라 지역사회의 학습장에서 행하는 학습을 이수 과목으로 인정할 수 있다. 다만 이 경우 시 · 도 교육청이 정하는 지침에 따른다.
- 학교는 필요에 따라 대학과목 선이수제의 과목을 개설할 수 있고, 국제적으로 공인받은 교육과정과 과목을 선택과목으로 인정할 수 있다. 다만, 이와 관련된 구체적인 사항은 시 · 도 교육청의 지침에 따른다.
- 학교는 필요에 따라 교과의 총 이수단위를 증배 운영할 수 있다. 단, 전문교육을 주로 하는 학교는 전문 교과에 한하여 증배 운영할 수 있다.
- 학교는 학생이 3년간 이수해야 할 학년별 · 학기별 과목을 편성하여 안내해야 한다.

〈일반계 고등학교〉

- 교과(군)의 이수단위 180단위 중 필수 이수단위는 116단위 이상으로 한다.
- 학생의 진로 과정을 고려하여 교과(군)별 최소 필수 이수단위 수로 편성할 수 있으나, 교과 영역별로 제시된 단위 수를 편성 · 운영하여야 한다.
- 일반계 고등학교에서 체육 · 음악 · 미술 등의 과정을 개설하거나 자율 학교로 지정된 학교의 경우 교과(군) 최소 이수단위인 72단위로 편성 · 운영할 수 있다.
- 학교는 학생의 요구 및 흥미, 적성 등을 고려하여 진로를 적절히 안내할 수 있는 진로 집중 과정을 편성 · 운영하도록 한다. 이를 위해 학교는 이 교육과정에 제시하는 '학교자율과정'에서 진로 집중 과정과 관련된 과목의 심화학습이 이루어질 수 있도록 편성 · 운영한다.
- 과학 · 수학 · 사회 · 영어 · 예술 · 체육 등 교과를 중심으로 중점 학교를 운영할 수 있으며, 이 경우 학교자율과정의 50% 이상을 관련 교과목으로 편성할 수 있다.
- 체육 · 음악 · 미술 등의 과정을 개설하는 학교의 경우, 필요에 따라 지역

내 중점 학교 및 지역사회 학습장 등을 활용할 수 있다.

- 일반계 고등학교에서 직업에 관한 과정을 운영할 수 있으며, 이와 관련된 세부 지침은 시 · 도 교육청에서 정한다.
- 학교에서 제2외국어 과목을 개설할 경우, 2개 이상의 과목을 동시에 개설하도록 노력해야 한다.

〈전문교육을 주로 하는 고등학교〉

- 교과(군)의 이수단위 180단위 중 보통 교과 필수 이수단위는 72단위 이상으로 편성하며, 전문 교과의 과목은 80단위 이상 편성한다.
- 전문 교과의 각 과목에 대한 이수단위는 시 · 도 교육감이 정하되, 외국어와 국제에 관한 교과의 각 과목별 이수단위는 5단위를 기본으로 한다. 단, 3단위 범위 내에서 증감 · 편성할 수 있다.
- 전문 교과의 기초가 되는 과목을 선택하여 이수할 경우, 이를 해당 보통 교과의 이수로 간주할 수 있다.
- 내용이 유사하거나 관련되는 보통 교과의 과목과 전문 교과의 과목은 교체하여 편성 · 운영할 수 있다.
- 농생명 산업, 공업, 상업정보, 수산 · 해운, 가사 · 실업 계열의 고등학교는 다음과 같이 편성 · 운영할 수 있다.
  - 전문 교과는 필요한 경우 다른 계열의 전문 과목을 선택하여 편성 · 운영할 수 있다.
  - 학과별 필수과목은 필요한 경우 학교장이 정할 수 있으며, 2개 이상의 계열을 운영하는 경우, 해당 학과가 속한 계열의 필수과목을 이수한다.
  - 교육과정 내용과 관련이 있는 현장 실습을 운영해야 한다. 이 경우 다양한 형태로 운영할 수 있으며, 이와 관련된 구체적인 사항은 시 · 도 교육청이 정한 지침에 따른다.
- 국제 계열 고등학교는 전공 관련 교과군과 외국어에 관한 교과의 과목에서 80단위 이상 이수하되, 전공 관련 교과군에서 50% 이상 편성한다.
- 외국어 계열 고등학교에서는 전문 교과 총 이수단위의 60% 이상을 전공 외국어로 하고, 전공 외국어 포함 2개 외국어로 전문 교과를 편성해야 한다.

- 이 교육과정에 명시되지 아니한 계열의 교육과정은 유사 계열의 교육과정에 준한다. 부득이 새로운 계열의 설치 및 그에 따른 교육과정을 편성할 경우와 학교 실정에 따라 새로운 과목을 설정하여 운영하고자 할 경우에는 시 · 도 교육청의 교육과정 편성 · 운영 지침에 의거하여 사전에 필요한 절차를 거쳐야 한다.

3) 2009 개정 교육과정의 주요 개정 방향

(1) 교과군·학년군 도입

역량 중심의 미래형 교육과정으로 가기 위해 각국은 현재 국가 수준의 교육과정을 개편하고 있다. 우리나라도 7차 교육과정부터 국가 수준 교육과정을 수시 개정 체제로 전환함에 따라 2007 개정 교육과정에 이어 이번에 2009 개정 교육과정이 등장했다. 2009 개정 교육과정에서의 가장 두드러진 특징은 과거와 달리 교과군제와 학년군제를 도입한 점이다. 교과군은 기존의 국민공통기본교육과정의 교과를 교육목적, 학문 탐구 대상, 교육방법, 실제 생활의 상호 연관성 등을 고려하여 광역군 개념으로 유목화하는 것을 의미한다. 그리고 학년군이란 학년군은 초등학교는 1~2학년, 3~4학년, 5~6학년의 3개 학년군으로, 중학교와 고교는 3개 학년을 각각 1개 학년군으로 설정하였다. 학년군제가 됨에 따라 학교 교육과정에 따라 교과를 학년군제로 실시할 수 있게 되었으며, 집중이수제가 가능하게 되었다.

(2) 창의적 체험활동 강화

2007 개정 교육과정까지 교육과정의 편제를 교과, 재량활동, 특별활동으로 운영하던 것을 2009 개정 교육과정에서는 특별활동과 창의적 재량활동을 통합하여 창의적 체험활동을 하도록 하였다. 이렇듯 창의적 체험활동을 강화하여 개성 신장, 여가 선용, 창의성 개발, 공동체 의식 함양 등 배려와 나눔을 실천하는 창의 인재 양성 교육을 학교에서 실시할 수 있다. 그리고 창의적 체험활동은 자율활동, 동아리 활동, 봉사활동, 진로활동 중심으로 배려와 나눔의 실천 활동을 주로 하도록 하였다. 이것은 학생들의 도덕성 함양, 준법정신 및 윤리의식 강화를 위해서 기존의 교과 중심 교육에서 체험 중심의 교육으로 전환한 것이다.

(3) 공통 교육과정의 학제 일치 및 고등학교 핵심 역량 강화

2007 개정 교육과정까지는 국민공통기본교육과정이 10학년까지였으나, 2009 개정 교육과정부터는 중학교 3학년까지, 즉 9학년까지로 1년을 감축하고 고등학생은 학교 교육과정에 의거하여 선택 중심 교육과정을 운영할 수 있도록 하였다. 이렇게 의무교육기간과 국민공통기본교육과정이 일치하게 되고, 고등학교는 학생의 진로에 따른 전공과 관련된 수업을 선택하여 공부할 수 있다.

(4) 학교 교육과정 자율성 확대

국가는 교육과정 운영의 기본 틀만을 제시하고 학교에서는 자율적으로 학교 교육과정을 운영할 수 있도록 '2009 개정 교육과정'을 개정하였다. 따라서 모든 학교에서 똑같은 교육과정을 획일적으로 교육하는 방식에서 탈피하여, 모든 학교가 특성화된 교육과정을 운영할 수 있도록 하였다. 그 근거로 교과군별 기준시수의 20% 증감 운영이 가능하고, 교과군 내 교과별 시수는 단위학교가 결정하도록 하였으며, 고등학교에서는 국가 수준의 공통필수과목을 지정하지 않고, 교과(군)별 필수 이수단위 수만을 지정함으로써 학교에서 학생 수준 및 진로 등을 고려한 학습 기회를 제공하도록 하고 있다.

2. 교육과정 자율화

1) 교육과정 자율화란

앞서 기술한 바와 같이 2009 개정 교육과정에서는 학교의 자율성을 대폭 확대하였다. 특히 교육과정 자율화를 통해 학교장이 국가 수준 교육과 관련된 정책 방안 등을 토대로 학교 구성원들의 의견을 수렴하여 해당 학교의 여건과 실정과 맞게 학교 교육과정을 자율적으로 편성 · 운영하는 것을 의미한다. 특히 교과군제와 학년군제가 도입되고 수업시수의 20% 증감 운영이 가능하게 됨에 따라 더욱 교육과정 자율화를 실현하기 용이해졌다.

2) 교육과정 자율화의 방향

교육과정 자율화는 다음과 같은 방향성을 가지고 수립 · 운영되어야 한다.

- 학생들의 창의성을 함양하고 그에 걸맞은 인재 양성을 위하여 학교는 학생의 능력, 적성, 진로 등을 총체적으로 고려한 교육내용과 방법을 다양화해야 하고 그에 맞는 교육과정을 편성 · 운영하도록 한다.
- 따라서 각급학교는 특색 있는 교육과정을 추구하면서 각급학교교육의 방향과 중점을 부각시켜야 하고, 학교 구성원들이 교육과정의 비전과 목표를 공유하고 이를 실천해 나가도록 해야 한다.
- 교과서 중심에서 교육과정 중심으로 그 중심이 이동함에 따라 학교는 '교육과정의 적극적 재구성'이라는 관점에서 현행 교육과정 및 자율화 방안을 최대한 활용하여 적극적이고 창의적인 운영 방안을 모색한다.
- 학교와 교육청은 단위학교 책임 경영을 통한 학교 자율화 추진 방안과 연계하여 '교직원 인사의 자율화' '자율학교 확대' '학교 현장 지원 체제 구축' 등 학교 교육과정 자율화를 실현할 수 있도록 필요한 여건을 구비해 나간다.
- 특히 학교는 학생의 의견뿐 아니라 학부모, 지역사회 등의 교육적 요구를 수렴하고, '학교 교육과정위원회' '학교운영위원회' 등의 협의 및 심의를 거쳐 학교 교육과정 자율화를 추진한다.
- 교육청은 단위학교 교육과정 자율화 추진을 위하여 관련 규정 등을 재정비하여 적극적으로 지원한다.

3) 교육과정 자율화 추진 내용

(1) 교육과정 자율화의 적용 시기

교육과정 자율화는 2010학년도부터 적용하되, '제7차 교육과정' 및 '2007 개정 교육과정'의 적용 시기와 연계하도록 한다. '2007 개정 교육과정'의 조기 시행이란 제7차 교육과정의 기본 편제를 유지하면서, 2007 개정 교육과정의 운영 방식을 탄력적으로 조기에 적용하는 것을 의미한다.

(2) 학교급별 일반 사항

① 국민공통 기본 교과별로 연간 수업시수의 20% 범위 내 증감 운영

- 교과별로 20% 범위 내에서 시수 증감이 가능하지만 국가 수준 교육과정에서 제시하고 있는 연간 총 수업시간 수에는 미만이 되면 안 된다. 어느 교과의 수업시수를 20% 감축한다면 감축한 분량을 다른 교과에서 반드시 증배하여 연간 총 수업시간 수를 유지해야 한다. 다만, 필요한 경우에는 수업시수의 감축 없이 증배하여 운영할 수 있다. 만약, 학년 단위 집중 이수로 인해 학년별 총 수업시간 수가 달라지는 경우, 해당 학년의 총 수업시간 수를 충족한 것으로 간주한다.
- 교과 교육내용의 재구성은 다음과 같은 방향에서 실시하도록 한다. 먼저 증배의 경우, 학생들의 학습활동을 보충 · 심화하기 위해 교과별로 다양한 주제를 실천 중심으로 운영한다. 반대로 감축의 경우, 교과 교육과정의 어느 한 부분을 삭제하는 것이 아니라, 교과내용을 재구성하여 운영하도록 한다.

② 2009 개정 교육과정에서는 창의적 체험활동을 통해 재량활동과 특별활동을 통합 운영해야 한다. 이를 위해 각급학교는 학교의 여건에 맞게 통합 운영하되, 다음과 같은 방향에서 이루어지도록 한다.

- 교과 이외의 창의적 체험활동이 다양하게 이루어지도록 한다.
- 창의적 재량활동과 특별활동의 통합은 유사 영역에 대한 '운영 방법 중심의 통합'이나 방법상의 통합 목적 상의 통합 등 다양하게 이루어질 수 있도록 한다.

〈주제 중심 통합의 예〉

표 4-6 교육과정 자율화의 주제 중심 통합의 예

주 제	시 수	창의적 재량활동		특별활동		비 고
		범교과학습 주제	시 수	영 역	시 수	
민주 시민 육성	27	민주시민 교육	10	• 자치활동(민주시민 활동) • 적응활동(기본생활습관 형성 활동)	17	범교과 학습주제와 특별활동의 중복 내용 통합 운영
국제 이해 교육	24	한국 문화 정체성 교육	6	• 적응활동(정체성 확립 활동) • 행사활동(교류 활동) • 봉사활동(자선 구호 활동)	18	

〈영역별 내용 통합의 예〉

표 4-7 교육과정 자율화의 영역별 내용 통합의 예

특별활동		재량활동 내용 (범교과학습 주제)
영 역	내 용	
자치 활동	• 협의 활동 • 역할 분담 활동 • 민주시민 활동	• 민주시민 교육 • 관련 주제 중심의 자기주도적 학습
적응 활동	• 기본 생활습관 형성 활동 • 친교활동 • 상담활동 • 진로활동 • 정체성 확립 활동	• 윤리교육, 민주시민 교육, 여가활용 교육, 진로교육, 한국문화 정체성 교육 • 관련 주제 중심의 자기주도적 학습
행사 활동	• 의식 행사 활동 • 학예 행사 활동 • 보건 체육 행사 활동 • 수련 활동 • 안전 구호 활동 • 교류 활동	• 안전 교육, 행사 활동 • 관련 주제 중심의 자기주도적 학습 • 보건 교육
계발 활동	• 학술 문예 활동 • 보건 체육 활동 • 실습 노작 활동 • 여가 문화 활동 • 정보 통신 활동 • 청소년 단체 활동	• 별도의 범교과학습 시간 운영 • 정보 통신 교육 및 보건 교육 • 특정 주제 중심의 자기주도적 학습
봉사 활동	• 일손 돕기 활동 • 위문 활동 • 캠페인 활동 • 자선 구호 활동 • 환경 · 시설 보전 활동	

4) 초등학교 교육과정 자율화 방안

(1) 교과 수업시수 20% 증감 방안

표 4-8 초등학교 1~6학년 연간 수업시수 증감 범위

<table>
<tr><th colspan="2" rowspan="2">학 년
구 분</th><th>1학년</th><th>2학년</th><th>3학년</th><th>4학년</th><th>5학년</th><th>6학년</th></tr>
<tr><th>기준 시수
(증감 범위)</th><th>기준 시수
(증감 범위)</th><th>기준 시수
(증감 범위)</th><th>기준 시수
(증감 범위)</th><th>기준 시수
(증감 범위)</th><th>기준 시수
(증감 범위)</th></tr>
<tr><td rowspan="20">교과</td><td rowspan="2">국어</td><td colspan="2">국어</td><td rowspan="2">238
(191~285)</td><td rowspan="2">204
(164~244)</td><td rowspan="2">204
(164~244)</td><td rowspan="2">204
(164~244)</td></tr>
<tr><td rowspan="2">210
(168~252)</td><td rowspan="2">238
(191~285)</td></tr>
<tr><td rowspan="2">도덕</td><td rowspan="2">34
(28~40)</td><td rowspan="2">34
(28~40)</td><td rowspan="2">34
(28~40)</td><td rowspan="2">34
(28~40)</td></tr>
<tr><td colspan="2" rowspan="2">수학</td></tr>
<tr><td rowspan="2">사회</td><td rowspan="2">102
(82~122)</td><td rowspan="2">102
(82~122)</td><td rowspan="2">102
(82~122)</td><td rowspan="2">102
(82~122)</td></tr>
<tr><td rowspan="2">120
(96~144)</td><td rowspan="2">136
(109~163)</td></tr>
<tr><td rowspan="3">수학</td><td rowspan="3">136
(109~163)</td><td rowspan="3">136
(109~163)</td><td rowspan="3">136
(109~163)</td><td rowspan="3">136
(109~163)</td></tr>
<tr><td colspan="2">바른생활</td></tr>
<tr><td rowspan="2">60
(48~72)</td><td rowspan="2">68
(55~81)</td></tr>
<tr><td>과학</td><td>102
(82~122)</td><td>102
(82~122)</td><td>102
(82~122)</td><td>102
(82~122)</td></tr>
<tr><td rowspan="2">실과</td><td colspan="2">슬기로운 생활</td><td rowspan="2"></td><td rowspan="2"></td><td rowspan="2">68
(55~81)</td><td rowspan="2">68
(55~81)</td></tr>
<tr><td rowspan="2">90
(72~108)</td><td rowspan="2">102
(82~122)</td></tr>
<tr><td rowspan="2">체육</td><td rowspan="2">102
(82~122)</td><td rowspan="2">102
(82~122)</td><td rowspan="2">102
(82~122)</td><td rowspan="2">102
(82~122)</td></tr>
<tr><td colspan="2" rowspan="2">즐거운 생활</td></tr>
<tr><td rowspan="2">음악</td><td rowspan="2">68
(55~81)</td><td rowspan="2">68
(55~81)</td><td rowspan="2">68
(55~81)</td><td rowspan="2">68
(55~81)</td></tr>
<tr><td rowspan="2">180
(144~216)</td><td rowspan="2">204
(164~244)</td></tr>
<tr><td rowspan="3">미술</td><td rowspan="3">68
(55~81)</td><td rowspan="3">68
(55~81)</td><td rowspan="3">68
(55~81)</td><td rowspan="3">68
(55~81)</td></tr>
<tr><td colspan="2">우리들은 1학년</td></tr>
<tr><td rowspan="2">80
(64~96)</td><td rowspan="2"></td></tr>
<tr><td>외국어
(영어)</td><td>68
(55~81)</td><td>68
(55~81)</td><td>102
(82~122)</td><td>102
(82~122)</td></tr>
<tr><td colspan="2">재량활동</td><td>60</td><td>68</td><td>68</td><td>68</td><td>68</td><td>68</td></tr>
<tr><td colspan="2">특별활동</td><td>30</td><td>34</td><td>34</td><td>68</td><td>68</td><td>68</td></tr>
<tr><td colspan="2">*연간 총 수업
시간 수</td><td>830</td><td>850</td><td>1,020
(986)</td><td>1,020
(986)</td><td>1,122
(1,088)</td><td>1,122
(1,088)</td></tr>
</table>

(2) 교과시수 증감 모형

① 시수 증감 적용 모형 예시

학생 개인의 발달 단계 및 학교 특성에 따라 다음과 같이 다양하게 증감 · 운영할 수 있다.

표 4-9 초등학교 증감 편성 방안 예시

학교교육 중점	교육활동 강화 내용	비 고
기초 · 기본 교육 강화	• 기초 · 기본 학습 강화 • 수준별 학습 강화 • 학교 특색, 체험활동 등	• 학교교육 중점에 따라 '순증 중심' '증배 중심' '증감 균형' 방식 적용
예술 · 체육 교육 강화	• 체육대회(체육), 기초 체력 향상 프로그램 등 • 학 · 예술 프로그램(음악, 미술) 운영 • 학교 특색, 체험활동 등	
외국어 교육 강화	• 의사 소통 중심 영어교육 강화 • 외국어 교육 관련 체험활동 • 외국어 교육 관련 학교 특색 등	

② 교과별 수업시수 증감 방안은 기초 · 기본 교육을 강화하는 모형을 예로 들 수 있다. 이 경우 학교별 학업 성취 수준이 낮은 교과의 수업시수를 증배하여 운영할 수 있다. 그리고 기초 · 기본 학력을 강화해야 하므로 순증 또는 증배 중심으로 교과 수업시수를 조정할 수 있다.

표 4-10 기초 · 기본 교육 강화를 위한 교과별 시수 증감 편성의 예

교 과	기준 시수	시수 증배	시수 감축	증감 적용 시수	비 고
국어	204	9		213	• 독서교육 강화
수학	136	10		146	• 기초 학습 강화
○○	34		-6	28	• 단원 재구성을 통한 시간 감축
○○	68		-13	55	
계	442	19	-19	442	

③ 재량활동과 특별활동의 통합 운영 방안은 활동 영역, 주제, 내용, 방식 등에 따라 통합하거나 분할하여 다양하게 운영할 수 있다. 그리고 창의적 재량활동의 범교과 학습 주제와 특별활동 유사 활동을 주제별로 재구성하여 통합 운영할 수 있다.

3. 학교 교육과정 편성·운영의 이해

학교 교육과정이란, 지역 특성, 학교 여건, 학생 및 학부모의 희망 사항과 요구 사항을 반영하여 국가 수준에 제시된 지도 내용을 상세화하고, 지도 시간 및 시기를 결정하고 교재를 선정하여 마련한 학교마다 살아 숨쉬는 특색 있는 교육과정이다.

1) 학교 교육과정의 성격

- 학교 교육과정은 국가 수준 교육과정, 시 · 도 교육청이 제시한 교육과정 편성 운영 지침, 지역교육 지원청의 교육과정 관련 장학자료를 바탕으로 학교 주변 지역의 특수성, 학교의 실정(학교장 철학, 교사 실태, 학생 실태, 학부모 실태, 학교 환경 등)에 알맞게 각 학교별로 마련한 '당해 학교의 구체적인 실행 교육과정'이다.
- 각급학교가 책임지고 학생들에게 실현해야 할 교육목표, 교육내용, 교육방법, 교육평가 등의 교육활동과 시수 및 편제 등에 대한 구체적인 내용을 담고 있는 실행 중심의 프로그램이다. 나아가 학교별로 특색 있는 교육을 실현할 수 있는 교육의 설계도이면서 상세한 교육운영 세부 시행 계획이다.
- 학교 교육과정에는 학교장의 교육철학이나 학교경영관, 해당 학교의 교육목표, 전통, 특성, 역사 등이 치밀하게 반영되어 있고, 그 학교만의 창의적이면서 독특한 교육내용과 방법이 나타나 있기 때문에 전국의 각 학교가 저마다의 다양한 교육 모습을 보여야 한다.

2) 학교 교육과정 편성의 근거

- 「초 · 중등교육법」 제23조 제1항

  ⇨ "학교는 교육과정을 편성 · 운영하여야 한다."

- 2009 개정 교육과정 성공을 위해

  ⇨ 학교는 현장에서 자율성 · 융통성 · 창의성을 발휘해야 한다.

3) 학교 교육과정의 개발 절차 및 주요 실행 과제

1단계	학교 수준 교육과정 편성 · 운영위원회 조직 • 당해 학교 교원, 유치원 및 중등학교 교원, 교수 등
2단계	기초 조사 및 반영할 사항의 추출 • 지역의 특수성 - 학교의 여건 - 학생의 희망사항 등
3단계	국가 수준 교육과정 운영 실태 분석 • 강조 사항 - 적용의 문제점 및 애로 사항 등
4단계	학교 수준 교육과정 편성 · 운영 지침 작성 • 학교 실정에 맞는 교육과정 편성 · 운영 지침
5단계	학교 수준 교육과정 시안 작성 • 편성 체제의 결정
6단계	학교 수준 교육과정 시안 심의 및 확정 • 심의 기준표 작성 및 평가 - 제삼자에 의한 평가
7단계	학교 수준 교육과정 적용 • 적용 시 문제점 수시 보완
8단계	학교 수준 교육과정 운영 실적 평가 • 교육과정 편성 · 운영 평가 - 학생 평가 - 기관 평가

4) 학교 교육과정 편성 모델

(1) 국가 수준 교육과정 구성 체제에 따른 모델

Ⅰ. 법적 근거
Ⅱ. 학교 교육과정의 성격
Ⅲ. 학교 교육과정 편성의 방향
Ⅳ. 학교 급별 목표
Ⅴ. 편제와 시간 배당 기준
Ⅵ. 학교 교육과정 편성 · 운영 지침
Ⅶ. 교육과정 3대 편제별 편성
  1. 성격
  2. 목표: 학년별 교과목표 설정
  3. 내용: 학교 교육과정 편성에 있어서 주요 과제
  4. 교수 · 학습 방법
  5. 평가
Ⅷ. 교육과정의 평가와 질 관리

(2) 학교교육계획과 교육과정 운영 계획을 통합한 체제 모델

Ⅰ. 학교 교육과정의 기저
  1. 상위 기관의 목표 및 시책
  2. 실태 및 개선 과제
  3. 전년도 교육 실적

Ⅱ. 본교 교육의 방향
  (* Ⅰ에 포함할 수도 있음)
  1. 학교장의 경영관
  2. 교육목표

3. 경영목표 및 방침(교육 중점)
4. 특수 시책

Ⅲ. 교육과정 편성 · 운영
1. 성격
2. 편성 · 운영의 기본 지침
3. 편제와 시간 배당
4. 편제(영역)별 목표 및 내용
가. 교과
나. 재량활동
다. 특별활동
* 생활지도(별개의 항으로 하든지, 또는 특별활동에 포함)

Ⅳ. 교육 지원 활동 지원 · 관리
1. 교육(경영) 조직
2. 교원 관리
3. 학생 관리
4. 시설 관리 등

Ⅴ. 교육활동 평가
1. 학생 학력 평가
2. 학교(기관) 평가
3. 교육과정 편성 · 운영 평가

4. 100대 교육과정

1) 100대 교육과정 우수학교 공모의 배경과 의의

6차 교육과정부터 교육과정의 분권화가 본격화되고, 7차 교육과정을 거쳐 특히 2007 개정 교육과정, 2009 개정 교육과정으로 교육과정이 수시 개정 체제 및 학교의 자율화가 가속화되고 있다. 이에 따라 교육과학기술부(2003년 당시는 교육인적자원부)는 2003년부터 전국에 있는 각급학교에서 특색을 발휘하여 저마다의 교육과정을 편성하여 운영하도록 유인하기 위한 시책으로 중 · 고등학교를 대상으로 100대 교육과정 우수학교 공모제를 실시해 오고 있다. 초등학교는 2004년부터 이 시책이 확대되어 적용되고 있다.

이에 각 시 · 도 교육청은 응모 기간이 되면 각급학교에서 전년도에 실시한 특색 있는 교육과정을 공모하여 선정하고 우수 교육과정을 교과부에 다시 지원하게 된다. 전국 100대 교육과정 우수학교 공모는 학교 경영의 중핵으로서 교육과정 운영을 정착하고, 학교마다 살아 숨쉬는 특색 있는 학교 교육과정을 운영하도록 하는 데 그 의의가 있다고 하겠다.

7차 교육과정에서는 교과서 중심에서 교육과정 중심으로 이동되었고, 특히 '학교는 교육과정을 운영해야 하기' 때문에 학교 경영의 중핵으로서 교육과정 운영은 한 치도 양보할 수 없는 사항이다. 그러나 아직도 학교 교육과정 편성 · 운영에 따른 교재 및 자료로서 교과서를 선택하고 있으며 국가 수준 교육과정 편성 · 운영 지침이나 시 · 도 교육청, 또는 지역교육지원청의 장학자료나 교육과정 예시 자료를 따라 학교 교육과정을 편성 · 운영하는 사례들이 발견되고 있다. 이에 100대 교육과정은 학교 차원에서 교육과정을 어떻게 편성 · 운영할 수 있는지, 그리고 각급학교의 실정, 특색을 반영한 교육을 어떻게 진행해 갈 수 있는지에 대한 좋은 자료가 된다.

이를 위해 학교장은 학교 경영의 중핵을 시책 중심, 구호 중심, 행사 중심, 업무 중심, 관리 중심, 대외 중심에 두기보다는 교육과정을 중핵으로 하는 학교 경영에 역점을 두어야 한다. 나아가 학교장은 당해 학교 교육과정 운영에 있어서 관리자,

장학자, 지원자, 평가자 입장에서 더 큰 역할을 담당하여야 한다. 학교장은 업무 수행의 최대 과제를 교육과정 운영의 정상화에 두고 그 질적 관리에 항상 관심을 가져야 한다.

일부 학교에서는 아직도 교육과정부장, 연구부장, 교육연구부장 등 학교에서 교육과정의 수립과 운영을 담당하는 부장만이 교육과정에 관심이 있고 학교장이나 일선 교사들은 이에 대해 무관심한 경우가 종종 있다. 굳이 100대 교육과정이 아니라 하더라도 이제는 해당 부서의 부장만이 아니라 학교장, 교사들이 모두 교육과정의 전문가가 되어 학교 차원에서 상위 시스템인 국가 수준의 교육과정, 시 · 도 교육청 및 지역교육지원청의 자료를 바탕으로 하위 시스템인 학교장의 경영철학, 학교의 전통과 역사, 학교 특색, 학교 · 학생 · 학부모 · 교사의 실정 및 특성 등을 반영한 '우리 학교만의 교육과정'을 수립할 수 있어야 할 것이다.

2) 2011년 전국 100대 교육과정 우수학교

교육과학기술부는 2003년부터 '전국 100대 교육과정 우수학교' 선정 사업을 통해 단위학교 교육과정 편성 · 운영 우수사례를 발굴 표창함으로써 학교교육의 질을 향상시키고, 교육과정 실천 우수사례를 일반화해 왔다.

2011학년도에는 '전국 100대 교육과정 우수학교' 공모 주제를 '2009 개정 교육과정'에 따른 '교실 수업 방법 개선 우수학교'로 정하고 우수사례를 발굴하였는데, 이는 2011년부터 초등학교 1~2년, 중학교 1년, 고등학교 1년에 적용된 '2009 개정 교육과정'을 단위 학교의 특성에 따라 창의적으로 편성 · 운영한 학교의 우수사례를 통해 학생 활동 중심의 교실 수업 방법을 개선하기 위해 기획하였다.

시 · 도 교육청의 1차 심사를 통과한 170개교(시 · 도 교육청 소속 학교의 1.5% 내외)를 대상으로, 서류심사 및 현장 실사에 의한 2차 심사 후, 교과부 중앙심사위원단의 최종 심사를 거쳐 초등학교 50개교, 중학교 30개교, 고등학교 20개교 등 총 100개교가 선정되었다.

표 4-11 2011년 전국 100대 교육과정 우수학교 명단

구 분	초등학교	중학교	고등학교
서울	석계초, 서강초, 양화초 홍인초, 양진초, 선린초	신동중, 선유중	원묵고, 경일고, 덕수고, 서울금융고
부산	석표초, 범일초, 반석초	삼락중, 초읍중, 광무여중	부산고
대구	안일초, 본리초	동본리중, 화원중	매천고
인천	인천논현초, 인천도화초	산곡여중	인천여고, 인화여고
광주	경양초	전대사대부중	
대전	대전목상초		대전송촌고
울산	청솔초	무거중	대송고
경기	숙지초, 상리초, 자유초, 연천노곡초, 도창초, 서촌초, 회룡초, 풍동초	수원북중, 성남서중, 내정중, 청솔중, 영문중, 의정부중, 퇴계원중	과천고, 죽전고, 남한고, 경기창조고
강원	정선봉양초, 화천용암초, 횡성서원초	철원김화중	
충북	서경초, 청주내덕초	주성중, 제천여자중	충주예성여고
충남	천안부성초, 온양신정초, 오목초, 연동초	아산배방중, 면천중, 논산여자중	충남외고, 용남고
전북	수남초, 옥구초, 백련초, 당북초	화산중	전주근영여고
전남	해룡초, 고서초, 보성남초	화순제일중, 옥과중	
경북	직지초, 당포초, 약목초, 남산초, 포항제철서초	신상중, 신동중	
경남	성주초, 봉덕초, 안골포초, 문선초, 성명초	거창중, 동진여자중	진해용원고, 삼천포고
제주			
계	50개교	30개교	20개교

5. 학급 교육과정

교실에 들어서면 우선, 교사는 그 학급의 운영자가 된다. 특히 학급담임의 경우

얼마나 전문성, 책임성, 현명함 등을 가지고 학급을 한 해 동안 운영하는가에 따라 학생의 정신적 · 정서적 · 도덕적 · 신체적 성장에 지대한 영향을 끼치게 된다.

교사의 학급 운영과 관련하여 많은 자료는 이를 '학급경영'으로 안내하고 있다. 그런데 '경영(management)'이라는 단어는 관리의 측면이 매우 강하다. 이는 주권이나 결정권이 교사에게 있고 학생은 관리를 받는 대상으로 오해되기 쉽다. 같은 논리로 학교경영과 학교 교육과정은 다르고 학교장의 학교 경영관과 학교장의 교육철학은 다르다. 따라서 학급 역시 학급경영보다는 학급 교육과정이라는 용어가 더 바람직하며 향후 학급담임 교사 역시 학급을 경영한다는 인식보다 학급 교육과정을 수립하고 이를 어떻게 운영해 갈 것인지에 대한 고민이 보다 더 교사로서 전문성을 고취하는 것이라 판단된다.

학급 교육과정을 수립하기 위해서는 우선 학교 교육과정을 만드는 과정을 생각하면 보다 쉽게 이해할 수 있다. 학교 교육과정이 국가수준 교육과정과 시 · 도 교육청 및 지역교육지원청의 자료를 바탕으로 하여 학교의 환경이나 실정, 교사나 학생 실태, 이전 학년도 교육과정 운영의 반성 자료 등을 총체적으로 참고하여 수립한 것과 같이 학급 교육과정 역시, 먼저 학교 교육과정의 내용을 충분히 고려한 후 담임의 현 상황이나 담임으로서의 교육철학, 특색 있는 학급교육을 위한 나름의 계획, 학생의 실태, 환경 등을 전반적으로 고려하여 수립해야 한다.

1) 학급 교육목표의 설정

학급 교육목표는 학교 교육목표에서 설정하고 있는 목표, 학년에서 정하고 있는 목표를 바탕으로 학급담임이 특색 있게 한 해 학급교육을 통해 실현하고자 하는 목표를 선정한다. 학급 단위에서는 학교 전체의 교육과정 운영, 학년의 교육과정 운영, 학생 실태, 경영 실태 등을 고려하여 학급 교육목표를 구체적으로 설정하도록 한다.

2) 학급시간표

학급에서는 학년초에 학급시간표를 작성하게 된다. 이는 기초시간표로서 추후

교무업무시스템에 입력하게 된다.

기초시간표는 기본적으로 해당 학급의 학생들이 해당 시간에 수업을 받게 되는 중요한 자료이면서 동시에 기초시간표에 입력된 사항을 기준으로 교사의 외출, 조퇴, 출장, 연가, 병가, 공가 등에 따른 보결 업무 처리 등을 진행하게 되므로 매우 중요한 자료라고 할 수 있다. 또한 학생의 경우 기초시간표를 중심으로 해당 교과의 수업이수 여부가 결정이 되기 때문에 담임교사는 이를 진중하게 작성해야 한다.

특히 고려해야 할 사항은 국가수준 교육과정에서 제시하고 있는 과목별 연간 총 수업시간 수를 맞추기 위해 공휴일과 학교행사 등의 관계를 잘 계산하여 특정 과목이 특정 요일에 쏠리는 현상을 피해야 한다. 가령, 해당연도에 추석연휴, 대통령 선거, 국회의원 선거 등이 월요일에 몰려 있는데, 음악을 월요일에 넣게 되면 자칫 연간 총 수업시간 수를 다 채우지 못하게 될 수도 있다. 따라서 음악, 미술과 같이 시수가 많지 않거나 블록타임제로 운영해야 하는 과목은 다른 요일로 편성하는 것이 좋다.

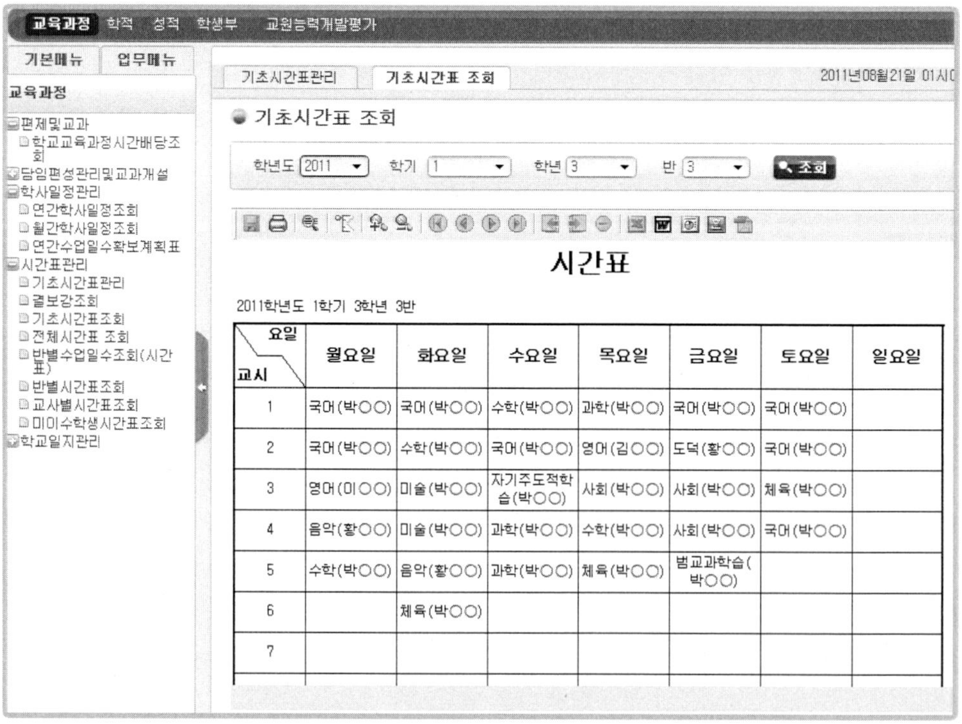

요일 / 교시	월요일	화요일	수요일	목요일	금요일	토요일	일요일
1	국어(박○○)	국어(박○○)	수학(박○○)	과학(박○○)	국어(박○○)	국어(박○○)	
2	국어(박○○)	수학(박○○)	국어(박○○)	영어(김○○)	도덕(황○○)	국어(박○○)	
3	영어(이○○)	미술(박○○)	자기주도적학습(박○○)	사회(박○○)	사회(박○○)	체육(박○○)	
4	음악(황○○)	미술(박○○)	과학(박○○)	수학(박○○)	사회(박○○)	국어(박○○)	
5	수학(박○○)	음악(황○○)	과학(박○○)	체육(박○○)	범교과학습(박○○)		
6		체육(박○○)					
7							

[그림 4-1] 교무업무시스템상에 반영된 학급시간표(기초시간표)

3) 연간 교육과정 시간 운영 계획

학급 교육목표와 학급시간표가 완성되었으면 담임교사는 국가수준 교육과정과 학교 교육과정을 토대로 연간 교육과정 시간 운영 계획을 수립해야 한다. 학교의 상황에 따라 학년 교육과정을 수립하는 경우 학년에서 동일하게 이를 맞출 수도 있겠지만, 기본적으로 학급시간표가 모두 다르기 때문에 연간 교육과정 시간 운영 계획 역시 차이가 나게 된다. 다음은 2009 개정 교육과정이 적용되는 학년인 초등학교 2학년을 중심으로 작성된 예시다.

연간 교육과정 시간 운영 계획을 수립할 때는 먼저 주차별 총 일수, 공휴일수, 수업일수 등을 반영해야 한다. 그리고 해당 주에 국가 행사, 학교 행사 등을 고려하여 교과활동과 창의적 체험활동의 주차별 총 시수를 기록한다.

교과활동과 창의적 체험활동의 시수를 모두 입력하고 나면 총계에 나타난 시수와 국가 수준 기준 시수가 맞는지를 반드시 확인해야 한다.

표 4-12 연간 교육과정 시간 운영 계획 예시 1학기

<table>
<tr><th rowspan="2">월</th><th rowspan="2">주</th><th rowspan="2">기간</th><th rowspan="2">일수</th><th rowspan="2">공휴일수</th><th rowspan="2">수업일수</th><th colspan="6">교과활동</th><th colspan="5">창의적 체험활동</th><th rowspan="2">총계</th><th rowspan="2">비고</th></tr>
<tr><th>국어</th><th>수학</th><th>바생</th><th>슬생</th><th>즐생</th><th>소계</th><th>자율활동</th><th>동아리활동</th><th>봉사활동</th><th>진로활동</th><th>소계</th></tr>
<tr><td rowspan="4">3</td><td>1</td><td>3. 1.~
3. 5.</td><td>5</td><td>1</td><td>4</td><td>7
(▲2)</td><td>0
(▼1)</td><td>0</td><td>2</td><td>3</td><td>13</td><td>4</td><td>.</td><td>.</td><td>.</td><td>4</td><td>16</td><td>3. 1.(화) 삼일절
3. 2.(수) 시업식
3. 2.(수) 입학식
3. 5.(토) 학급임원 선출</td></tr>
<tr><td>2</td><td>3. 7.~
3. 12.</td><td>6</td><td>1</td><td>5</td><td>9</td><td>2</td><td>1</td><td>3</td><td>5</td><td>20</td><td>1</td><td>.</td><td>.</td><td>.</td><td>1</td><td>21</td><td>3. 12.(토) 토요 휴업일</td></tr>
<tr><td>3</td><td>3. 14.~
3. 19.</td><td>6</td><td>0</td><td>6</td><td>8
(▲4)</td><td>3
(▼1)</td><td>2
(▼1)</td><td>4</td><td>6</td><td>23</td><td>2</td><td>.</td><td>.</td><td>.</td><td>2</td><td>25</td><td>3. 15.(화) 전교임원 선출</td></tr>
<tr><td>4</td><td>3. 21.~
3. 26.</td><td>6</td><td>1</td><td>5</td><td>6</td><td>4</td><td>2</td><td>3</td><td>5</td><td>20</td><td>1</td><td>.</td><td>.</td><td>.</td><td>1</td><td>21</td><td>3. 26.(토) 토요 휴업일</td></tr>
</table>

〈계 속〉

3	5	3. 28.~ 4. 2.	6	0	6	6	4	2	4	5	21	4	.	.	.	4	25	4. 1.(금) 교내 과학행사
4	6	4. 4.~ 4. 9.	6	1	5	6	4	2 (▼1)	2	5	19	1	1	.	.	2	21	4. 9.(토) 토요 휴업일
	7	4. 11.~ 4. 16.	6	0	6	7	4	2	3	6	22	2	1	.	.	3	25	
	8	4. 18.~ 4. 23.	6	1	5	6	4	2 (▼1)	2	3	17	1	1	2	.	4	21	4. 23.(토) 토요 휴업일 4. 20.(수) 수학여행 4. 21.(목) 수학여행 4. 22.(금) 봄현장 체험학습 4. 22.(금) 수학여행
	9	4. 25.~ 4. 30.	6	0	6	7	4	2	3	6	22	2	1	.	.	3	25	
5	10	5. 2.~ 5. 7.	6	1	5	5	3	2	3	6	19	2	.	.	.	2	20	5. 5.(목) 어린이날 5. 4.(수) 어린이날 행사
	11	5. 9.~ 5. 14.	6	3	3	4	2	1	1	3	11	1	1	.	.	2	13	5. 9.(월) 재량휴업일 5. 10.(화) 석가탄신일 5. 14.(토) 토요 휴업일
	12	5. 16.~ 5. 21.	6	0	6	7	4	2	3	6	22	2	1	.	.	3	25	
	13	5. 23.~ 5. 28.	6	1	5	6	4	2 (▼1)	2	5	19	1	1	.	.	2	21	5. 28.(토) 토요 휴업일
	14	5. 30.~ 6. 4.	6	0	6	7	4	2	3	6	22	2	1	.	.	3	25	
6	15	6. 6.~ 6. 11.	6	2	4	4	3	2	2	4	15	1	1	.	.	2	17	6. 6.(월) 현충일 6. 11.(토) 토요 휴업일
	16	6. 13.~ 6. 18.	6	0	6	7	4	2	3	6	22	2	1	.	.	3	25	
	17	6. 20.~ 6. 25	6	1	5	6	4	2	2	5	19	1	1	.	.	2	21	6. 25(토) 토요 휴업일
	18	6. 27.~ 7. 2.	6	0	6	7	4	2	3	7	23	2	.	.	.	2	25	
7	19	7. 4.~ 7. 9.	6	1	5	5	4	2	2	5	18	3	.	.	.	3	21	7. 9.(토) 토요 휴업일 7. 8.(금) 친구의날 행사 7. 8.(금) 수련활동

월	주	기간	교육과정	순수행사	계	국어	수학	바생	슬생	즐생	소계	자율활동	동아리활동	봉사활동	진로활동	소계	총계	비고
7	20	7. 11.~ 7. 16.	6	0	6	7	3	2	3	7	22	1	.	2	.	3	25	7. 14.(목) 계절 체험활동
	21	7. 18.~ 7. 19.	2	0	2	2	1	0	0	2	5	2	.	.	.	2	7	7. 19.(화) 여름방학식
1학기 계			121	14	107	129	69	35	53	106	392	38	11	4	0	53	445	

2학기

월	주	기간	수업일수			교과활동						창의적 체험활동					총계	비 고
			교육과정	순수행사	계	국어	수학	바생	슬생	즐생	소계	자율활동	동아리활동	봉사활동	진로활동	소계		
8	1	8. 29.~ 9. 3.	6	0	6	5	4	2	3	6	20	4	1	.	.	5	25	8. 29.(월) 여름개학식
9	2	9. 5.~ 9. 10.	5	0	5	6	4	2	2	5	19	1	1	.	.	2	21	9. 10.(토) 토요 휴업일
	3	9. 12.~ 9. 17.	3	0	3	4	1	1	1	3	10	2	1	.	.	3	13	9. 12.(월) 추석 9. 13.(화) 추석연휴 9. 14.(수) 재량휴업일
	4	9. 19.~ 9. 24.	5	0	5	6	4	2	2 (▼1)	5	19	1	1	.	.	2	21	9. 24.(토) 토요 휴업일
	5	9. 26.~ 10. 1.	6	0	6	7	4	2	2 (▼1)	4	20	2	1	2	.	5	25	9. 30.(금) 가을대운동회
10	6	10. 3.~ 10. 8.	4	0	4	4	3	2	2	4	15	1	1	.	.	2	17	10. 3.(월) 개천절 10. 8.(토) 토요 휴업일
	8	10. 17.~ 10. 22.	4	0	4	6	3	1	1	2	13	1	1	2	.	4	17	10. 18.(화) 개교기념일 10. 22.(토) 토요 휴업일 10. 21.(금) 가을 현장체험학습
	9	10. 24.~ 10. 29.	6	0	6	7	4	2	3	6	22	2	1	.	.	3	25	
	10	10. 31.~ 11. 5.	6	0	6	7	4	2	3 (▼1)	6	22	2	1	.	.	3	25	

〈계 속〉

11	11	11.7.~ 11.12.	5	0	5	6	4	2	2	5	19	1	1	.	.	2	21	11. 12.(토) 토요 휴업일
	12	11.14.~ 11.19.	6	0	6	7	4	2	3	6	22	2	1	.	.	3	25	
	13	11.21.~ 11.26.	5	0	5	6	4	2	2	5	19	1	1	.	.	2	21	11. 26.(토) 토요 휴업일
	14	11.28.~ 12.3.	6	0	6	7	4	2	3 (▼1)	6	22	2	1	.	.	3	25	
12	15	12.5.~ 12.10.	5	0	5	7	4	1	2	6	20	1	.	.	.	1	21	12. 10.(토) 토요 휴업일
	16	12.12.~ 12.17	6	0	6	7 (▲1)	4	1	3	7	22	1	.	2	.	3	25	12.14.(수) 계절 체험활동
	17	12.19.~ 12.22.	4	0	4	4 (▲3)	3	0	2	3	12	3	.	.	.	3	15	12. 22.(목) 겨울방학식
2	18	2.3.~ 2.4.	2	0	2	1	0	0	1	4	6	2	.	.	.	2	8	2. 3.(금) 겨울개학식
	19	2.6.~ 2.11.	5	0	5	8	3	1	2	6	20	1	.	.	.	1	21	2. 11.(토) 토요 휴업일
	20	2.13.~ 2.16.	4	0	4	7	0	0	2	3	12	2	.	.	.	2	14	2. 16.(목) 종업식 2. 16.(목) 졸업식
2학기 계			112	13	99	119	65	29	45	98	356	34	14	6	0	54	410	
1학기 계			121	14	107	129	70	36	53	106	394	38	4	8	1	53	445	
총 계			233	27	206	248	134	64	98	204	748	72	18	14	1	107	855	

지금은 교무업무시스템에서 전산으로 모두 입력 및 조회가 가능하도록 되어 있다.

[그림 4-2] 2011년도 연간 학사일정 사례

[그림 4-3] 반별 수업일수 조회 - 반별 연간교육과정 시간 운영 계획과 동일

4) 주간학습계획

차세대 나이스가 나오기 이전에는 학급 교육과정을 수립할 당시의 연간 교육과정 시간 운영 계획에 의거하여 주간학습계획을 다음과 같은 양식에 기록하였다.

표 4-13 주간학습계획 사례

주간학습계획						
요일(일)	월(3. 3.)	화(3. 4.)	수(3. 5.)	목(3. 6.)	금(3. 7.)	토(3. 8.)
아침활동						
1교시	과목명	과목명	과목명	과목명	과목명	과목명
	진도 기록	진도 기록	진도 기록	진도 기록	진도 기록	진도 기록
2교시	과목명	과목명	과목명	과목명	과목명	과목명
	진도 기록	진도 기록	진도 기록	진도 기록	진도 기록	진도 기록
3교시	과목명	과목명	과목명	과목명	과목명	과목명
	진도 기록	진도 기록	진도 기록	진도 기록	진도 기록	진도 기록
4교시	과목명	과목명	과목명	과목명	과목명	과목명
	진도 기록	진도 기록	진도 기록	진도 기록	진도 기록	진도 기록
5교시	과목명	과목명	과목명	과목명	과목명	과목명
	진도 기록	진도 기록	진도 기록	진도 기록	진도 기록	진도 기록
6교시	과목명	과목명	과목명	과목명	과목명	과목명
	진도 기록	진도 기록	진도 기록	진도 기록	진도 기록	진도 기록
학생자료						

하지만 차세대 나이스 이후 이러한 기록은 모두 나이스(교무업무시스템)상에서 자동으로 되도록 시스템화되어 있다. 하지만 비록 시스템화되어 있다고 할지라도 담임교사로서 매주 어떤 교육활동이 이루어질 것인지에 대해서 미리 계획을 세워 두는 것은 필요하다.

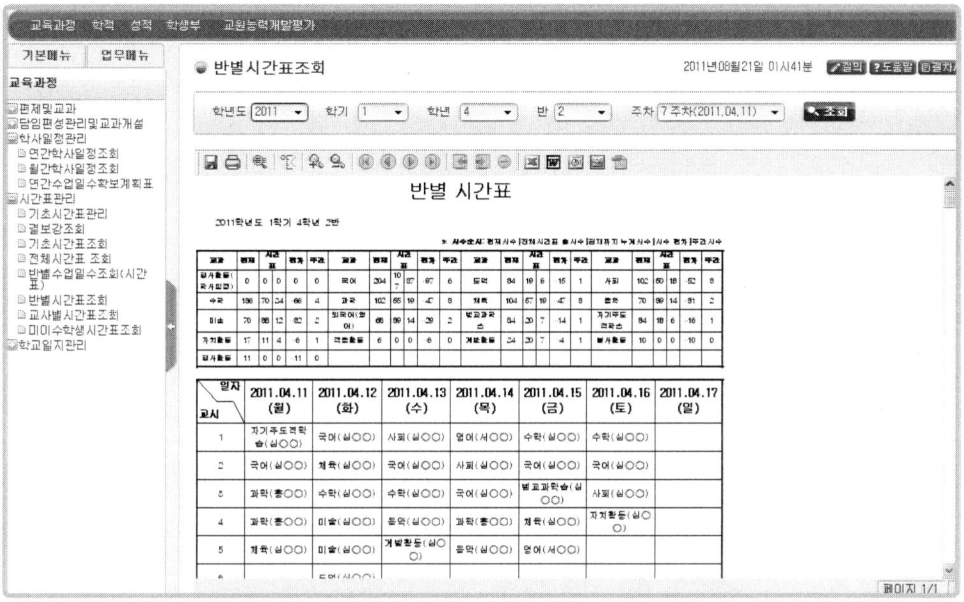

[그림 4-4] 반별 시간표 - 과거 주간학습계획과 동일

5) 학급교육활동 기록

이제 계획과 관련한 작성 및 입력이 끝났다면 실제적으로 교육활동을 진행하면서 학생들을 어떻게 지도했는지에 대한 기록을 학급 교육과정에 남길 필요가 있다. 학급 교육과정은 계획뿐 아니라 진행과 종결까지 지속적으로 진행해 나가는 문서이기 때문이다.

학급교육활동을 위한 기록은 여러 가지가 있을 수 있다. 가령, 부진아 지도에 대한 사항, 생활지도, 수행평가, 상담활동 등 여러 가지가 들어간다. 그중 먼저 부진아 지도에 대한 내용은 다음의 양식을 참고하길 바란다.

학습 부진아 현황

이 름	

부 진 과 목	부진요소	지도대책
국 어		
수 학		
구 분	문제점	지도대책
생 활 태 도		
가 정 환 경		
지도 과정상의 특기사항	( )월 ( )일	( )월 ( )일
	( )월 ( )일	( )월 ( )일

[그림 4-5] 학습부진아 관리 카드 예시

국어과 수행평가 결과

순	이 름	3단계 평가(상, 중, 하)								계	지필		
		1-1	1-2	2-1	2-3	3-1	4-1	4-2	4-3			합계	비고
		3/15	4/1	4/15	4/20	5/15	5/30	6/5	6/30			100	
1	정○○												
2	이○○												
3	박○○												
4	강○○												
5	꽃○○												
6	정○○												
7	이○○												
8	박○○												
9	강○○												
10	꽃○○												
11	정○○												
12	이○○												
13	박○○												
14	강○○												
15	꽃○○												
16	정○○												
17	이○○												
18	박○○												
19	강○○												
20	꽃○○												
21	정○○												
22	이○○												
23	박○○												
24	강○○												
25	꽃○○												

[그림 4-6] 수행평가 결과 기록 예시

이외에도 재량활동, 계발활동, 각종 조사 기록지 등이 추가로 들어갈 수 있다.

참고문헌

교육과학기술부(2009). 초·중등학교 교육과정 총론. 교육과학기술부.

교육과학기술부(2011). '2011년 전국 100대 교육과정 우수학교' 선정. 교육과학기술부.

5장 학교 및 수업 컨설팅

1. 학교 컨설팅

1) 학교 컨설팅의 개념과 목적

급속한 사회 환경의 변화가 학교교육 현장에도 급속도로 확산되고 있다. 대표적인 것으로 학교 컨설팅을 들 수 있다. 아직도 학교 현장에서는 그 개념이 혼용되어 쓰이고 있는데, 바로 장학, 상담, 컨설팅이 그것이다. 비록 개념이 혼재되어 학교 현장에서 나타나고 있지만, 점점 장학에서 컨설팅으로 그 무게중심이 옮겨 가고 있는 것이 사실이다.

대학의 경우 고등교육의 질 제고에 대한 사회적 요구와 정부의 고등교육 개혁정책, 대학 간 경쟁 심화, 대학조직 운영의 획일성 · 경직성 · 재정운영의 비효율성을 탈피하기 위해 국내외 기관들에서 컨설팅을 받기 시작한 것이 제법 오래되었다. 그러나 초 · 중등학교의 경우 대학보다 상대적으로 사회적인 책무성이나 교직원, 학교환경, 국가수준교육과정 운영, 보편성과 타당성 측면에서 아직도 많이 자유로운 편이어서 상대적으로 컨설팅의 필요성을 덜 느끼고 있는 것이 사실이다. 따라서 초 · 중등학교를 대상으로 한 컨설팅은 도입 단계로서 현재 지역 교육청별로 이름은 다양하지만 학교 컨설팅지원센터를 운영하고 있다.

초 · 중등학교를 대상으로 하는 학교 컨설팅은 한국교육개발원에서 연구된 '학교교육개혁 지원을 위한 학교 컨설팅 사업'(최상근, 임연기, 2000)을 필두로 본격적인 연구가 진행되고 있었는데, "학교의 문제들을 진단하는 것을 도와주고, 학교가 그 목적을 달성할 수 있는 방향에서 문제를 해결할 수 있도록 최적의 대안을 제안해 주며, 학교가 그 해결책의 실행에 대해 도움을 요청할 때 도와주는 전문적인 조언 활동"이라고 정의하고 있다. 이러한 정의는 학교에 대한 진단 내용과 절차를 정교화하는 데 중점을 두고 있다. 컨설팅이 진단의 총체성을 강조하는 것은 특정 문제에 대한 이해 및 해결방안의 모색이 항상 전체와의 관계 속에서 이루어져야 한다는 문제의식 때문이다.

학교 컨설팅은 캐플란(Caplan, 1970)의 연구를 통해 활성화된 것으로 볼 수 있다. 그는 1970년에 *The Theory and Practice of Mental Health Consultation*이라는 책에서 정신적 건강을 위한 컨설팅을 통해 정신적 문제를 예방해야 한다고 주장하였다. 이를 통해 학교에 종사하고 있는 심리학자나 상담자들이 정신건강을 위한 컨설팅을 주요 업무로 삼기 시작하였다.

국내에서는 앞서 언급한 최상근, 임연기(2000)의 연구에서 처음으로 그 용어와 개념이 논의되었으며, 그 이후 진동섭(2003: 51)은 학교 컨설팅을 "학교교육을 개선하기 위해서 일정한 전문성을 갖춘 사람들이 학교와 학교 구성원들의 요청에 따라 제공하는 독립적인 자문활동으로서, 경영과 교육의 문제를 진단하고, 대안을 마련하며, 문제해결과정을 지원하고, 교육훈련을 실시하며, 문제해결에 필요한 인적 · 물적 자원을 발굴하여 조직화하는 일"이라고 정의하였다.

- 학교 컨설팅은 교육과 관련된 모든 영역에 대해서 전문적 · 기술적 조언과 의견을 제공할 수 있는 전문가들의 활동(English & Steffy, 1984)
- 학교가 갖고 있는 문제들을 진단해 주고 나아가 진단된 약점을 해결하기 위해 도움을 요청할 때 해결책을 제시해 주는 전문적인 조언 활동(Kubr, 1996)
- 학교 컨설팅은 교사가 학생들의 학습과 적응을 향상시키기 위해 필요로 하는 전문적 지식과 교육적 서비스를 제공하는 협력 과정(Erchul & Martens, 1997)

학교 컨설팅과 관련한 학자들의 의견을 종합해 보면, 학교 컨설팅은 우선 그 대상을 학교 교육활동으로 두고 있으며 컨설팅 내용은 학교의 자발적 요청, 그에 따른 학교 교육활동에 대한 총체적이고 종합적인 진단, 전문적 조언이라는 특징을 가진다. 결국 학교 컨설팅은 학교 교육활동 전반에 대한 컨설턴트의 확인 및 진단 내용을 토대로 학교가 자발적으로 변화·개선하고자 하는 것에 대한 계획을 수립한 후 그 대안을 학교에 투입·적용하여 그 실현 가능성을 분석하는 전문적 조언 활동이라 정의할 수 있다.

그렇다면 학교는 장학이라는 제도 대신에 왜 컨설팅을 선택할까? 컨설팅을 하는 목적은 무엇인가? 그 이유에 대해 진동섭(2003: 56-58)은 학교 컨설팅은 장학과 달리 학교와 학교 구성원의 문제를 직접 해결하고, 학교의 내적 교육력을 강화할 수 있으며, 학습공동체 문화를 형성하여 결국 사회 변화에 능동적으로 대처할 수 있는 학교를 구축할 수 있기 때문이라고 밝히고 있다.

또한 한국교육개발원에서는, 첫째 학교조직이나 시스템의 주요 변화 및 특정 프로그램의 교육적 가치를 제고할 수 있고, 단위학교에 대한 총체적 진단을 통한 학교의 가치 발견과 문제점을 확인할 수 있으며, 단위학교가 안고 있는 주요 문제의 직간접적 해결방안을 모색할 수 있기 때문이라고 밝히고 있다(김정원, 이인효, 정수현, 2001: 10-11).

결국 학교 컨설팅은 단위학교가 안고 있는 문제를 독자적으로 해결하기 어렵거나 더 나은 상태로 변화시키기 위해 전문적 지식이나 해결 방안을 요청할 때 전문

표 5-1 학교 컨설팅, 컨설팅 장학, 자율장학의 특징 비교

준 거	학교 컨설팅	컨설팅 장학	자율장학
교사관	활동 주체, 자발적 참여자	활동 주체, 자발적 참여자	자율적 존재
주체	의뢰인	교사	교장, 교감, 장학 담당자
책임 소재	의뢰인	교사(의뢰인)	학교장
참여관계	수평적·독립적 관계	수평적 관계	수평적·수직적 관계 혼재
장학요원	교내외 전문가	주로 동료교사	교장, 교감, 동료교사
대상영역	학교교육 및 경영 전반	교실수업 개선(전문성)	전문성, 개인, 조직의 3영역
원리	자발성, 전문성, 자문성, 독립성, 한시성, 학습성	자발성, 전문성, 자문성, 독립성, 일시성, 교육성	학교 중심성, 자율성, 협력성, 다양성, 계속성
방법	컨설팅	컨설팅	수업, 협의, 코치 등 다양

출처: 진동섭, 김도기(2005).

가들이 개입하여 종합적인 진단과 더불어 개선안을 도출해 주는 전문적인 조언에 그 목적이 있다. 좀 더 구체적으로 살펴보면, 학교가 교육활동 운영에서 직면하게 되는 문제를 개선하기 위해 무엇인가를 하고자 할 때, 컨설턴트들이 적극적으로 해결해 주려는 데 목적이 있다.

학교 컨설팅의 주요 목적은 다음과 같다. 첫째, 지역교육청 단위별 맞춤형, 현장 중심의 컨설팅으로 수업의 질 개선과 교원능력 개발, 둘째 교원의 자율적 연수 여건 조성을 통한 학교 교육력 제고, 셋째 컨설팅 장학에 대한 학교의 자율성과 책무성 부여로 학교 교육력 제고, 넷째 현장 문제 진단 및 대안 모색 중심의 컨설팅 장학으로 학교교육의 창의적 변화 유도를 들 수 있다.

학교 컨설팅의 법적 근거는 다음과 같다.

❑「교육기본법」 제17조(국가 및 지방자치단체)

> 국가와 지방자치단체는 학교와 사회교육시설을 지도 · 감독한다.

❑「초 · 중등교육법」 제7조(장학지도)

> 교육과학기술부 장관 및 교육감은 학교에 대하여 교육과정 운영 및 교수 · 학습 방법 등에 대한 장학지도를 실시할 수 있다.

❑「초 · 중등교육법 시행령」 제8조(장학지도)

> 교육과학기술부 장관 및 교육감은 법 제7조의 규정에 의한 장학지도를 실시함에 있어 매학년도 장학지도의 대상 · 절차 · 항목 · 방법 및 결과 처리 등에 관한 세부 계획을 수립하여 이를 장학지도 대상 학교에 미리 통보하여야 한다.

❑ 선진형 지역교육청 기능 및 조직개편 방안(교육과학기술부, 2010. 5.)

> 교육개혁의 현장 착근과 다양한 교육 수요에 부응하기 위한 교육지원청의 현장 지원 기능 강화

학교 컨설팅이 이루어지는 영역은 학교 현장에서 의뢰인이 요구하는 모든 영역을 말한다. 즉, 학교에서 이루어지는 교육 및 경영 활동 모두가 그대로 학교 컨설팅

표 5-2 학교 컨설팅 영역의 예

<table>
<tr><th>영 역</th><th>방 법</th><th>학교급</th><th>분 야</th></tr>
<tr><td rowspan="5">수업 컨설팅</td><td rowspan="5">사이버
면대면
교과주제</td><td>유치원</td><td rowspan="5">교과목별</td></tr>
<tr><td>초등학교</td></tr>
<tr><td>중학교</td></tr>
<tr><td>고등학교(일반)</td></tr>
<tr><td>특수(초, 중)</td></tr>
<tr><td rowspan="4">학교경영 컨설팅</td><td rowspan="4">사이버
면대면</td><td>유치원</td><td>경영계획 및 목표관리</td></tr>
<tr><td>초등학교</td><td>경영계획 및 목표관리
인사관리
회계관리
시설관리</td></tr>
<tr><td>중학교</td><td>경영계획 및 목표관리
인사관리</td></tr>
<tr><td>고등학교(일반)</td><td>회계관리
시설관리</td></tr>
<tr><td rowspan="5">교육시책 컨설팅</td><td rowspan="5">사이버
면대면</td><td>유치원</td><td>교육과정</td></tr>
<tr><td>초등학교</td><td>교육과정
학력 향상
방과후학교
생활지도
창의인성교육
주5일수업</td></tr>
<tr><td>중학교</td><td rowspan="2">교육과정
학력 향상
방과후학교
생활지도
창의인성교육
주5일 수업
진로, 진학</td></tr>
<tr><td>고등학교(일반)</td></tr>
<tr><td>특수(초, 중)</td><td>교육과정
생활지도</td></tr>
</table>

출처: 울산광역시 강북교육청 학교컨설팅지원센터 홈페이지.

의 의뢰 영역이 될 수 있다. 예를 들어, 교육활동 영역, 학교경영 영역, 대외관계 영역, 국가 및 교육청 수준 학교정책 영역 등을 들 수 있다.

김도기(2009)는 학교 컨설팅 장학의 영역을 컨설팅 업무 영역에 따라 학교관리 영역과 학생지도 영역으로 나누고 있다. 학교관리 영역은 학교회계제도, 지역사회와 학부모 관계, 교육과학기술부 및 교육청 수준의 사업이 포함되며, 학생지도 관련 영역은 학생지도에 직접 관련되는 영역을 말하는데 수업 컨설팅, 교육과정 운영 컨설팅, 학교 및 학급경영 컨설팅, 생활지도 컨설팅이 여기에 해당된다.

앞으로 학교경영 영역 확장이 가속화되고 새로운 학교경영 기법이 지속적으로 도입되고 있는 추세에 있기 때문에 학교 컨설팅 장학의 영역은 지금보다 더 확대될 수 있음을 인식하여야 할 것이다.

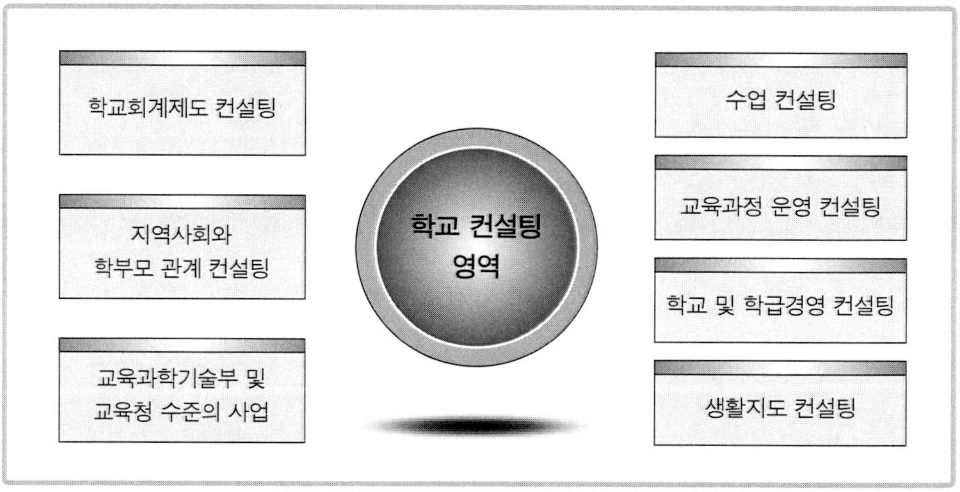

[그림 5-1] 학교 컨설팅 장학의 영역

2) 학교 컨설팅의 주요 관련자

장학이나 상담이 양자 간의 관계, 즉 문제를 가진 사람과 이를 해결하려는 사람으로 이루어진다면 컨설팅은 문제를 가진 사람, 문제를 의뢰한 사람, 문제를 해결하는 사람의 삼자 관계를 근간으로 하고 있다. 이때 문제를 의뢰한 사람을 의뢰인,

혹은 컨설티(consultee)라 하고 문제를 해결하려는 사람을 컨설턴트(consultant)라 하며 문제를 가진 사람을 고객(client)이라고 한다. 그런데 학교 컨설팅은 학교라는 특수성으로 인해 컨설팅을 관리하는 학교 컨설팅 관리자도 있다. 여기서는 학교 컨설팅과 관련하여 주요 관련자를 중심으로 그 개념과 특징을 살펴보고자 한다. 단위학교 구성원을 개혁의 주체로 보느냐, 대상으로 보느냐에 따라서 학교 개혁의 접근법이 달라지는데, 학교 컨설팅에서 주요 관련자를 어떤 성격으로 규정하느냐에 따라서 주요 관련자의 개념 및 성격을 살펴보자.

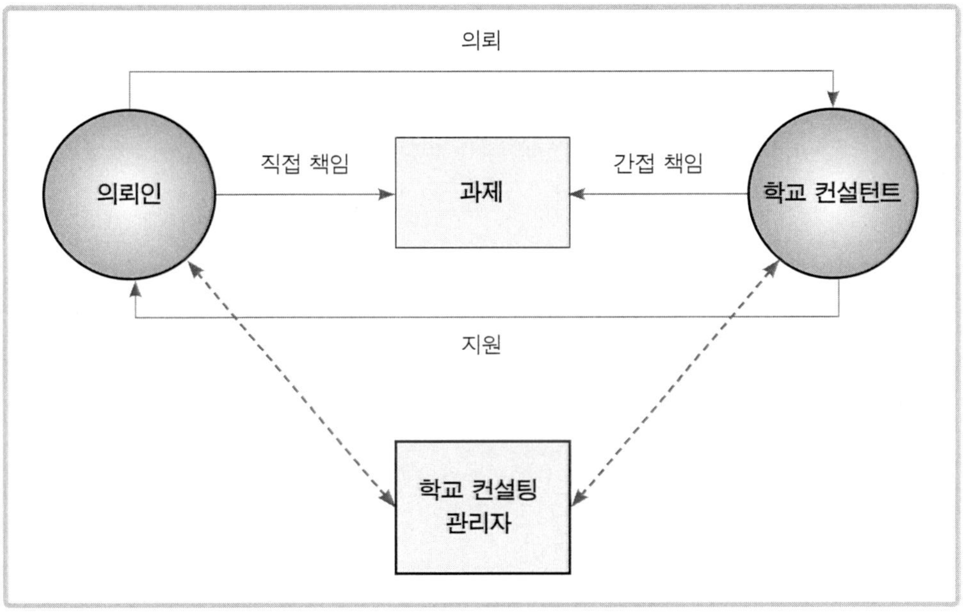

[그림 5-2] 학교 컨설팅의 주요 관련자

출처: 진동섭, 김효정(2007). p. 28.

(1) 의뢰인

일반적으로 의뢰인이라 함은 어떠한 일을 다른 사람에게 맡긴 사람을 말한다. 예를 들어, 법에 관한 일을 잘 몰라서 변호사에게 찾아가 사건을 의뢰한 사람이 의뢰인이 되는 것을 생각할 수 있다. 회사에서는 회사를 경영하는 사람, 병원에서는 의사 등이 전문 컨설턴트에게 문제를 의뢰하는 대표적인 의뢰인이라고 할 수 있다. 의뢰자의 문제는 '누가 문제해결이나 수행 성과의 향상에 실질적인 책임을 지고 있는가'와 직결된다.

그렇다면 학교에서는 누가 의뢰인이 되는가? 학교 컨설팅 의뢰인은 학교와 학교 구성원으로서 개인 수준, 팀 수준, 그리고 조직 수준에서 모두 의뢰할 수 있다. 가장 대표적인 의뢰인은 학교의 교사다. 이때 문제의 수준이 학교와 관련된 전반적인 영역일 경우 학교장이나 교감 같은 관리자가 될 수도 있다. 더 나아가 교사 소집단, 학부모, 행정 직원, 사립학교 재단 관리자, 단위 학교 전체, 교육 전문직, 시 · 군 · 구 교육청 및 시 · 도 교육청, 교육과학기술부도 학교 컨설팅 의뢰인이 될 수 있다. 최근의 이론적 · 실제적 논의에서 학교 컨설팅의 의뢰인을 교사 중심으로 논의하는 경향이 있으나, 이는 학교 컨설팅의 의뢰인이 교사에 한정된다는 뜻이 아니라, 학교 개혁의 핵심 주도자가 교사이기 때문에 나타나는 자연스러운 모습이다.

(2) 학교 컨설턴트

일반적으로 컨설턴트라고 하면 해당 분야(내용)에 있어 전문가만이 할 수 있다고 생각한다. 하지만 내용 전문가라고 해서 반드시 컨설팅을 할 수 있는 것은 아니다. 컨설턴트로서 반드시 필요한 역량은 내용에 대한 전문적 지식뿐 아니라 방법적 영역에 있어 전문적 소양을 함께 갖추고 있어야 한다. 이런 점에서 학교 컨설팅을 진행하는 컨설턴트는 단순히 경력이 많은 교사라거나 연구대회에서 수상한 경험이 있다거나 하는 내용만 가지고는 부족하다. 컨설팅이란 무엇이며 그것이 어떤 과정으로 이루어지는지 그리고 학교의 특수성을 고려하여 컨설팅 과정 중에 어떤 도구를 써야 하는지에 대한, 즉 컨설팅 방법에 대한 전문적 소양도 함께 갖추고 있어야 한다. 근자에 수도권을 중심으로 학교 컨설팅을 외부에 의뢰하는 경우가 있는데 이것이 장학사-수석교사 등이 팀을 이루어 컨설팅을 하러 다니는 것보다 전문적이며 바람직한 일이라고 할 수 있다.

결국 컨설턴트의 전문성은 내용적 전문성과 방법적 전문성으로 나누어 살펴볼 수 있다. 전자는 학교와 학교 구성원이 가지고 있는 문제 자체에 관한 지식, 기술, 경험을 의미하고, 후자는 문제해결 과정, 절차, 도구에 관한 지식, 기술, 경험을 의미한다. 학교 컨설턴트의 전문성은 의뢰된 과제를 해결할 수 있는 능력에서 나오기 때문에 교원, 교육전문직, 교육행정가뿐 아니라 학교에 실질적인 도움을 제공할 수 있는 교육이론가, 교육 이외 분야 전문가 등도 학교 컨설턴트가 될 수 있다.

(3) 학교 컨설팅 관리자

학교는 그 특수성 때문에 컨설팅 과정을 전반적으로 관장하고 지원하는 전문가도 필요하다. 일반적으로 학교 컨설팅 관리자라고 하면 학교의 일반적인 관리자인 교감이나 학교장을 떠올릴 수 있다. 물론, 학교의 관리자도 학교 컨설팅 관리자로서 역할을 할 수 있지만 경우에 따라서는 다수로 구성된 팀이 할 수도 있다. 의뢰인은 학교 컨설팅 관리자에게 학교 컨설팅을 의뢰하며, 학교 컨설턴트는 학교 컨설팅 관리자를 통해 의뢰인을 만난다. 의뢰인이 자신의 문제를 잘 해결해 줄 수 있는 컨설턴트를 구할 수 있다면 가장 좋지만, 그런 여건이 조성되어 있지 않다. 따라서 단위 학교, 소지구 혹은 대지구 내에서 학교 컨설팅 여건 조성, 의뢰인과 학교 컨설턴트 연결 및 지원 등을 들 수 있다. 현재 단위 학교 교수학습 지원 담당 교사, 지역 교육청 내 교수학습 지원 담당 부서, 수업 컨설팅 추진위원회 등이 학교 컨설팅 관리자 역할을 수행하고 있다고 볼 수 있다.

3) 학교 컨설팅의 절차

학교 컨설팅을 진행한다고 할지라도, 실제 학교의 상황이나 사정을 가장 잘 알고 있는 사람은 해당 교사이며, 또 궁극적으로 컨설팅 활동 후에 지속적으로 해결책에 대한 실행의 주체도 역시 교사이기 때문에 학교 컨설팅 수행에 있어 학교나 교사들이 적극 참여해야 하는 것은 당연한 일이다. 외부 컨설턴트만 활동하고 의뢰인인 교사는 뒷짐을 지고 물러나면 안 되는 이유가 바로 이 때문이다. 따라서 학교 컨설팅 절차를 다음과 같이 안내하오니 의뢰인이 되는 교사가 이를 잘 숙지하여 컨설팅 활동에 있어 컨설턴트와 함께 문제해결을 위해 부단히 노력해야 할 것이다.

단계	질문	활동
확 인	• 학교의 현재 상황은 어떠한가?	• 진단팀 구성 • 진단팀 연수 • 학교 사전 방문
진 단	• 문제점은 무엇인가?	• 진단활동 • 사실의 발견(강 · 약점) • 사실 분석과 통합 • 진단보고서 제출
활동계획 수립	• 개선 주제는 무엇인가?	• 컨설팅 의뢰 • 주제 선정 • 개선지원팀 구성 • 실행을 위한 계획(틀) 수립 • 내 · 외부 개선지원팀 협의
적용 · 실행	• 근본 원인에 대한 해결책은?	• 전략 조언 및 적용 • 실행에 대한 지원 • 개선방안 합의 · 수립 • 적용 및 실천 방안 모색
종 료	• 성과를 체질화하려면?	• 의사소통 구조 정립 • 최종 보고서 • 실행된 사항의 정착 • 사후관리 계획수립 • 철수

[그림 5-3] 학교 컨설팅의 절차

출처: 안세근(2007). p. 148.

2. 수업 컨설팅

최근 교실수업개선사업, 교원능력개발평가 그리고 수석교사제의 시행 등으로 인하여 수업 컨설팅에 대한 관심이 고조되고 있다.

카플란(Caplan, 1970)은 컨설팅 활동은 서로 다른 영역에서 온 전문가들의 자발적이고 비장학적인 관계 형성을 의미하며, 그 관계는 한 전문가가 다른 전문가의 전문적 기능을 도와주기 위한 것으로 규정하고 있다(Conoley & Conoley, 1983). 이들은 수업 컨설팅을 학습자들의 잘못된 행동을 올바른 방향으로 수정하기 위해 방법의 일환을 컨설팅 기법의 확장으로 보았다. 그래서 수업 컨설팅의 목적을 교사의 잘못된 부분에 대한 교정을 통해 모든 학급이나 학생의 학습 증진을 도모할 수 있을 것으로 생각했다. 수업 컨설팅에 대한 이와 같은 최초의 연구는 컨설팅의 초점을 교사의 변화를 통한 학생의 학습 문제해결에 중점을 두기 시작했다는 것이다. 이들의 노력을 계기로 학교 컨설팅을 담당하고 있던 학교 심리학자들에게 필요한 지식과 역할에 변화가 필요하다는 주장이 나타나기 시작하였다.

본격적으로 수업 컨설팅에 대한 연구가 시작된 것은 로젠필드(Rosenfield, 1987)가 수업 컨설팅이라는 책을 쓰기 시작하면서다. 그에 따르면 수업 컨설팅은 문제를 의뢰하는 의뢰자로서의 교사(consultee)를 통해 학습문제를 가진 학습자(client)에게 간접적 서비스를 하는 것으로 수업을 체제적 관점에서 접근하여 문제의 원인을 학습자나 교사에게서 찾는 것이 아니라 학습자와 부적절한 수업 간의 잘못된 수업적 결합(instructional mismatch)을 진단하고 해결하는 데 초점이 있는 활동이다.

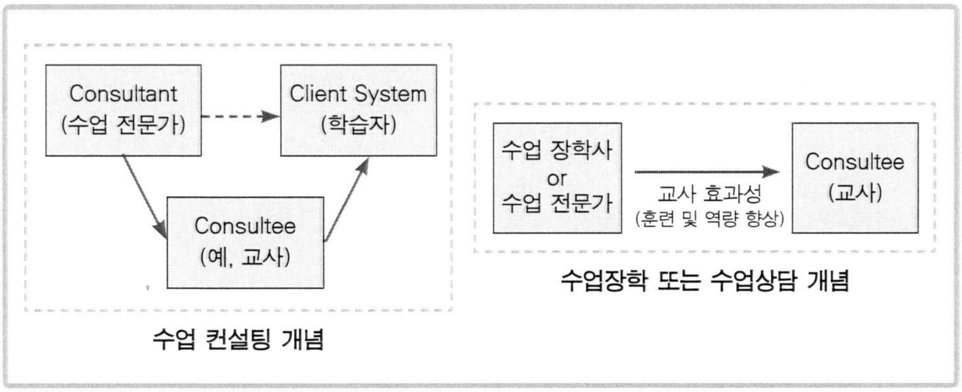

〔그림 5-4〕 수업 컨설팅과 관련된 개념

출처: 이상수(2009a).

수업 컨설팅을 이해하기 위해서는 앞서 학교 컨설팅에서 밝힌 바와 같이 유사한 개념과 먼저 공통점, 차이점을 파악할 필요가 있다. 먼저 학교 현장에서 가장 많이 혼용되는 것이 수업장학이다. 수업장학은 학생의 학력이나 학습 개선을 위해 교사의 교육방법이나 기술을 개선하려는 데 그 목적이 있다. 따라서 수업장학에 있어 가장 중요한 것은 교사의 행동에 직접적으로 영향을 주려는 데 있다(Glickman, Gordon, Ross-Gordon, 1985). 따라서 수업장학은 그 초점이 교사들의 수업 관련 지식이나 기술의 향상에 초점이 있다. 요즈음 학교를 둘러싼 대내외적인 환경에서의 트렌드가 컨설팅이어서 마치 수업장학은 뒤처진 개념이라거나 심지어 잘못된 방법이라는 인식이 있는데, 이는 잘못된 생각이다. 그 목적이 교사의 행동 수정에 중점이 있다면 수업장학을 실시해야 할 것이다.

수업 컨설팅은 수업장학과 그 목적이나 개념이 분명히 차이가 난다. 수업장학이 학생의 학습문제해결을 위한 교사의 행동 수정에 관심을 가진다면 수업 컨설팅은 문제의 원인에 따라 교사의 역량 강화 이외에도 다양한 해결책을 사용할 것을 권장하고 있다. 수행공학(performance technology)적 측면에서 예를 들면 수업 컨설

표 5-3 수업장학과 수업 컨설팅의 비교

준 거	수업장학	수업 컨설팅
영역	• 교사의 교수학습 관련 영역	• 의뢰인이 요청하는 수업 관련 문제
참여자 간 관계	• 장학 담당자 및 장학 대상자의 상하 관계	• 의뢰인과 수업 컨설턴트의 수평적 관계
구체적인 과업 및 과업결정 과정	• 문제진단, 대안수립, 해결과정 지원 • 장학 담당자가 사전계획을 세우거나, 장학 담당자와 장학 대상자의 협의를 통해 과업 결정	• 문제진단, 대안수립, 교육훈련, 해결과정 지원, 자원발굴 및 조직, 네트워킹 • 의뢰인과 수업 컨설턴트가 협의하여 결정
역할의 특성	• 장학 담당자가 가지는 지위와 역할에서 오는 형식적 전문성 중심	• 의뢰인의 문제해결을 도와줄 수 있는 실질적 전문성 중심
책임소재	• 장학활동의 최종 책임은 장학 담당자에게 있음	• 수업 컨설턴트는 자문과 지원의 역할을 수행할 뿐 책임이나 지시의 권한은 없음 • 수업 컨설팅의 최종 책임은 의뢰인에게 있음
결과의 활용	• 전문성 향상 및 교사평가 자료	• 의뢰인의 전문성 향상

출처: 김도기(2009).

팅의 해결책으로 교육적인 영역, 가령 교사를 위한 연수, 교사 수업기술 강화 등과 함께 비교육적인 영역, 가령 교사 인센티브 제공, 학교환경 개선, 교육정책 변화 등 총체적이고 시스템적인 방안을 제시하게 된다. 이런 측면에서 현재 학교현장에서 수업 컨설팅을 하는 컨설턴트들이 실제 하는 활동은 수업장학이면서 용어만 수업 컨설팅으로 바꾸어 잘못된 접근을 시도하는 경우가 있다.

이처럼 수업 컨설팅은 기존의 수업문제를 해결하기 위한 접근들과는 달리 학습자나 교사들의 개별적인 차원에서 문제를 해결하기보다는 수업을 위한 상위체제, 하위체제, 그리고 투입요소, 변환요소, 산출요소 등 가르치고 배우는 과정 모두에서 문제를 찾고 해결책을 찾고자 접근하는 보다 총체적인 접근방법으로 이해할 수 있다.

하지만 수업 컨설팅은 로젠필드(1987)에 의해 그 개념이 확립되는 시기에 있으며 아직 구체적인 절차적 접근 차원에서는 많은 연구를 통한 정착과정이 필요하다. 이러한 구체적인 절차적 접근에서 수업 컨설팅의 기본 가정을 충족해 줄 수 있는 이론이 인간수행공학(Human Performance Technology: HPT)이다. HPT는 인간수행의 개선에 초점이 있으며 체제적 관점에서 체계적 접근을 의도하고 있다(이상수, 2009a). 체제적 관점이란 수업의 과정을 투입요소, 상위체제, 하위체제 그리고 산출물에 따른 순환적 피드백 차원에서 접근함으로써 수업에 영향을 미치는 총체적인 요소를 밀접한 상호관계성 차원에서 바라보는 것을 의미한다. 체계적 접근이란 문제해결을 위한 접근에서 보다 단계적이고 과학적인 접근방법을 사용함을 의미한다.

이에 이상수(2009b)는 그의 연구에서 학습부진 해소를 위한 수업 컨설팅 모형을 다음과 같이 제시하고 있다.

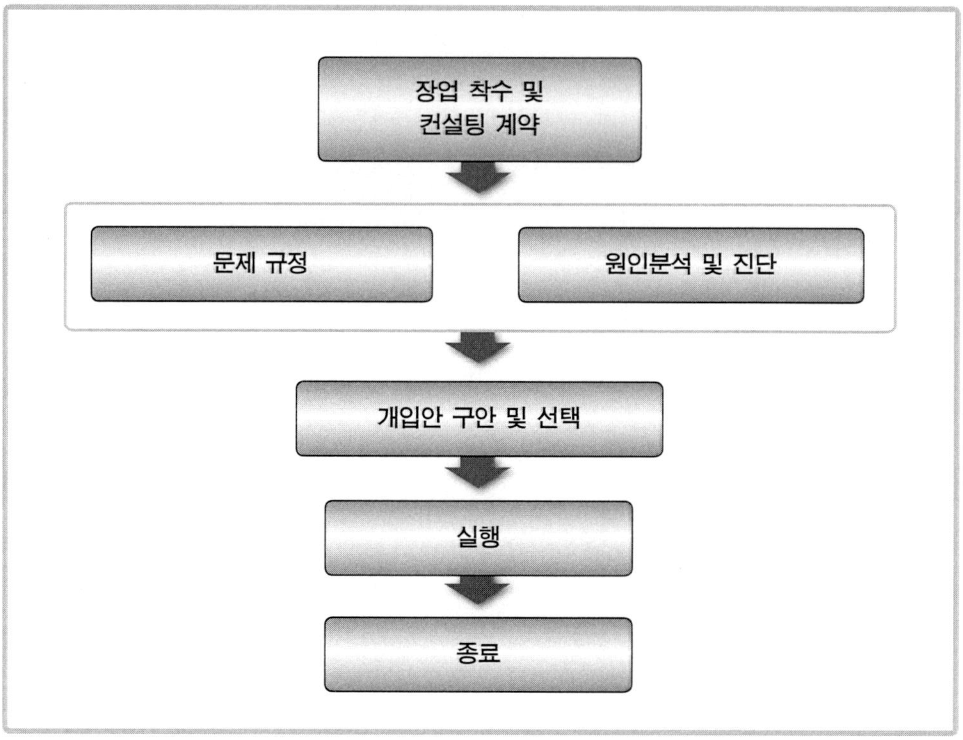

[그림 5-5] 수업 컨설팅 모형

출처: 이상수(2009b).

참고문헌

김도기(2005). 컨설팅 장학에 관한 질적 실행연구. 서울대학교 대학원 박사학위논문.

김도기(2009). 학교 컨설팅의 이해와 활성화 방향. 한국교육행정학회소식지, 100, 6-12. 한국교육행정학회.

김정원, 이인효, 정수현(2001). 학교교육개혁 지원을 위한 학교 컨설팅 사업(Ⅱ). 한국교육개발원 연구보고서 RR2001-07.

안세근(2007). 학교 컨설팅과 장학활동을 통한 학교변화 연구. 교육행정학연구, 25(1), 141-164. 한국교육행정학회.

이상수(2009a). 수업 컨설팅. 제1기 학교 컨설턴트 양성과정 프로그램 연수교재. 부산대학교 BK21사업단, 179-289.

이상수(2009b). 학습부진 해소를 위한 수업 컨설팅. 교육사상연구, 45권. 한국교육사상연구회.

진동섭, 김효정(2007). 학교 컨설팅의 원리 분석. 교육행정학연구, 25(1), 25-50. 한국교육행정학회.

진동섭(2003). 학교 컨설팅: 교육개혁의 새로운 접근방법. 서울: 학지사.

진동섭, 김도기(2005). 컨설팅 장학의 개념 탐색. 교육행정학연구, 23(1), 1-25. 한국교육행정학회.

최상근, 임연기(2000). 학교교육개혁 지원을 위한 학교 컨설팅 사업(Ⅰ). 한국교육개발원 연구보고 RR2000-15.

울산광역시 강북교육청 학교컨설팅지원센터 http://school.usgbe.go.kr.

Caplan, G. (1970). *Theory and Practice of Mental Health Consultation*. New York: Basic Books.

Conoley, J. C., & Conoley, C. W. (1983). Research methods in consultation. In R. Morris (Chair). *School consultation: Research and applications*. Symposium presented at the annual meeting of the American Psychological Association, Anaheim, CA.

English, F. W., & Steffy, B. E. (1984). *Educational consulting: A guidebook for practitioners*. Englewood Cliffs, NJ: Educational Technology Publications.

Erchul, W. P., & Martens, B. K. (1997). *School consultation: Conceptual and empirical bases of practice*. New York: Plenum Press.

Glickman, C. D., Gordon, S. P., & Ross-Gordon, J. M. (1985). *Supervision of Instruction: A Developmental Approach*. Boston, MA: Allyn and Bacon.

Kubr, M. (1996). *Management Consulting: A guide to the Profession* (3rd ed). Geneva: International Labour Office.

Rosenfield, S. (1987). *Instructional consultation*. Hillsdale, NJ: Lawrence Erlbaum Associates.

6장 학교평가와 성과 상여금

1. 학교평가

1) 학교평가의 개념

학교평가는 학교교육에 대한 전반적인 평가라고 할 수 있다. 하지만 학교라는 조직이 외부에서 보는 것과 같이 단순히 학생들을 가르치는 공간이라고 보기에는 부족할 정도로 매우 복잡하고 다양한 활동이 이루어지는 곳이다. 따라서 학교교육에 대한 평가를 하는 취지 · 방식 · 범위 등에 따라 학교평가의 뜻을 달리 해석할 수 있다(백순근, 1994).

따라서 학교평가에 대한 학자들의 개념 규정을 살펴보면 다음과 같다. 먼저, 네보(Nevo, 1995)는 학교평가는 학교의 질을 나타내는 다양한 자료를 수집하여 학교 전체의 질에 대한 판단을 내리는 행위로 규정하고 있다. 황정규(1997)는 개별 학교를 하나의 기능적이며 역동적 실체로 인식하고, 학교의 제반 부문이 교육적 가치를 창출 · 성취 · 변형하기 위해 올바른 방향으로 기능하고 있는가를 평가하는 것으로 정의하고 있고, 서정화(1998)는 효과적인 학교 교육활동을 수행하기 위한 제반 여건을 조성하고 그 과정과 교육의 성과를 점검하는 일련의 과정으로 보고 있다(정수현 외, 2003: 11-12).

이상과 같이 학자들의 논의를 종합해 볼 때 학교평가는 단위학교가 가지는 교육목적이나 가치를 실현하기 위해 해당 학교가 가지고 있는 장단점과 문제점 등을 체계적으로 확인하고 이를 개선하기 위해 필요한 자료와 정보를 확보하여 의사결정에 도움이 되는 자료를 제공하는 활동이라고 할 수 있다(성기옥, 2004: 10). 그러나 학교교육의 개선에 초점을 맞추어 학교평가의 기능과 역할을 중심으로 정의를 내리면, 학교평가란 단위학교 교육활동의 제반 여건을 조성하고 변화를 유도하며 결과를 판단하여 학교교육과 교실수업의 개선을 통한 학교교육의 질을 제고하는 모든 활동을 의미한다.

2) 학교평가의 실시 배경

학교는 우리나라에 도입된 이래 경제적 성장과 더불어 양적으로 매우 팽창하였다. 양적 팽창에 비하여 학교의 질적 제고는 어떠한지에 대한 성찰 역시 매우 중요함에도 그동안 학교의 질 관리는 소외되었다. 그러나 7차 교육과정부터 학교의 질 관리에 대한 내용이 국가수준 교육과정에 등장하게 되었다. 이에 따라 학교에 대한 질 관리(배호순, 1996: 171) 요구의 증대, 6차 교육과정부터 등장한 학교단위 책임경영 및 분권화를 통한 자율성 증대와 함께 책무성 확립의 강조(김순남, 2002: 1; 박종렬, 김순남, 2002: 35), 교육을 둘러싼 국내외 상황 변화에 대한 능동적 대응, 학교 운영에 대한 자율성이 점차 증대되어 가고 있는 추세 속에서의 흐름, 학교 효과성 증진, 학교가 현재 어떠한 위치에 있는지를 점검하여 개선을 위한 지원체제 마련(유현숙, 1998: 34) 등이 제시되고 있다.

또한 1990년대에 들어오면서 세계화 시대, 지식정보화 시대가 도래함에 따라 급변하는 세계정세 속에서 국가경쟁력 강화를 위한 교육의 역할과 기능이 강조되고, 이에 따라 교육에 대한 공급자와 수요자 간에도 다양한 경쟁을 하게 되었다. 이는 결국 교사 중심의 수업에서 학습자가 스스로 학습을 진행하는 개별화 학습, 자기주도학습 등에 관한 학습자의 학습역량을 배양하고 궁극적으로 학습자 중심의 수업으로 전환하여 교육의 질을 향상시키고자 하는 움직임이 크게 일고 있다.

이러한 시대적 상황 변화에 부응하여 우리나라에서는 1995년 5월 31일 제1차 교육개혁방안이 발표되었고, 각급학교를 비롯해서 교육행정기관에서는 교육의 질 향상을 위한 경쟁체제 확립과 수요자 중심 교육이 실천되기 시작하였다. 교육개혁

추진의 일환으로 대학은 물론이고, 초 · 중등학교의 교육 운영을 평가하게 됨으로써 학교평가 활동은 교육의 생산성 및 효과성을 높일 수 있는 하나의 과정으로 자리 잡기 시작하였다(곽병선 외, 2000: 40).

1995년 교육개혁방안이 발표되자 1996년부터 시 · 도 교육청으로 하여금 시 · 군 · 구 교육청 평가와 학교평가를 실시하도록 권장하게 되었고, 전국의 10개 교육청에서는 자체평가위원회를 구성하여 지역교육청과 단위학교평가를 실시하였다.

학교평가가 이처럼 가속도를 낼 수 있었던 것은 1991년 3월부터 본격적으로 시행된 지방교육자치제에 따라 지방교육행정기관에 대한 자율성 확대 그리고 그에 다른 교육의 질 관리체제 구축에 대한 필요가 있었기 때문이다. 또한 그동안의 학교평가가 학교경영 진단의 일환으로 실시되어 왔으나 학교경영 개선 및 장학지도를 위한 자료로의 활용이 미흡했고, 또 실적 위주의 형식적인 평가가 대부분이었다는 비판에 기인하는 것으로 분석되고 있다(곽병선 외, 2000: 44-45).

학교평가는 1996년부터 실시된 시 · 도 교육청 평가와 관련하여 학교평가 활동이 추진되고 그 결과에 따른 행 · 재정적인 지원이 이어졌으며, 관련 연수활동이 수행되는 가운데 1998년 학교평가를 통한 교육의 질 제고를 위한 법적 근거가 마련되었다.

3) 학교평가의 법적 근거

- 「초중등교육법」(1997. 12. 13.)

제9조(평가) ② 교육인적자원부 장관은 교육행정의 효율적 수행을 위하여 필요한 경우에는 지방자치단체의 교육 · 과학 · 기술 · 체육 기타 학예에 관한 사무를 관장하는 지방교육행정기관과 학교에 대하여 평가를 실시할 수 있다.

③ 제2항의 규정에 의한 평가의 대상 · 기준 및 절차와 평가결과의 공개 등에 관하여 필요한 사항은 대통령령으로 정한다.

④ 평가 대상 기관의 장은 특별한 사유가 있는 경우를 제외하고는 제2항의 규정에 의한 평가에 응하여야 한다.

- 「초 · 중등교육법시행령」(1998. 2. 24.)

제10조(학생의 평가) 법 제9조 제1항의 규정에 의한 학생의 학업성취도 평가에 관하여 필요한 사항은 교육인적자원부 장관이 정한다.

제11조(평가의 대상) 법 제9조 제2항의 규정에 의한 지방교육행정기관에 대한 평가(이하 '기관평가'라 한다)는 특별시 · 광역시 또는 도(이하 시 · 도라 한다) 교육청과 하급 교육행정기관을, 학교에 대한 평가(이하 '학교평가'라 한다)는 국 · 공 · 사립의 초등학교 · 중학교 · 고등학교 및 특수학교를 각각 그 대상으로 한다.

제12조(평가의 기준) 법 제9조 제2항의 규정에 의한 기관평가 및 학교평가는 다음 각 호의 사항을 기준으로 하여 실시한다.

1. 예산의 편성 및 운용
2. 학교 및 교육기관의 설치 · 운영
3. 교육과정 편성 · 운영 및 교수 · 학습방법
4. 교직원의 인사관리 및 후생복지
5. 기타 교육인적자원부 장관이 필요하다고 인정하는 사항

제13조(평가의 절차 · 공개) ① 교육인적자원부 장관은 매 학년도 개시 전까지 기관평가 및 학교평가에 관한 기본계획을 수립하여 이를 공표하여야 한다.

② 교육인적자원부 장관은 기관평가 및 학교평가를 실시할 때에는 서면평가 · 현장평가 및 종합평가에 의하되 설문조사 · 관계자 면담 등 다양한 방법을 사용하여 평가대상기관에 대한 학생 및 학부모 등의 반응을 조사하고 그 결과를 평가에 반영하여야 한다.

③ 교육인적자원부 장관은 특히 필요하다고 인정하는 경우를 제외하고는 평가 결과를 공개하여야 한다.

④ 교육인적자원부 장관은 평가의 효율적 실시를 위하여 평가위원회를 구성 · 운영할 수 있다.

⑤ 기관평가 및 학교평가에 관하여 기타 필요한 사항은 교육인적자원부 장관이 정한다.

4) 평가목적

현재 학교평가는 시 · 도 교육청별로 실시되고 있다. 시 · 도 교육청에서 실시하는 학교평가의 목적은 2009년도 기준으로 조사된 자료에 의하면 16개 시 · 도 교육청의 학교평가 목적의 공통된 영역이 단위학교의 교육적 책무성과 전문성 신장임을 밝히고 있다(김정민 외, 2009). 이에 따라 교육과학기술부(2010)는 시 · 도 교육청의 학교평가 지원 및 연계 체제 구축, 학교평가 질 향상과 학교교육의 책무성 제고를 목적으로 학교평가 정책을 수립하고 있다.

5) 평가대상 및 평가 주체

학교평가의 대상은 전국의 모든 국 · 공 · 사립의 초등학교, 중학교, 고등학교, 특수학교이며, 이것은 「초 · 중등교육법 시행령」 제11조(평가의 대상)에서 정하고 있다. 따라서 교육청은 관할 지역의 모든 초등학교, 중학교, 고등학교, 특수학교를 대상으로 학교평가를 실시한다.

누가 학교를 평가하는가에 해당하는 학교평가의 주체는 현재 「초 · 중등교육법」 제9조에 의거하여 교육과학기술부 장관이며 2011년 현재 시 · 도 교육청은 교육과학기술부의 학교평가기본계획에 근거하여 학교평가를 실시하고 있다. 이러한 관계는 현재의 학교평가 모형이 적용되기 시작한 1주기의 첫 해인 2006년부터 지속되어 왔다. 한편, 2008년 4 · 15 교육자율화 조치로 학교평가의 주체가 교과부 장관에서 시 · 도 교육감으로 이양될 전망인데, 해당 내용을 담은 「초 · 중등교육법」 일부개정 법률안이 계류 중이다. 시 · 도 교육감으로 평가의 주체가 이양될 경우 시 · 도별로 차이가 있는 교원 성과급제와 맞물리게 된다. 2011년부터 시 · 도별로 일정 부분 차이가 있으나 교원 성과급제에 학교평가 결과를 반영하기 시작했으므로 평가 주체의 이양은 불가피할 것으로 보인다.

6) 평가주기와 평가내용

학교평가는 3년을 주기로 실시되고 있다. 2006년부터 2008년이 1주기에 해당하고, 2009년부터 2011년은 2주기라고 볼 수 있다. (하지만 2011년부터는 기본적으로 매년 학교평가를 실시하는 것으로 개정되었다.) 이에 따라 교육청은 관할 지역 내 모든 초·중·고 특수학교를 3년 주기 내에 1번씩은 평가하고 있다. 다만 교육청별로 평가주기 내 평가대상학교를 정하는 방법은 자유로우며, 해마다 학교급별로 1/3씩 평가하는 교육청이 많다.

평가지표는 국가 수준의 공통지표와 시·도 교육청 수준의 자체지표로 2원화하여 개발·사용하며, 평가지표별 점수 부여는 시·도별로 자율적으로 조정한다. 공통지표는 전국 공통의 평가지표이므로 모든 교육청에서 수정 없이 활용하고, 해마다 발간되는 공통지표 매뉴얼에 따라 0~4등급으로 평가하여 지표별 등급과 근거, 영역별 우수사항, 문제점, 제언을 학교평가 DB에 입력하고 있다. 2010년 현재 공통지표는 학교 교육목표(2개 지표), 교육과정 및 방법(4개 지표), 교육성과관리(4개 지표), 교육경영(4개 지표)이라는 4개 영역에 걸쳐 총 14개로 구성되어 있다. 교육청별 자체지표는 교육청에서 자체적으로 지역의 특성을 반영하여 자율적으로 개발하고 활용한다. 이때 공통지표와 중복되는 자체지표를 선정하지 않도록 세심한 주의를 기울일 필요가 있다.

7) 평가방법 및 평가도구

현재의 학교평가를 학교에서 자체적으로 선실시하는 자체평가와 외부 전문가들이 내교하여 평가하는 외부평가를 통합한 형태다. 학교평가를 실시하는 방법은 자체평가의 경우, 우선 집단토의를 실시하는 경우가 대부분이며 외부평가의 경우 서면평가와 방문평가 등을 실시하고 있다. 학교는 자체평가를 실시할 때 학교 구성원들을 중심으로 하여 집단토의를 하고 평가보고서를 작성하는 것으로 마무리한다. 그리고 작성된 평가보고서는 교육청으로 발송하여 외부평가의 자료로 함께 사용한다. 자체평가보고서를 교육청에 제출하면 교육청은 외부평가단을 구성하여 서면 평가 후에 방문평가를 하도록 하고 평가결과보고서를 받는다. 「초·중등교육법 시행령」 제13조에서는 서면평가·현장평가 및 종합평가에 의하되, 설문조사·관계자 면담 등 다양한 방법을 사용하여 평가대상기관에 대한 학생 및 학부모 등의 반응을 조사하고 그 결과를 평가에 반영하도록 정하고 있다. 현재 방문평가 시에는 교직원, 학생, 학부모 등 다방면으로 면담을 실시하여 학교 교육활동 전반에 대한 평가를 시행하고자 노력하고 있다.

학교평가에서 사용하는 평가도구는 크게 두 가지다. 하나는 평가위원이 사용하는 체크리스트(지표별 자료 확인 점검표)와 평정표이며, 다른 하나는 학교가 사용하도록 개발된 표준형 만족도 조사지(학생용, 학부모용)다.

평가위원용 평정표는 현재 '결과보고서 양식'으로 개발하여 사용하고 있다. 평정표와 함께 평가위원용 체크리스트를 활용함으로써 평가지표별로 핵심자료를 확인하였는지를 점검하고 평정할 수 있다.

표준형 만족도 조사지는 현재의 학교평가 모형에서 사용할 수 있도록 개발된 표준적인 도구로서 교육청에서 정하는 것을 사용한다. 교육청에서 조사지를 선택할 때에는 가급적 그대로 사용하는 것이 권장되나 필요한 경우에는 일부를 수정 · 보완하여 사용할 수 있다.

교육청의 관내 학교는 동일한 만족도 조사도구를 사용하는 것이 필요하다. 따라서 교육청은 관할 지역 내 학교가 학교평가를 실시할 때 사용해야 할 만족도 조사도구를 정하여 학교에 안내해야 한다.

8) 평가결과 활용

학교는 교육청에서 받은 결과 보고서의 내용을 학교 구성원 간에 공유한다. 이때 기존에 구성한 자체평가단은 외부평가 결과를 분석하고 반영 계획을 수립한다. 학교는 학교평가 결과와 개선 계획을 학교운영위원회에서 논의하고 학교평가의 종합 결과(우수사항, 제언)를 홈페이지에 정보공시자료로 탑재한다. 그리고 2011년부터 학교평가 결과가 교원 성과급에 일부 반영된다.

교육청은 외부평가 결과를 학교에 송부함과 동시에 평가 결과를 바탕으로 관할 지역 학교를 발전시키기 위한 방안을 마련하고 실시한다. 예를 들어, 학교에서 자율적으로 발전 노력을 기울일 수 있도록 지원 신청을 받거나 다음 장학 지도 시 주요 자료로 활용하거나 학교 컨설팅을 받도록 권장할 수 있다. 교육과학기술부는 학교평가가 학교 발전에 기여할 수 있도록 전국의 학교평가를 통한 학교발전 우수사례를 선정하여 알리고 표창한다.

2. 성과 상여금

1) 교원 성과급 정책의 도입과 변화

교원 성과 상여금 제도는 우리나라에서 1995년 11월 중앙인사위원회 교육개혁의 일환으로 '능력 및 실적 반영 승진 · 보수 체계' 마련과 관련하여 '성과급 지급 지침'을 발표하면서부터 시작되었다. 1995년의 발표 이후 1996년과 1997년에 처음 도입된 교원 성과급은 교원 및 교육 전문직에게 근무평정 결과와 특별근무성적을 고려하여 특별상여수당의 형식으로 10%의 우수교사들에게만 지급하였다. 따라서 이로 인한 교원들의 불만은 없었던 것으로 보고되고 있다. 하지만 그마저도 1997년 IMF 경제위기로 중단되었다(김미정, 유수정, 2007: 149).

그렇게 약 1년이 지난 1998년 12월에 접어들면서 공무수당규정에 성과 상여금 제도를 도입하여 총 인원의 50%를 지급할 예정이었으나 예산 전용 등으로 시행이 유보되었다. 그리고 그로부터 3년 뒤인 2001년 1월 공무원수당규정을 개정하여 성과 상여금 지급대상 인원을 확대하여 총 정원의 70%까지 지급키로 하였다(전제상, 2001: 192).

교원 성과급은 일반 공무원 성과급과 달리 각종 교원단체의 반대로 2001년까지 그 지급이 유보되었다. 교원단체들은 성과급 차등지급이 교직의 특수성에 적합하지 않다는 점, 객관적이고 공정한 평가체계가 미비하는 점, 교직사회의 갈등을 초래할 것이라는 점 등의 이유로 교원 성과급 정책을 전면적으로 거부하였다. 교육과학기술부는 교직단체, 시 · 도 교육청, 성과급 지침을 발표한 중앙인사위원회와 수차례 협의를 거쳤으나 합의를 이끌어 내지 못하다 결국 2001년 9월 교원 성과급제 개선안을 통해 성과급을 교원 복지 차원에서 시행하기로 함에 따라 외형적으로 마무리되었다(김혜숙, 이강근, 2003: 292-302).

표 6-1 2001년 교원 성과급 차등지급 기준

지급 등급	S등급	A등급	B등급	C등급
	상위 10%	10% 초과 30% 이내	30% 초과 70% 이내	하위 30%
지급률(%) (지급 기준액 기준)	90%	65%	45%	30%

출처: 교육인적자원부(2001).

이후 2002년부터 2005년까지 성과급은 2001년의 지급방식에 따라 90%를 균등 지급하고 나머지 10%를 차등지급하였다. 2006년에는 지급방식을 연 1회에서 2회로 분할 지급하고, 차등지급 비율을 10%에서 20%로 상향 조정하였다. 차등 비율이 커진 것에 반발하여 전교조를 중심으로 성과급 반납투쟁이 다시 전개되었으며, 반납된 성과급은 학생들의 장학금으로 지급되었다(한겨레신문, 2008. 03. 17.).

이듬해인 2007년, 교육과학기술부는 성과급의 차등 폭을 20%로 유지하되, 2008년부터 5%씩 상향 조정을, 중앙인사위원회에서는 타 공무원과의 형평성을 고려하여 2007년 30%의 차등지급 및 2008년 40~50% 이상 확대 요구를, 전교조에서는 차등 비율 10% 이내 또는 전액 수당화를, 교총과 한교조는 차등 폭 20% 유지를 주장하다가(한국교총, 2007), 최종적으로 차등지급 비율을 20%로 유지하기로 하였으며, 연 2회의 분할 지급방식을 연 1회로 다시 조정하였다.

하지만 2008년 성과급 차등지급 비율이 30%로 확대되었으며, 전교조에서는 이에 반대하며 성과급을 반납한 뒤 똑같이 나눠 갖는 '1/n 균등분배 투쟁'을 벌였다(동아일보, 2008. 10. 06.).

구체적으로 교원 성과급 제도의 추진과정을 살펴보면 다음과 같다.

표 6-2 교원 성과급 제도 추진과정

시 기	내 용
1995	5 · 31 교육개혁위원회에서 능력에 따른 승진체계 및 차등 보수 제안
1996~1997	특별상여 수당 형태로 상위 10%에게만 성과급 지급
1998	국민의 정부 100대 개혁과제 중 '능력, 업무 성과 등을 반영하는 성과급제' 도입 발표

1999	중앙인사위원회에서 공무원 보수규정 개정을 통해 전 공무원을 대상으로 '성과 상여금 제도' 도입
2001. 2. 12.	중앙인사위원회에서 교육공무원 성과 상여금제 시행지침 통보
2001. 2. 24.	교원단체의 반발로 교육공무원 성과 상여금 지급 보류 조치
2001. 9. 30.	전 교원에게 성과 상여금을 지급하되 지급등급 및 차등 완화, 성과급 예산 일부를 10% 정도 절감하여 교원복지비로 사용 – 전교조의 반납투쟁(8만 1000명 교원들이 298억 원의 성과급 반납)
2001. 12.	수당화 또는 폐지 등 전면적인 성과급 개선안을 마련하기로 교원노조와 단체협약 체결
2002. 2.	교원 성과급제 폐지, 자율연수비 지급으로 방향 전환 → 전교조 투쟁 종료 → 언론, 학부모 단체, 중앙인사위원회 이의 제기
2002. 8.	교육부, 90% 균등지급(능력개발지원비), 10% 차등지급 제안 → 중앙인사위, 교직단체 모두 수용
2002~2005	성과급 예산의 90%를 균등지급, 10% 차등지급(연 1회 지급)
2006. 9.	성과급 예산의 80% 균등지급, 20% 차등지급하고 연 2차례(7월, 10월)에 걸쳐 분할지급
2007. 2.	성과급 차등 폭 확대에 대한 반발로 전교조 성과급 반납투쟁, 반납 성과급으로 사회기금 조성을 통한 장학금 지급 결정
2008	성과급 예산의 70% 균등지급, 30% 차등지급
2011	교원 성과급을 개인 성과급과 학교 성과급으로 이원화하여 지급

출처: 조혜진(2007).

2) 교원 성과급의 지급 현황

교육공무원의 성과상여금의 법적 근거는 「공무원수당 등에 관한 규정」(대통령령 제23499호, 2012.01.06.), 「공무원보수 등의 업무 지침」(행안부예규 제392호, 2012.01.02.)에 의한다.

지급대상자는 다음과 같다.

① 지급기준일을 기준으로 해당기관에 소속되어 있는 아래의 교육공무원

- 고등학교 이하 각급학교의 교(원)장, 교(원)감, 교사

- 교육과학기술부(소속기관을 포함) 및 시·도 교육청(소속기관 포함) 등에 근무하는 장학관, 교육연구관, 장학사, 교육연구사

② 지급기준일 현재 파견 중인 자와 휴직(군 입대 휴직자도 포함)·기타 사유로 직무에 종사하지 않고 있는 자도 지급대상에 포함

교원 성과급의 지급 절차는 다음과 같다.

① 행정안전부가 '공무원 성과상여금 지급지침'을 정하면 교육과학기술부가 이에 근거하여 '교육공무원 성과상여금 업무지침'을 만든다.
② 이후 시·도교육청이 지급지침의 내용을 구체화하면 단위학교에서 지급지침에 근거하여 성과급심사위원회를 구성하여 성과평가를 시행한다.
③ 성과평가 결과에 따라 성과상여금이 교원에게 지급된다.

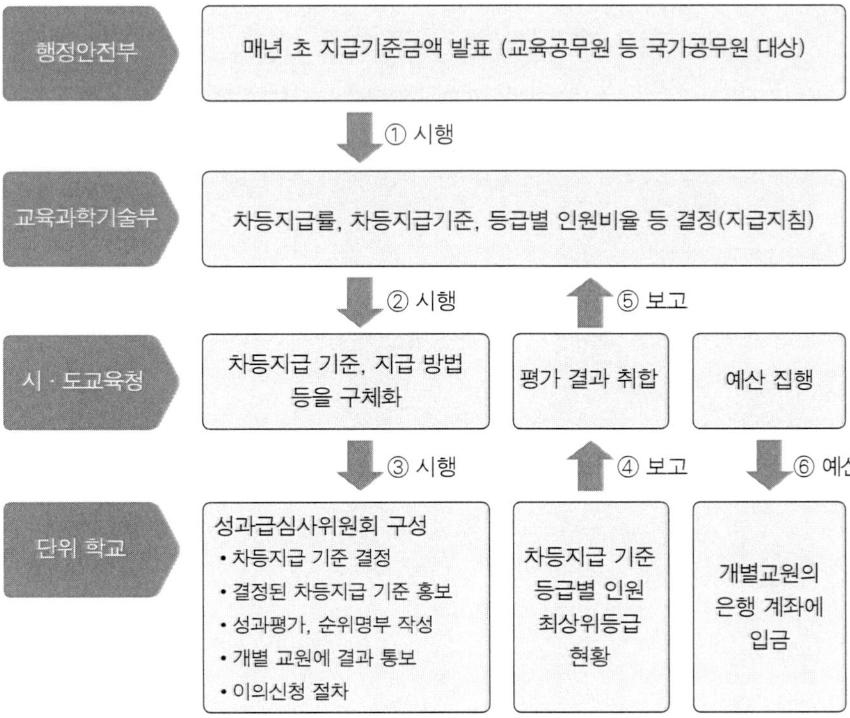

[그림 6-1] 교원 성과급 지급 절차

성과급은 성과 상여금 예산의 70%를 균등지급하고 30%는 차등지급을 하되, 차등지급 기준은 해당 단위학교별 실정에 맞게 정하도록 하고 있으며, 특히 경력 위주 차등지급 관행을 배제하도록 요구하고 있다. 구체적으로 성과급 지급을 위한 기준은 교육과학기술부에서 제시하는 예시를 참고로 하되, 단위학교 세부항목은 수정 · 추가 · 삭제가 가능하며, 예시된 업무 분야 중 세 분야 이상을 선택해야 하지만 반영 비율은 자율적으로 결정할 수 있다. 또한 예시된 업무영역 이외의 영역을 추가할 수 있으나 반영비율은 최고 30% 이내에서 가능하다.

단위학교에서는 성과급 등급 결정을 위한 기준의 설정과 대상자를 선정함에 있어 성과급 심사위원회를 구성하여야 하며 학교장은 위원회의 심의를 거쳐 최종적으로 성과급 지급기준 및 대상을 결정해야 한다.

운영절차	구체적 내용
1 교원회의 개최	• 교원 성과상여금 지침 연수: ppt 및 인쇄물을 통한 교원 연수 • 성과급심사위원회 심사위원 선출: 추천 및 호선
2 성과급 심사위원회 개최	• 평가기준 결정 ※차등지급 기준 결정 시 교원의 의견 수렴을 위하여 노력
3 홍보	• 성과급심사위원회에서 결정된 지급 기준을 전체교원에 홍보 (교내 메신저 등 이용)
4 순위명부작성 개별적 등급통보	• 성과평가 결과를 교원에게 공지(문자서비스 등)
5 이의제기	• 이의가 있을 때는 이의신청서를 작성하여 성과급 심사위원회에 제출
6 교육청에 결과 보고	• 차등지급 기준, 순위명부, 지급신청서

[그림 6-2] 단위학교 성과평가 모델(예시)

각 단위학교별로 구성된 성과급심사위원회는 「교육공무원 성과상여금 업무지침」을 참고하여 자율적으로 성과평가 기준을 정한다. 이 과정에서 동료교원의 의견을 충분히 반영하여야 한다.

3) 교원 성과급의 지급 기준에 대한 사례

2011년 교원 성과급 지급을 위한 시 · 도 교육청의 기준을 사례로 살펴보자. 여기서는 지면 관계상 16개 시 · 도 교육청을 모두 살펴보기에 어려움이 있으므로 경상남도교육청이 발표한 자료를 기초로 한다.

- 모든 교육공무원은 '개인 성과 상여금'을 지급받는다. 2010년까지는 개인적으로 받던 성과 상여금을 2011년부터는 교육공무원 중 초 · 중 · 고 '교원'은 성과 상여금을 '개인 성과급'과 '학교 성과급'으로 이원화하여 지급 및 시행된다. 단, 단설유치원과 특수학교 교원은 '개인 성과 상여금'이 100% 지급된다('교원'은 교(원)장, 교(원)감, 교사를 말함).
- 공립 단설유치원, 공립 초 · 중 · 고 · 특수학교에 근무하는 영양교사의 '개인 성과 상여금'은 별도 성과 평가기준에 의한다.
- 학교 성과급은 초 · 중 · 고에 근무하는 교원의 성과 상여금 총 지급액의 10%

〈과 거〉		지급단위	지급비율	차등지급률 평가등급	지급방식
개인 성과급 성과 상여금 (50% : 50%) (차등 : 균등)	⇨	개인 성과급	90%	3등급(S, A, B) (30%, 40%, 30%)	개인별 평가 후 차등지급
		학교 성과급	10%	3등급(S, A, B) (30%, 40%, 30%)	학교별 평가 후 자율지급

[그림 6-3] 2011년 단위학교 '교원' 성과 상여금 기본 모델

를 지급한다.

- 교육공무원 성과 상여금('학교 성과급' 포함)은 성과급 기본 취지에 맞게 연차적으로 차등지급률을 확대 실시한다. 단, 교원 성과 상여금의 균등 분배(1/N), 순환등급제 및 몰아주기 등 부당행위에 대한 단위기관의 책무성을 강화할 것이다.
- 교원 성과급 지급 근거는 「공무원수당 등에 관한 규정」(대통령령 제22618호, 2011.01.10.), 「성과 상여금업무 처리기준」(행정안전부 예규 제346호, 2011.01.17.), 2011년 「학교 성과급 시행 지침」(교원능력개발과-7602, 2010.12.13.)에 의한다.

※ 제7조의2: 공무원 중 근무성적, 업무실적 등이 우수한 사람에게 예산의 범위 내에서 성과 상여금을 지급

- 교원 성과급의 지급 기준일은 2010.12.31.이고 지급 대상기간은 2010.01.01.~2010.12.31.이다. 학교 성과급의 경우 '학교정보공시' 자료를 활용하므로 '2010학년도(2010.03.01.~2011.02.28.) 기준'으로 평가가 가능하다.
- 성과 상여금의 지급대상자는 지급기준일(2010.12.31.)을 기준으로 해당기관에 소속되어 있는 다음의 교육공무원을 대상으로 하며, 지급기준일에 퇴직한 공무원은 지급기준일까지 근무한 것으로 간주하여 지급대상에 포함한다.
  - 고등학교 이하 각급학교의 교(원)장, 교(원)감, 교사
  - 도교육청(소속기관 포함) 등에 근무하는 장학관, 교육연구관, 장학사, 교육연구사
- 지급기준일 현재 파견 중인 자와 휴직(군입대 휴직자도 포함), 기타 사유로 직무에 종사하지 않고 있는 자도 지급대상에 포함한다.
- 면직처분 · 파면처분 또는 해임처분으로 성과평가를 받지 않아 성과 상여금을 지급받지 못한 교육공무원에 대한 당초 처분이 무효 또는 취소된 경우에는 지급대상자에 포함한다.
- 당초 면직 · 파면 · 해임처분이 있었던 연도의 성과 상여금 업무처리기준(행정안전부 예규)에서 정한 지급기준액에 표준평균 지급률을 곱한 금액을 소급하여 지급한다. 다만, 소급 지급되는 성과 상여금은 당초 면직처분 등이 있었던

연도에 한하며, 처분이 있었던 연도의 실 근무기간이 2개월 미만인 경우에는 지급하지 않는다.

- 교원 성과급 지급 제외 대상자는 다음과 같다.
  - 실제 근무한 기간이 2개월 미만인 교원

'실제로 근무한 기간'이란 휴가, 휴직, 직위해제, 교육훈련, 파견 등으로 실제로 직무에 종사하지 아니한 기간을 제외한 근무기간을 의미

  - 금품수수, 미성년자 성범죄, 성적 조작, 학생에 대한 신체적 폭력 등의 사유로 성과 상여금 지급 대상기간 중 직위해제를 당하거나 징계를 받은 자
  - 기간제 교원
  - 성과 상여금을 부당 수령하게 하거나 부당 수령한 자

《성과 상여금 부당 수령 행위(행안부 예규-예시)》

⊙ 성과 상여금을 근무실적, 업무실적 등 성과와 관계없이 배분하는 행위

⊙ 담합, 몰아주기 등을 통해 성과 상여금을 수령하는 행위

⊙ 성과 상여금을 정상 지급받은 후 협의 · 모의하여 재배분하거나 재배분 받는 행위

- 단위기관의 장은 소속 직원의 의견을 수렴하고 기관별 실정을 고려하여 자율적으로 별도의 성과 상여금 지급 제외대상 기준을 정할 수 있으며, 동 기준에 해당하는 자에게는 상여금을 지급하지 아니할 수 있다.
- 파견공무원의 성과 상여금 지급은 원 소속기관에서 지급함이 원칙이나, 근무성적을 평정할 수 있는 기관에 파견 근무하는 공무원의 경우에는 파견받은 기관의 장이 예산 반영 여부와 인원 등을 고려하여 성과 상여금을 해당 파견기관에서 지급할 것인지 원 소속기관에서 지급할 것인지를 원 소속기관과 상호 협의하여 결정한다.
- 「교육 관련 기관의 정보공개에 관한 특례법」에 의거, 매년 교원 성과 상여금 운영 현황(최근 3년간 단위학교 성과급 '차등지급률'과 '성과평가 기준')을 학교정보공시 자료에 탑재해야 한다.

- 단위학교의 '차등 지급률 및 성과평가 기준'을 학교 홈페이지에 탑재
- 사립학교 교원의 경우에도 교육공무원에 준하여 개인 및 학교 성과급의 성과평가가 철저히 이루어지도록 지도 · 감독을 강화
- 지급 시기는 2011년 4월 중으로 하고 단위기관(단위학교 및 교육행정기관 등 포함)은 성과심사위원회를 통해 2011년 3월 21일까지 성과평가를 완료한다. 다만, 개인별 지급은 가급적 4월 이내에 완료한다.
- 지급 원칙은 다음과 같다.
  - 개인 성과 상여금 차등지급률의 최저기준을 50%, 60%, 70% 중에서 단위기관의 장이 자율 선택하여 지급 · 시행
  - 단위기관의 장이 자율로 차등지급률 추가 확대(80~100%)도 가능
  - 평가 등급은 S, A, B의 3등급으로 구분하며, 등급별 인원 배정 비율은 다음과 같음

표 6-3 평가 등급당 비율

평가 등급	S	A	B
인원 배정 비율	30%	40%	30%

- 성과 상여금 심사위원회는 3명 이상 7명 이내로 구성한다. 단위기관장(소속기관장 · 교육감 · 교육장 · 학교장)은 구성원의 의견을 수렴하고 '성과 상여금 심사위원회'의 심의를 거쳐 성과평가 기준 및 개인별 지급등급을 결정한다.
- 단위기관장은 다음에 예시된 '교사 성과평가 기준'을 참고하여 기관별 실정에 맞은 차등지급 성과평가 기준을 마련하되, 어느 한 평가 분야의 반영 비율이 40%를 초과할 수 없다. 평가 분야는 수업지도, 생활지도, 담당업무, 전문성 개발 등으로 한다. 단위기관장은 분야별 세부 항목의 내용을 조정할 수 있으며, 30%의 범위 내에서 별도 업무 분야를 추가할 수 있다. 성과평가 기준은 학교 현장에서 적용 가능한 방안을 도출하되, 성과평가 시 '경력' 요소 반영은 금지한다(예시: 호봉, 멘토 점수, 본교 근무경력).

표 6-4 교사 성과평가 기준 예시

분 야	유치원 세부항목	초등학교 세부항목	중학교 세부항목	고등학교 세부항목
수업 지도	수업시간 수 (토요일 종일제, 방학 중 종일제 시간 포함) (수업이 없거나 미미한 교사의 경우 직원협의회나 성과 상여금 심사위원회에서 별도 수업시간 수를 정할 수 있음)	수업시간 수 (수업이 없거나 미미한 교사의 경우 직원협의회나 성과 상여금 심사위원회에서 별도 수업시간 수를 정할 수 있음)	수업시간 수 (수업이 없거나 미미한 교사의 경우 직원협의회나 성과 상여금 심사위원회에서 별도 수업시간 수를 정할 수 있음)	수업시간 수 (수업이 없거나 미미한 교사의 경우 직원협의회나 성과 상여금 심사위원회에서 별도 수업시간 수를 정할 수 있음)
		수업공개 횟수	수업공개 여부 및 횟수	수업공개 여부 및 횟수
			계발활동지도	계발활동지도
	수업공개 횟수		자치적응활동지도	자치적응활동지도
			다학년 지도 및 다교과 지도	다학년 지도 및 다교과 지도
				야간자율학습 지도생활
생활 지도	학부모 상담실적	학부모 상담실적	학부모 상담실적	학부모 상담실적
	등 · 하원 교통지도	선도 · 교통지도	학생 상담실적	학생 상담실적
	기본생활습관지도		교문지도 및 중식지도	교문지도 및 중식지도
담당 업무	종일제 담임 여부 (전교생 대상으로 하는 업무를 맡은 교사의 경우 직원협의회나 성과 상여금 심사위원회에서 별도로 정하여 담임을 인정할 수 있음)	담임 여부 (전교생 대상으로 하는 업무를 맡은 교사의 경우 직원협의회나 성과 상여금 심사위원회에서 별도로 정하여 담임을 인정할 수 있음)	담임 여부 (전교생 대상으로 하는 업무를 맡은 교사의 경우 직원협의회나 성과 상여금 심사위원회에서 별도로 정하여 담임을 인정할 수 있음)	담임 여부 (전교생 대상으로 하는 업무를 맡은 교사의 경우 직원협의회나 성과 상여금 심사위원회에서 별도로 정하여 담임을 인정할 수 있음)
		보직 곤란도	보직 곤란도	보직 곤란도
		업무곤란도(기피업무담당) 여부	업무곤란도(기피업무담당) 여부	업무곤란도(기피업무담당) 여부
	지역센터 유치원 운영 여부	지도 학생 수상실적	지도 학생 수상실적	지도 학생 수상실적
	근무일수 (방학 중 종일제 포함)	근무일수	근무일수	근무일수
	연구 · 시범 유치원 및 교육실습유치원 주무 및 운영 담당자 여부	연구 · 시범학교 주무 및 운영 담당자 여부	연구 · 시범학교 주무 및 운영 담당자 여부	연구 · 시범학교 주무 및 운영 담당자 여부

담당 업무	담임학년(유아 연령에 따른) 곤란도	담임학년 곤란도	동아리 활동지도	동아리 활동지도
	통합학급 유아(특수아) 담임 여부	통합학급 학생(특수아) 담임 여부	교과경시대회 지도	교과경시대회 지도
	방학 중 종일제 운영 여부		교과 부장 여부	교과 부장 여부 진학 · 취업 지도 학교 특성화 · 자율학교 업무담당
전문성 개발	연수 이수시간	연수 이수시간	연수 이수시간	연수 이수시간
	교육활동 관련 자격증 취득	교육활동 관련 자격증 취득	교육활동 관련 자격증 취득	교육활동 관련 자격증 취득
	연구대회 입상실적	연구대회 입상실적	연구대회 입상실적	연구대회 입상실적
	수업 관련 장학 요원(연구교사)	수업 관련 장학 요원(연구교사, 선도교사)	수업 관련 장학 요원(연구교사, 선도교사)	수업 관련 장학 요원(연구교사, 선도교사)
	연구 개발실적(장학자료 개발)	연구 개발실적(교과서 및 장학자료 개발)	연구 개발실적(교과서 및 장학자료 개발)	연구 개발실적(교과서 및 장학자료 개발)
	포상실적	포상실적	포상실적	포상실적
	유아교육 관련 연구(도 단위 이상) 참여실적		교과연구회 참여실적	교과연구회 참여실적

〈학교 성과급〉 시행지침

동 지침은 2010.12.06.자, 시달한 2011년「학교 성과급」시행지침(교직발전기획과-13702)과 동일하게 적용함. 다만, 일부 실시 대상, 학교단위 평가등급별 1인당 성과 상여금 지급액 · 방법 조정 및 2012년 학교 성과급 10%→30% 확대 실시에 대한 '사전예고'를 지침에 포함

- 도입 시기 : 2011년도부터 시행
- 지급 대상기간 : 2010.01.01.~2010.12.31.
- '학교정보공시' 자료의 경우 '2010학년도(2010.03.01.~2011.02.28.) 기준'으로 지표평가 가능

- 「2010년 교육공무원 성과 상여금 지급 지침」에서 '학교 성과급' 실시를 사전예고(2010.2.8.)
- 시 · 도 교육청은 2011년 1월부터 6월 말까지 '학교 성과급' 지급을 위한 '학교평가' 실시 및 지급 완료
- 실시대상은 모든 초 · 중 · 고등학교 '교원'(※ 단설유치원, 특수학교는 제외)
- 시 · 도 교육청은 개인별 · 학교 단위로 '교원 성과 상여금 예산 이원화' 배분
- '학교 성과급' 지급비율은 초 · 중 · 고 교원 성과 상여금 총 지급액의 10%
- 개인별 성과 상여금 예산은 90%임
- 2012년부터 '학교 성과급' 지급비율은 현행 10%에서 30%로 확대 시행
- 2012년 '교원' 성과 상여금은 개인 성과급 70%, 학교 성과급 30%로 지급
- 평가지표

표 6-5 공통지표

공통지표	실시 대상학교			
	초등학교	중학교	고등학교	
			일반 · 특목	특성화
학업성취도 평가 향상도 ('09~'10 성취도 평가자료)	-	○	○	○
특색사업 운영	○	○	○	○
방과후 참여율	○	○	○	-
체력 발달률	○	-	-	-
학업 중단율	-	-	○	○
취업률	-	-	-	○

- 시 · 도 교육청은 여건지표(수업시수, 학생수, 급지) 등 특수상황을 고려하여 '자율지표' 자율 결정
- 단위학교의 평가부담 완화 차원에서 공통지표(3~4개)와 비슷하게 자율지표(3~4개)를 정하되, 지표수(공통 · 자율)는 최대 8개 이내로 정함

참고문헌

경남교육청(2011). 2011년 교육공무원 성과 상여금 지급지침. 2011. 03.

곽병선, 네보, 데이빗, 서정화, 김수정, 이인효, 강태중, 김이경(2000). 국가교육 정책으로서의 학교평가 시행이 학교교육의 질 향상에 미치는 효과 분석. 수탁연구 CR-2000-28. 한국교육개발원.

교육과학기술부(2007). 2007년 교육공무원 성과 상여금 지급지침. 교육인적자원부.

교육과학기술부(2010). 2010년 시도 교육청 평가지표 및 배점. 교육과학기술부.

교육과학기술부(2012). 교원성과 상여금 오해에서 이해까지. 교육과학기술부.

교육인적자원부(2001). 교육공무원 성과 상여금제 시행계획 발표. 교육인적자원부 보도자료.

김미정, 유수정(2007). 교원 성과급 정책 인식에 관한 사례연구. 교육연구논총, 28(2), 147-164. 충남대학교 교육연구소.

김순남(2002). 학교평가의 메타평가 준거 개발. 경북대학교 대학원 박사학위논문.

김정민, 양성관, 김성식, 서남수, 이수영(2009). 교육책무성 제고를 위한 학교평가 및 지원 전략 연구. 연구보고 RR 2009-30. 한국교육개발원.

김정원, 유균상, 정수현, 김미숙, 박은실, 이명실(2002). 학교 교육개혁 지원을 위한 학교 컨설팅 사업(Ⅲ). 한국교육개발원 연구보고서 RR2002-06. 한국교육개발원.

김혜숙, 이강근(2003). 교원 성과 상여금의 정치학적 분석. 교육재정경제연구, 12(1), 297-308. 한국교육재정경제학회.

박종렬, 김순남(2002). 시 · 도 교육청 학교평가의 실태와 발전 방향 탐색. 중등교육연구, 제49집. 경북대학교 중등교육연구소.

배호순(1996). 교육적 책무성 확립방안 모색을 위한 기초연구. 교육학연구, 35(5), 167-185.

백순근(1997). 학교평가에 대한 선진 외국의 동향. 학교평가의 과제와 발전방향. 한국교육평가회 학술세미나 발표 논문집. 한국교육평가학회.

서정화(1998). 교원단체의 기능 활성화 방안 연구: 교총을 중심으로. 한국교총 정책연구, 제94집. 한국교원총연합회.

성기옥(2004). 학교평가 체제 개선방향과 과제. 홍익대학교 대학원 박사학위논문.

유현숙(1998). 초·중등학교평가 체제. 교육행정학 연구, 제16권, 제1호, 33-71. 한국교육행정학회.

이쌍철, 홍창남(2008). 교원 성과급 정책집행의 순응 및 불응요인 분석. 교육행정학연구, 26(4), 217-240. 한국교육행정학회.

전제상(2001). 교사평가와 교원 성과급. 한국교원교육연구, 18(3), 173-211. 한국교원교육학회.

정수현, 유균상, 김미숙, 김주후, 김병찬(2003). 학교평가 중장기 발전방안 연구. 수탁연구 CR

2003-32. 교육인적자원부 · 한국교육개발원.
조혜진(2007). 교원평가제와 교원 성과급제 정책결정 딜레마 연구. 교육행정학연구, 25(1), 185-208. 한국교육행정학회.
한국교총(2007). 교총소식.
황정규(1997). 학교평가의 과제와 실천방향. 학술세미나 발표 논문집. 한국교육평가회.

동아일보 http://www.donga.com. 교원 차등 성과급은 '경력 차별급'(2008.10.06.)
한겨레신문 http://www.hani.co.kr. 전교조, 성과급 20억 장학금으로(2008.03.17.)

Brown, D., Pryzwansky, W. B., & Schulte, A. C. (2001). *Psychological Consultation and Collaboration: Introduction to Theory and Practice*(5th ed.). Needham Heights, MA: Allyn & Bacon.
Caplan, G. (1970). *The theory and practice of mental health consultation*. New York: Basic Books.
Conoley, J. C., & Conoley, C. W. (1982). The effectives of two conditions of client-centered consultation on student-teacher problem descriptions and remedial plans. *Journal of School psychology, 20*, 323-328.
English, R. W., & Steffy, B. E. (1984). *Educational Consulting: A Guidebook for Practitioners*, Englewood Cliffs: Educational Technology Publications.
Erchul, W. P., & Martens, B. K. (1997). *School Consultation: Conceptual and Empirical Bases of Practice*. New York: Plenum Press.
Glickman, C. D. (1985). *Supervision of instruction*. Boston: Allyn & Bacon.
Kubr, M. (1996). *Management Consulting: A Guide to the Profession*(3th ed.). Geneva: International Labour Office.
Nevo, D. (1995). *School-based evaluation: A dialogue for school improvement*. Oxford, OX, U.K. and Tarrytown, N.Y., U.S.A: Pergamon.
Rosenfield, S. A. (1987). *Instructional consultation*. Hillsdale, NJ: Erlbaum.

7장 학교운영위원회

학교운영위원회는 1995년 5 · 31 교육개혁에서 '초 · 중등교육의 자율적 운영을 위한 학교공동체 구축'의 일환으로 도입되었다. 학교운영위원회는 학교단위 자율경영제를 뒷받침하기 위한 핵심적 장치이고(김민조, 1997: 2), 그 자체가 학교공동체인 동시에 학교공동체 구축을 위한 방안으로 기대되고 있다. 이 장에서는 구체적으로 학교운영위원회가 어떻게 발전하게 되었으며, 그 구성과 심의 영역을 살펴본 뒤 실제 학교에서 학교운영위원회를 어떻게 구성하는지 규정안을 확인해 보기로 한다.

1. 학교운영위원회 발전과정

학교운영위원회는 1995년 「지방교육자치에 관한 법률」이 제정됨으로써 설치의 법적 근거가 마련되어, 같은 해 2학기부터 2~3개의 유형으로 나뉘어 특별시 · 광역시 · 도의 355개 국 · 공립 초 · 중 · 고등학교에서 시범 운영되었다(정수현, 박상완, 2005: 45). 1997년과 1998년에 「초 · 중등교육법」과 「초 · 중등교육법 시행령」이 각각 제정됨에 따라 학교운영위원회는 「초 · 중등교육법」과 「초 · 중등교육법 시행령」에 그 설치 근거를 마련하게 되었다.

「초 · 중등교육법」이 1999년에 개정되면서 사립학교에도 학교운영위원회의 설치가 의무화되었다. 이듬해 2000년 개정된 「초 · 중등교육법 시행령」에서는 학교운영위원회 위원의 정수 규모를 학생 수 기준으로 세 가지로 구분하여 제시하였다. 2002년에 개정된 「초 · 중등교육법」에는 학교운영위원회 위원의 결격 사유에 관한 조항이 신설되었다. 2005년 「초 · 중등교육법」 개정을 통해 사립학교에서는 초빙교원에 관한 사항을 제외한 국 · 공립학교의 학교운영위원회 심의 영역에 대해 자문을 거치도록 규정하였다. 다만, 학교 헌장 및 학칙의 제정 또는 개정에 대해서는 학교법인의 요청이 있는 경우로 한정하였다. 2007년에는 「초 · 중등교육법」의 개정을 통해 학교운영위원회 위원의 연수 등에 관한 조항을 신설하는 한편, 2008년에는 학교운영위원회 기능에 관한 사항이 개정되었다.

2. 학교운영위원회의 구성

학교운영위원회의 구성은 학교운영위원회 규정 제 · 개정 → 선출관리위원회 구성 → 선거공고 및 입후보 → 학부모 위원 및 교원 위원 선출 → 지역 위원 선출 → 위원장 선출 등의 순서로 진행된다(교육부, 2000).

국 · 공립학교에 두는 학교운영위원회는 「초 · 중등교육법」 제32조 제1항에 명시된 사항을 심의하고, 학교발전기금의 조성 · 운용 및 사용에 관한 사항에 대하여 심의 · 의결한다. 사립학교의 경우, 학교운영위원회는 자문 기능을 가진다. 단 초빙교원에 관한 사항은 제외하며 학교규칙 및 학칙의 제 · 개정에 관한 사항은 학교법인의 요청이 있는 경우에 한한다. 그러나 학교발전기금의 조성 · 운용 및 사용에 관한 사항은 사립학교의 경우에도 심의 · 의결권을 가진다.

국 · 공립학교에 두는 학교운영위원회는 당해 학교의 교원 대표, 학부모 대표 및 지역사회 인사로 구성된다. 이때 국 · 공립학교 및 사립학교에 두는 학교운영위원회의 위원 정수는 학교의 규모 등을 고려하여 5인 이상 15인 이내의 범위 안에서 당해 학교의 학교운영위원회 규정으로 정한다고 규정하고 있다.

학부모 위원은 당해 학교에 자녀를 둔 학부모이어야 하며, 교원 위원은 당해 학교에 재직하는 교원이어야 한다. 지역 위원은 당해 학교가 소재하는 지역을 생활근거지로 하는 자로서 교육행정에 관한 업무를 수행하는 공무원, 당해 학교의 소재 지역을 사업활동의 근거지로 하는 사업자, 당해 학교를 졸업한 자, 기타 학교 운영에 이바지하고자 하는 자 등이 자격을 가진다(서울특별시교육연구정보원, 2007).

「초 · 중등교육법」 제31조 제2항과 「서울특별시립 운영위원회 설치 · 운영에 관한 조례」에 따르면, 「국가공무원법」 제33조에서 규정하는 결격 사유에 해당하는 자, 정당의 당원인 자, 타 학교의 운영위원을 겸하는 자는 운영위원으로 선출될 수 없다. 또한 교원 위원은 소속을 달리한 때, 학부모 위원은 자녀학생이 졸업 및 전학 · 퇴학한 때나 회의소집 통보를 받고도 사전연락 없이 3회 연속 회의에 불참하였을 때, 그리고 제출한 신상자료에서 허위사실이 있는 것이 발견될 때(단, 운영위원회 결정에 의함)에 위원의 자격을 상실한다.

학교운영위원회 위원의 임기는 2년이며, 1차에 한하여 연임 가능하며, 위원장 및 부위원장은 1년이고 연임이 가능하다.

학교운영위원 위원의 선출은 「초 · 중등교육법 시행령」 제59조의 규정에 근거하여 이루어진다. 조례에 따르면, 운영위원회의 학부모 및 교원 위원은 임기만료일 10일 이전에 선출이 완료되어야 하고 지역 위원은 임기만료일 전일까지 선출이 완료되어야 한다. 운영위원회 위원의 선출방법을 각 위원별로 살펴보면 다음과 같다.

- 학부모 위원 선출: 학부모 위원은 학부모 중에서 민주적 대의절차에 따라 학부모 전체 회의에서 직접 선출한다. 다만, 학교의 규모 · 시설 등을 고려하여 위원회 규정이 정하는 전체 회의에서 선출하기 곤란한 사유가 있는 경우에는 당해 위원회 규정에 의하여 학급별 대표로 구성된 학부모 대표회의에서 선출할 수 있다. 또한 서신 또는 우편 투표도 병행이 가능하다.
- 교원 위원 선출: 국 · 공립학교의 장은 운영위원회의 당연직 교원 위원이 된다. 당연직 교원 위원을 제외한 교원 위원은 교원 중에서 선출하되, 교직원 전체 회의에서 무기명투표로 선출한다. 기간제 교원은 당해 학교운영위원회 규정으로 선거권을 부여할 수 있으나 피선거권은 없다. 사립학교의 경우, 당연직 교원 위원을 제외한 교원 위원은 정관이 정한 절차에 따라 교직원 전체 회의에서 추천한 자 중에서 학교장이 위촉한다.
- 지역 위원 선출: 학부모 위원 또는 교원 위원의 추천을 받아 학부모 위원 및 교원 위원이 무기명투표로 선출한다. 당해연도에 새로 선출된 학부모 위원과 교

원 위원이 선출된다.

- 위원장 및 부위원장 선출: 교원 위원이 아닌 위원 중에서 무기명투표로 선출한다. 무기명투표로 선출하되, 재적위원 과반수의 득표를 얻어야 한다.

3. 학교운영위원회의 심의 영역

국 · 공립학교의 학교운영위원회는 학교교육 목표 설정, 교육과정, 교원인사, 학교재정, 기타 영역에 대한 심의 권한을 가진다. 다만, 학교발전기금 조성 · 운영에 관한 사항은 심의 · 의결 기능을 가진다. 사립학교의 경우에는 초빙 교원의 추천에 관한 사항을 제외한 사항들에 대하여 학교운영위원회의 자문을 거쳐야 한다. 다만, 학교 헌장 및 학칙의 제정 또는 개정에 관한 사항에 대하여는 학교법인의 요청이 있는 경우에 한한다.

국 · 공립학교 학교운영위원회의 구체적인 심의 영역은 「초 · 중등교육법」 제32조에 명시되어 있는데, 그 구체적인 내용은 다음과 같다.

- 학교 헌장 및 학칙의 제정 또는 개정에 관한 사항이다. 학교규칙과 학교규칙의 기재사항은 「초 · 중등교육법」 제8조와 「초 · 중등교육법 시행령」 제9조에 규정되어 있으며, 사립학교의 경우는 학교법인이 요청하는 경우에만 자문할 수 있다.
- 학교 교육과정의 운영방법에 관한 사항이다. 지역의 특수성과 학교의 실정을 고려한 학교 교육과정(교과활동, 창의적 체험활동)의 운영방안에 관하여 심의한다.
- 교과용 도서 및 교육자료의 선정에 관한 사항이다. 교과서, 부교재, 교구 및 학습자료, 교육시설의 설치 등에 관한 사항을 심의한다.
- 학부모가 경비를 부담하는 사항으로, 교복 · 체육복 · 졸업앨범 등에 관한 사항을 심의한다.
- 정규학습시간 종료 후 또는 방학기간 중의 교육활동 및 수련활동에 관한 사항으로 프로그램 개설, 강사, 비용, 교재 선정, 외부시설 이용 등에 관한 사항을

다룬다.

- 「초 · 중등교육법」 제31조 제2항의 규정에 의한 초빙 교원의 추천에 관한 사항이다. 초빙요건, 초빙 대상자 자격, 초빙 대상자 범위, 초빙 대상자 선정 · 임용 제청에 관한 사항 등에 관해 심의한다. 사립학교의 경우 초빙 교원에 관한 사항은 자문사항에서 제외된다.
- 학교의 예산안 및 결산에 관한 사항으로, 학교의 실정에 맞게 예산과목을 구분한 학교운영비 실행예산의 편성 여부와 세입 및 세출결산에 대한 심의를 한다.
- 학교운영지원비의 조성 · 운용 및 사용에 관한 사항으로, 학교재정의 수요조사, 조성방법, 사용목적, 사용내역에 관한 사항 등을 다루게 된다.
- 학교급식에 관한 사항이다. 급식 실시 여부 · 급식 형태 · 급식업체 선정기준 · 급식품의 선정 및 조달방법 · 학부모 부담경비 또는 급식비 결정 · 급식활동에 관한 학부모의 지원(자원봉사활동) 방안, 기타 학교급식 또는 위탁 급식 운영에 관한 중요사항을 다룬다.
- 대학입학특별전형 중 학교장 추천에 관한 사항이다. 학교별로 다양하고 합리적인 기준과 절차가 선정될 수 있도록 노력해야 한다.
- 학교운동부 구성 · 훈련에 관한 사항이다. 운동부 후원회 조직 및 운영 · 관리 · 체육특기자의 상급학교 진학에 관한 사항 등에 관해 심의한다.
- 학교운영에 대한 제안 및 건의사항으로, 재정 분야, 복지 분야, 지역사회 분야, 기타 분야 등을 다룬다.

4. 학교운영위원회의 규정 사례

ㅇㅇ중학교 운영위원회 규정 개정(안)

제정 2001. 9. 20.
개정 2003. 9. 20.
개정 2004. 3. 12.
개정 2011. 7. 04.

제1장 총칙

제1조(목적)

이 규정은 「초 · 중등교육법」 제31조, 동법 시행령 제58조 내지 64조, K도립학교 운영위원회 운영 조례의 규정에 의하여 ㅇㅇ중학교운영위원회(이하 '운영위원회'라 한다)의 구성 · 운영 등에 관한 사항을 규정함을 목적으로 한다.

제2조(기능)

① 운영위원회는 다음 각 호의 사항을 심의한다.

1. 학교 헌장 및 학칙의 제정 또는 개정에 관한 사항
2. 학교의 예산안 및 결산에 관한 사항
3. 학교 교육과정의 운영방법에 관한 사항
4. 교과용 도서 및 교육자료의 선정에 관한 사항
5. 정규 학습시간 종료 후 또는 방학기간 중 학교활동 및 수련활동에 관한 사항
6. 「교육공무원법」 제31조 제2항의 규정에 의한 초빙 교원의 추천에 관한 사항
7. 학교급식에 관한 사항
8. 학교운동부의 구성 · 운영에 관한 사항

9. 학교운영에 대한 제안 및 건의사항
10. 학생지도를 위한 지원사항
11. 교복 및 체육복 선정, 수학여행 · 학생야영수련(학생수련활동) 등 학부모가 경비를 부담하는 사항, 다만 특정 서클 등에서 특정학생을 대상으로 하는 사항은 제외한다.
12. 지역사회 교육에 관한 사항
13. 학부모 및 일반인을 대상으로 한 평생교육 프로그램의 설치 · 운영에 관한 사항
14. 기타 학교운영에 관한 위원의 제안사항과 학교장이 심의 요청한 사항

제3조(학교발전기금 조성, 관리)

① 운영위원회는 다음 각 호의 방법에 의하여 '학교발전기금'을 조성할 수 있다.
1. 기부자가 기부한 금품의 수수
2. 학부모 등으로 구성된 학교 내 · 외의 조직, 단체 등이 그 구성원으로부터 자발적으로 각출하거나 구성원 외의 자로부터 모금한 금품의 접수

② 학교발전기금은 다음 각 호의 목적을 위하여 사용한다.
1. 학교교육 시설의 보수 및 확충
2. 교육용 기자재 및 도서 구입
3. 학교체육활동 기타 학예활동의 지원
4. 학생복지 및 학생자치활동의 지원

③ 운영위원회는 교육과학기술부령이 정하는 바에 따라 발전기금을 운영위원회 위원장 명의로 조성 · 운용한다.

④ 운영위원회는 학교발전기금의 관리 및 집행과 그 부수된 업무를 학교장에게 위임할 수 있다.

⑤ 학교장은 제4항의 규정에 의하여 업무를 위임 받은 때에는 발전기금을 별도 회계를 통하여 관리하고, 매 분기마다 발전기금의 집행계획 및 집행내역을 운영위원회에 서면으로 보고하여야 한다.

⑥ 운영위원은 제5항의 보고를 받은 경우에 이를 검토하여 그 결과를 학부모에게 통지하여야 한다.

제2장 위원의 신분

제4조(임기)

① 위원의 임기는 2년으로 하며, 1차에 한하여 연임할 수 있다. 다만 보궐 위원의 임기는 전임자의 잔임 기간으로 한다.

② 위원의 임기 개시일은 4월 1일로 한다.

제5조(위원의 자격)

① 학부모 위원 및 지역 위원은 「국가공무원법」 제33조의 공무원 결격 사유에 해당되지 아니하여야 한다.

② 위원은 다른 학교의 위원을 겸할 수 없다.

제6조(위원의 의무 등)

① 위원은 무보수 봉사직으로 위원에게 수당을 지급하지 않는다.

② 위원은 운영위원회 회의에 성실히 참여하여야 하며, 운영위원회를 거치지 아니하고는 학교 운영에 관여할 수 없다.

③ 위원은 당해 학교와 영리를 목적으로 하는 거래를 하거나 그 지위를 남용하여 재산상의 권리 · 이익의 취득 또는 알선을 하여서는 아니 된다.

제7조(위원의 자격상실)

① 위원이 다음 각 호의 1에 해당될 때에는 자격을 상실한다.

1. 교원 위원이 전보 등에 의하여 소속을 달리한 때
2. 학부모 위원은 당해 학생이 졸업 · 전학 · 퇴학하게 된 때(졸업생 학부모의 경우에는 졸업 이후 임기만료일까지 자격 유지)
3. 위원이 제5조의 규정을 위반한 사실이 발견된 때
4. 회의소집 통지를 받고도 특별한 사유 없이 3회 연속 회의에 불참하였을 때
5. 학부모 위원이 제출한 신상에 관한 주요 내용이 허위사실이 있는 것이 발견된 때 제적 위원 과반수의 출석과 출석위원 과반수의 찬성으로 그 위원의 자격을 상실 처리한다.

6. 위원이 회기 중에 사퇴하고자 할 때에는 운영위원회의 의결로서, 폐회 중에는 위원장의 결정으로 사퇴할 수 있다.

제3장 위원의 선출

제8조(위원의 정수)

① 운영위원회의 위원은 13명으로 하되, 학부모 위원 6명, 학교장을 포함한 교원 위원 5명, 지역 위원 2명으로 구성한다.
② 교감은 본회에 출석하여 발언할 수 있다.

제9조(선출관리위원회)

① 학부모 위원과 교원 위원의 선출을 관리하기 위하여 선출관리위원회를 구성한다.
② 선출관리위원회는 위원의 후보자 등록, 선거홍보, 투 · 개표, 당선자 공고 등의 사무를 관장하며 구성 시부터 위원 선출이 종료될 때까지 운영된다.
③ 학부모 위원 선출관리위원회는 학부모 3명, 교사 2명으로 구성하되 학교장이 위촉하며 위원장은 호선한다.
④ 교원 위원 선출관리위원회는 교직원 전체 회의의 추천을 받은 교원 3명으로 구성하되 위원장은 호선한다.

제10조(학부모 위원 선출)

① (선출방법) 학부모 위원은 전체 학부모회의에서 직접선거에 의해 선출한다.
② (공고) 학부모 위원 선출관리위원회는 선거일 7일 전까지 선출 위원에 대한 공고를 하여야 한다.
③ (입후보자 등록) 입후보자는 선거일 2일 전까지 학부모 위원 선출관리위원회에 등록하여야 한다.
④ (선거공보 및 투표용지 배부) 학부모 위원 선출관리위원회는 선거일 1일 전까지 후보자의 신상에 관한 사항, 후보자의 출마 소견서 등이 기록된 선거 공보물을 작성하여 전체 학부모에게 배부하여야 한다.

⑤ (투표) 학부모는 선거 당일에 후보자의 소견 발표를 들은 후 투표한다.

⑥ (당선자 결정) 개표 결과 다수 득표자를 당선자로 결정한다. 다만, 동수 득표자가 있어 위원정수를 초과할 경우에는 연장자를 당선자로 한다.

제11조(교원 위원 선출)

① (선출방법) 당연직 교원 위원을 제외한 교원 위원은 교직원 전체 회의에서 직접 선출한다.

② (공고) 교원 위원 선출관리위원회는 선거일 5일 전까지 위원 선출에 대한 공고를 하여야 한다.

③ (입후보자 등록) 입후보자는 선거일 1일 전까지 본교 교원 2명 이상의 추천을 받아 교원 위원 선출관리위원회에 등록하여야 한다.

④ (투표) 선거 당일에 후보자의 소견 발표를 들은 후 투표한다.

⑤ (당선자 결정) 개표 결과 위원 정수에 해당하는 다수 득표자를 당선자로 결정한다. 다만, 동수 득표자가 있어 위원 정수를 초과할 경우에는 연장자를 당선자로 한다.

제12조(지역 위원 선출)

지역 위원은 학부모 위원 또는 교원 위원의 추천을 받아 학부모 위원 및 교원 위원이 무기명투표로 선출한다. 다만, 동수 득표자가 있어 위원 정수를 초과할 경우에는 연장자를 당선자로 한다.

제13조(선출일)

학부모 위원 및 교원 위원은 임기 만료일 7일 이전에, 지역 위원은 임기 만료일 전일까지 선출한다.

제14조(보궐선거)

위원이 결원된 때에는 보궐 선출한다. 다만, 잔여임기가 6월 미만으로서 위원 정수의 4분의 1 이상이 결원되지 아니한 때에는 운영위원회의 결정으로 선출하지 아니할 수 있다.

제4장 운영위원회 조직

제15조(임원)

① 운영위원회에서는 위원장 및 부위원장 각 1인을 두되 교원이 아닌 위원 중에서 선출한다.

② 위원장과 부위원장의 임기는 1년으로 하되, 연임할 수 있다.

③ 위원장과 부위원장은 무기명투표로 선출하되 재적위원 과반수의 득표로 당선된다. 다만, 과반수 득표자가 없을 때에는 2차 투표를 하여 최고 득표자를 당선자로 한다. 이 경우 최고 득표자가 2인 이상인 경우에는 연장자를 당선자로 한다.

④ 위원장과 부위원장은 운영위원회의 동의를 얻어 그 직을 사임할 수 있다.

⑤ 위원장은 운영위원회를 대표하고 회의를 소집하여 진행하며, 부위원장은 위원장이 부득이한 사유로 직무를 수행할 수 없을 때에 그 직무를 대행한다.

⑥ 위원장 또는 부위원장이 임기 중에 궐위된 때에는 보궐 선출할 수 있으며, 그 임기는 전임자의 전임기간으로 한다.

제16조(소위원회)

① 운영위원회는 안건심사의 효율성을 기하기 위하여 소위원회를 설치 · 운영한다.

② 소위원회의 운영에 관한 사항은 회의운영규칙으로 정한다.

③ 소위원회의 구성은 학부모 위원 3명, 교원 위원 2명, 지역 위원 1명으로 조직한다.

④ 급식소위원회를 별도 구성하여 항시 운영한다. (운영 및 조직은 학교급식 규칙에 의한다.)

제17조(학교 내외의 자생조직)

학부모 등으로 구성되는 학교 내외의 자생조직의 대표자는 그 조직의 활동과 관련하여 운영위원회의 허가를 얻어 회의에 출석 · 발언할 수 있다.

제18조(사무처리부서)

운영위원회의 회의기록 등 사무를 처리하기 위하여 행정실장을 간사로 두며 학사활동과 관련된 사무에 대하여는 교무부장이 적극 협조한다.

제5장 운영위원회의 운영

제19조(회기 등)

① 회의는 정기회와 임시회로 구분하여 운영하며 정기회는 매년 4월 중에 개최한다.

② 임시회는 학교장 또는 재적위원 4분의 1이상의 요구가 있는 때에 위원장이 소집한다.

③ 회기는 집회 후 즉시 의결로써 이를 정한다.

④ 운영위원회에 부의된 안건을 모두 처리하였을 때에는 회기 중에도 의결로써 폐회할 수 있다.

⑤ 회의는 개최 예정일 7일 전에 소집공고와 함께 회의 안건을 첨부하여 위원에게 개별 통지한다. 다만, 위원장이 긴급을 요하는 안건이라고 인정할 경우는 그러하지 아니한다.

⑥ 회의는 연 4회 이상 개최하되 회의일수는 연 30일을 초과하지 아니하여야 한다.

⑦ 위원장은 위원들의 생업에 지장을 초래하지 아니하는 시간을 택하여 회의를 소집하여야 한다.

제20조(의안의 제출 · 발의)

운영위원회에서 심의할 안건은 학교장 또는 재적위원 5분의 1 이상의 연서로 제출하거나 발의한다. 다만, 예산안과 결산은 학교장이 이를 제출한다.

제21조(의사 및 의결 정족수)

운영위원회는 재적위원 과반수의 출석으로 개의하며, 출석위원 과반수의 찬성으로 결정한다.

제22조(회의 공개의 원칙)

① 운영위원회 회의는 공개함을 원칙으로 한다. 다만, 학생교육 또는 교권의 보호 등을 위하여 필요하다고 인정하는 경우에는 운영위원회의 결정으로 공개하지 아니할 수 있다.

② 운영위원회가 회의를 개최할 때에는 가정통신문, 학교게시판 등을 통하여 회의 개

최일자, 안건 등을 알림으로써 일반 학부모, 교사 등이 회의에 참관할 수 있도록 하여야 한다.

③ 위원장은 질서를 유지하기 위하여 방청인의 퇴장을 명할 수 있다.

제23조(서류제출 요구)

운영위원회는 그 의결로 안건의 심의와 직접 관련된 서류의 제출을 당해 학교장에 대하여 요구할 수 있다.

제24조(회의록 작성 등)

① 운영위원회는 회의록을 작성하고 회의의 진행내용 및 결과와 출석위원의 성명을 기재한 후 위원장과 학교장이 서명한다.

② 위원장은 회의록을 학교에 비치하여 학부모, 교원 및 지역주민 등이 열람할 수 있도록 한다. 다만, 운영위원회에서 비공개하기로 결정한 사항은 공개되는 회의록에 이를 게재하지 아니할 수 있다.

③ 운영위원회는 매 학년도 말에 예 · 결산 내역을 포함한 운영위원회의 활동상황보고서를 작성하여 학부모 · 교원 및 관할교육청 등에 배포하고 차기 정기회의 시 보고하여야 한다.

제25조(건의사항 처리)

① 제2조 각 호의 규정에 의하여 운영위원회에 건의를 하고자 하는 자는 위원 1인 이상의 소개를 얻어 건의서를 제출하여야 한다.

② 위원장은 건의서를 접수한 때에는 이를 운영위원회에 회부하여 심사한다.

③ 건의서를 소개한 위원은 운영위원회의 요구가 있을 때에는 건의의 취지를 설명하여야 한다.

④ 운영위원회에서 심의하여 채택한 건의 중 학교장의 권한에 관한 사항은 운영위원회의 의견서를 첨부하여 학교장에게 이송하고 학교장은 그 처리 결과를 운영위원회에 보고하여야 한다.

⑤ 위원장은 건의의 처리 결과를 건의인에게 통지하여야 한다.

제26조(공청회)

① 운영위원회는 중요한 안건 또는 전문지식을 요하는 안건을 심사하기 위하여 운영위원회의 의결로써 공청회를 개최할 수 있으며 그 안건과 관련된 이해관계인 · 학부모 · 지역주민 또는 학식 · 경험이 있는 자(이하 '진술인'이라 한다.) 등으로부터 의견을 들을 수 있다.

② 공청회에 관한 의안에는 안건 · 일시 · 장소 · 진술인 · 경비 기타 참고사항을 기재하여야 하며, 위원장은 공청회의 개최에 대하여 미리 학교장과 협의하여야 한다.

③ 진술인의 선정과 발언 시간은 운영위원회에서 정하며 진술인은 그 안건의 범위 안에서 발언하여야 한다.

제27조(심의결과의 공개)

위원장은 운영위원회의 심의결과를 학교 홈페이지 또는 가정통신문 등의 방법으로 즉시 공개했을 때 학교장에게 안건처리 결과 통보를 생략할 수 있다.

제6장 심의 사항의 시행

제28조(시행 의무 등)

① 학교장은 제2조에 규정된 사항에 대해서는 운영위원회의 심의를 거쳐 시행한다. 다만, 교육활동 및 학교운영에 중대한 차질이 발생할 우려가 있거나 천재 · 지변 기타 불가항력의 사유로 운영위원회를 소집할 여유가 없을 때에는 이를 시행한 후 이에 관한 사항과 그 사유를 지체없이 운영위원회와 관할청에 서면으로 보고하여야 한다.

② 학교장은 운영위원회에서 심의한 사항에 관한 운영위원회의 심의 결과를 최대한 존중하여야 하며, 그 심의결과와 다르게 시행하고자 하는 경우에는 이를 운영위원회와 관할청에 서면으로 보고하여야 한다.

제29조(운영 경비)

위원 연수 시의 출장비, 회의경비 등 운영위원회 운영에 필요한 경비는 관할 교육청의 예산관리지침에 따른다.

제7장 규정의 개정

제30조(개정의 제안)

운영위원회 규정의 개정은 재적위원 1/2 이상 또는 학교장의 발의로 제안된다.

제31조(공고)

제안된 운영위원회 규정의 개정안은 위원장이 15일 이상의 기간에 이를 공개하여야 한다.

제32조(회의운영규칙)

이 규정에 정한 것 외에 운영위원회의 회의 운영에 필요한 사항은 운영위원회의 의결을 거쳐 회의운영규칙으로 정한다.

부 칙

제1조(시행일)

이 규정은 2001년 9월 20일부터 시행한다.

제2조(최초의 위원임기 등)

최초로 선출된 위원의 임기는 위원이 선출된 날로부터 개시하여 차기 임기 개시 전일에 만료되며, 최초의 위원정수, 위원구성 비율, 기타 위원의 선출시기, 방법, 절차는 최초 대의원 회의에서 협의하여 결정한다.

제3조(경과 초치)

제2조에 규정된 운영위원회의 심의사항 중 최초의 회의가 개최되기 전에 시행한 사

항은 운영위원회의 심의를 받은 것으로 본다.

제4조(2기 위원 임기)

제2기의 위원 임기는 2005. 03. 31.까지로 한다.

참고문헌

교육개혁위원회(1995). 신교육체제 수립을 위한 교육개혁방안. 서울: 교육개혁위원회.

교육부(2000). 학교운영위원회 실무편람. 서울: 교육부.

김민조(1997). 학교운영위원회 구성집단의 인식에 관한 연구. 서울대학교 대학원 석사학위 논문.

서울특별시교육연구정보원(2007). 교직실무편람. 서울특별시교육연구정보원.

안세근, 김현욱(2011). 교직실무. 서울: 신정.

유현숙(1995). 학교운영위원회 정착의 지름길. 교육개발. 9월호. 한국교육개발원.

정수현, 박상완(2005). 학교운영위원회의 성과 비교 평가 연구. 학교운영위원회성과 평가 연구 위원회.

조동섭, 김도기, 김민조, 김민희, 김병주, 김성기, 김용, 남수경, 박상완, 송기창, 오범호, 윤홍주, 이정미, 이희숙, 정수현, 정제영, 조석훈, 주현준(2009). 초등 교직실무. 서울: 학지사.

8장 교육행정업무시스템

1. 차세대 나이스

1) 차세대 나이스란

나이스는 영어로 'NEIS'라고 표기한 것을 한글 발음으로 읽은 것이다. NEIS는 'National Education Information System'의 약자다. 이의 정확한 명칭은 '교육행정정보시스템'이고 1만 여개 초 · 중 · 고 · 특수학교, 178개 교육지원청, 17개 시 · 도 교육청 및 교육과학기술부가 모든 교육행정정보를 전자적으로 연계 · 처리하여 국민 편의 증진을 위해 행정안전부, 대법원 등 유관기관의 행정정보를 이용하는 종합 교육행정정보시스템을 말한다.

나이스는 [그림 8-1]에서 보는 바와 같이 1997년 학교행정관리시스템의 개발 및 보급을 시작으로 2단계(2001~2003년) 나이스 일반행정서비스 및 나이스 교무업무서비스를 개시, 3단계(2004~2006년) 교무학사 등 3개 영역 교무업무시스템 개통과 학부모 서비스 실시, 4단계(2007~2010년) 차세대 나이스 구축 기본 계획 수립과 이에 따른 프로그램 개편과 인프라 조성, 5단계(2011~현재) 차세대 나이스 구축 완료, 차세대 나이스 포털, 서비스 실시로 발전해 왔다. 차세대 나이스는 현재 앞서 설명된 업무포털에 함께 탑재되어 연동되고 있으며, 이 안에 행정정보시스템, 교무업무시스템, 교원능력개발평가 학교 회계 시스템, 업무 관리시스템, 학

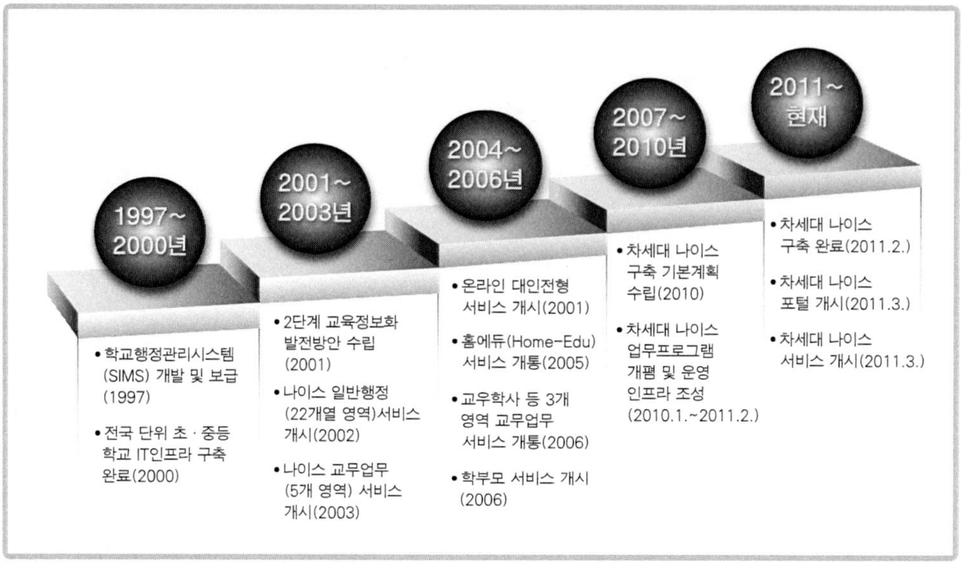

[그림 8-1] 나이스 추진 과정

출처: 나이스대국민서비스(http://www.neis.go.kr)

적자료 등을 포함하고 있는 교육 관련 거대 포털 정보망이다.

2) 차세대 나이스 추진 배경

학생생활기록부(SIS) 프로그램과 학교종합정보관리시스템(SIMS)이 처음 등장했을 때, 교육정보관리는 이것으로도 충분할 것이라고 생각했지만 정부와 일선 학교 교사들이 시스템의 연계 및 통합의 필요성을 느꼈다. 그리고 나이스가 구축되고 나서 전국 단위 통합 시스템으로 인해 편의성이 생겼으나, 곧 개인정보 보호 강화와 정보보호의 필요성이 대두되었다.

실제로 학교 현장에서 정보가 과거에 비해 양적 · 질적으로 대량 생산되고 이것을 모두 담아 내는 데이터베이스가 필요하게 됨에 따라 과거 나이스로는 역부족임을 느끼게 되었다. 이에 나이스를 사용하는 교직원 및 학부모, 기관은 보다 높은 서비스와 업무 효율성을 강조하고 나섰다. 이에 현재의 나이스는 표준화와 정보화를 기반으로 안정적인 서비스를 제공하고 있지만 정보자원의 효율성 제고와 운영업무 효율을 위한 시스템 통합을 이뤄 내기 위한 차세대 나이스로의 개편이 요구되었다.

교육정책 등의 환경변화와 대내외 교육행정 서비스의 체계 개선, 노후화된 장비 교체, 개인정보 및 보안체계 등의 강화가 있으며 무엇보다 다양하고 창의적인 교육환경을 뒷받침하는 교육행정 체계의 지속적인 변화와 그 과정에서 발생하는 교육이해 관계자 간의 소통이 중요하다. 이제 차세대 나이스는 열린 공간으로써 교육정책 변화를 수용하고 각 교육 관련자들이 모여 변화를 체감하고 공감할 수 있는 변화와 소통의 장이 될 것이다.

3) 업무포털을 통한 단일 로그인 방식의 차세대 나이스

업무포털이 생기기 전까지 나이스, 에듀파인, 학부모 서비스, 업무관리시스템 등은 각각 따로 로그인을 해야 했다. 하지만 업무포털이 생기면서 이 모든 것이 원스톱으로 통합되었다. 따라서 업무포털을 통해 한 번의 로그인으로 편리하게 이용할 수 있게 되었다. 차세대 나이스 서비스는 2011년 상반기까지는 시범 운영되었으나

[그림 8-2] 차세대 나이스 홈페이지

2011년 하반기부터 본격적으로 나이스 정보 이관 작업이 완료됨에 따라 차세대 나이스를 전면적으로 시행하게 되었다. 그리고 5월부터 학생 서비스도 시작되었다. 차세대 나이스는 대국민 서비스 포털(http://www.neis.go.kr)을 통해 학교정보, 학교 생활기록부 등 54종의 학생 관련 정보를 학생이 직접 볼 수 있도록 서비스한다. 그 서비스는 학생이 스스로 공부하는 자기주도적 학습력 향상에도 크게 기여할 것으로 기대된다.

표 8-1 차세대 나이스의 주요 개선 내역

구 분	개선 내역	비 고
교직원	① 업무포털을 통한 단일 로그인(SSO)으로 나이스, 에듀파인, 업무관리시스템 등 업무시스템 이용 편리성 제공 ② 통계 제공 체제 강화로 통계지원 업무 경감 ※ 한 번의 기초자료 입력으로 다양한 통계 생성 ③ 오류, 장애 등 문제 발생 시 단일 창구를 통해 문제	
학생	① 학교 중심에서 학생 중심의 교육과정으로 변화 ※ 교과교실제, 수준별 이동수업 등 ② 학생 서비스 신규 제공으로 자기 정보 열람 및 자기주도학습 지원(2011. 5. 시범개통) ③ 방과후학교 온라인 수강 신청 제공(2011. 8.) ④ 창의적 체험활동 연계로 학교생활기록에 관한 기초자료 제공	2009 개정 교육과정
학부모	① 학부모 인증방식 다양화 ※ 공인인증서, 공공i-pin, 휴대폰 인증 등 인증방식 다양화 ② 학부모 서비스 제공 정보 확대(국가학업성취도, PAPS 등)	
학교	① 학교 특성을 반영한 학교 교육과정 지원 ② 성적 관리의 편리성 향상 ③ 원어민 교사 등 비공무원 인사시스템 도입	2009 개정 교육과정
시스템	① 인프라 운영자원의 축소를 통해 저탄소, 녹생성장의 Green IT 기반 마련 ② 운영 인프라 축소를 통한 유지보수 비용(연간 31억 원) 절감	

4) 차세대 나이스 안내 및 사용방법 – 교무업무를 중심으로

차세대 나이스는 크게 대국민서비스, 교육행정정보시스템, 전자정부로 이루어져 있다. 대국민서비스는 다시 학부모 서비스, 학생 서비스, 민원인 사용으로 되어 있다. 그리고 사용자 그룹으로는 교육과학기술부, 시 · 도 교육청 및 각 지역교육 지원청, 각급학교, 대학 등이다. 교육행정정보시스템상에서는 각종 DB가 구축되어 있고 이것은 다시 행정망을 이용하여 전자정부(행정안전부, 대법원, 국토해양부, 국가보훈처, 국세청) 등과 연결되어 있다.

먼저, 대국민서비스를 이용하는 방법은 다음과 같다.

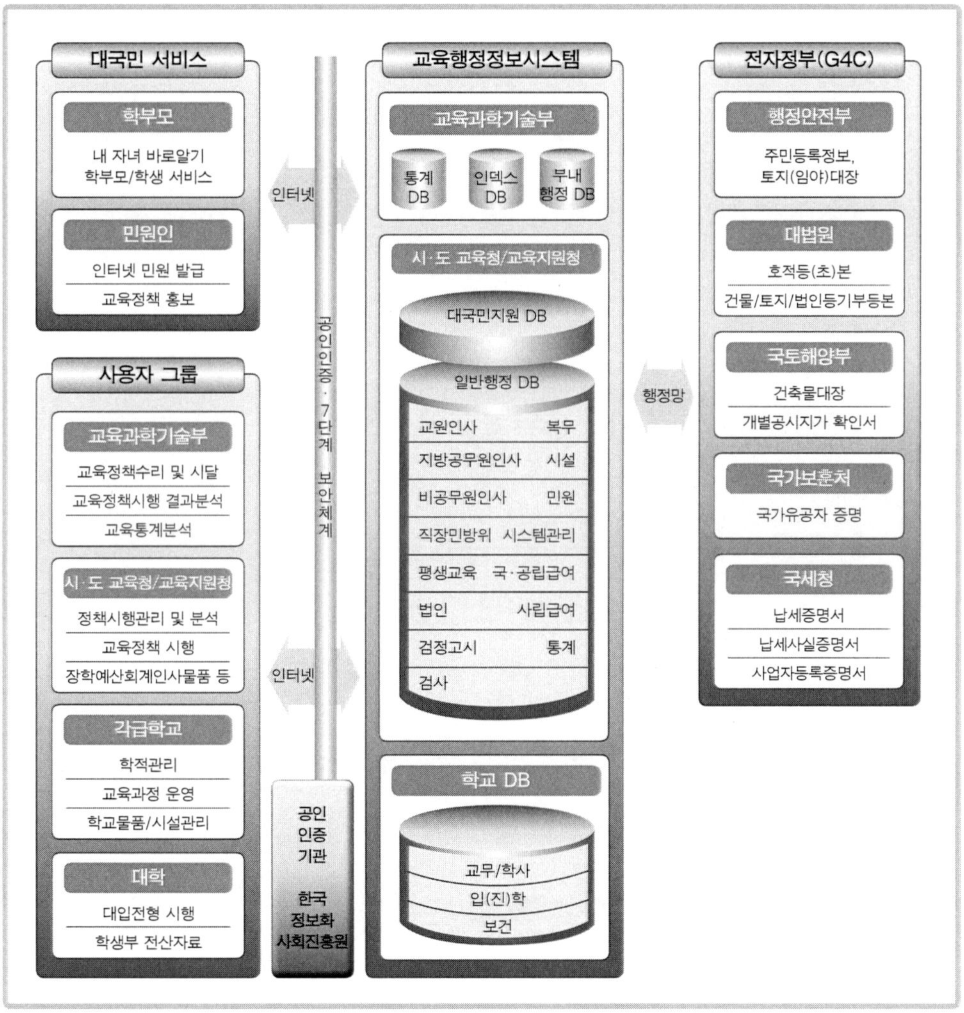

[그림 8-3] 차세대 나이스 개념도

출처: 나이스 대국민서비스 홈페이지(http://www.neis.go.kr/pas_mms_nv88_001.do)

(1) 학부모 서비스

학부모 서비스는 학부모의 교육 참여를 통해 「교육기본법」 제13조에서 보장하는 학부모의 교육할 권리와 책임을 다할 수 있도록 제공하는 서비스다. 이는 학부모가 더 이상 학교에 찾아가 자녀의 정보를 열람하는 수고를 덜 수 있는 방편이 된다. 차세대 나이스의 학부모 서비스를 통해 자녀의 성적, 출결, 학생생활기록부 등 자녀의 학교생활 전반에 대한 내용을 인터넷을 통해 모두 열람할 수 있고 담임교사와의 상담, 가정통신문 등 담임교사와 상호 의사 교환을 할 수 있는 양방향 서비스를 지향한다.

차세대 나이스의 학부모 서비스를 이용하기 위한 절차는 다음과 같다.

① 나이스 대국민서비스 홈페이지(http://www.neis.go.kr)에 접속한다.

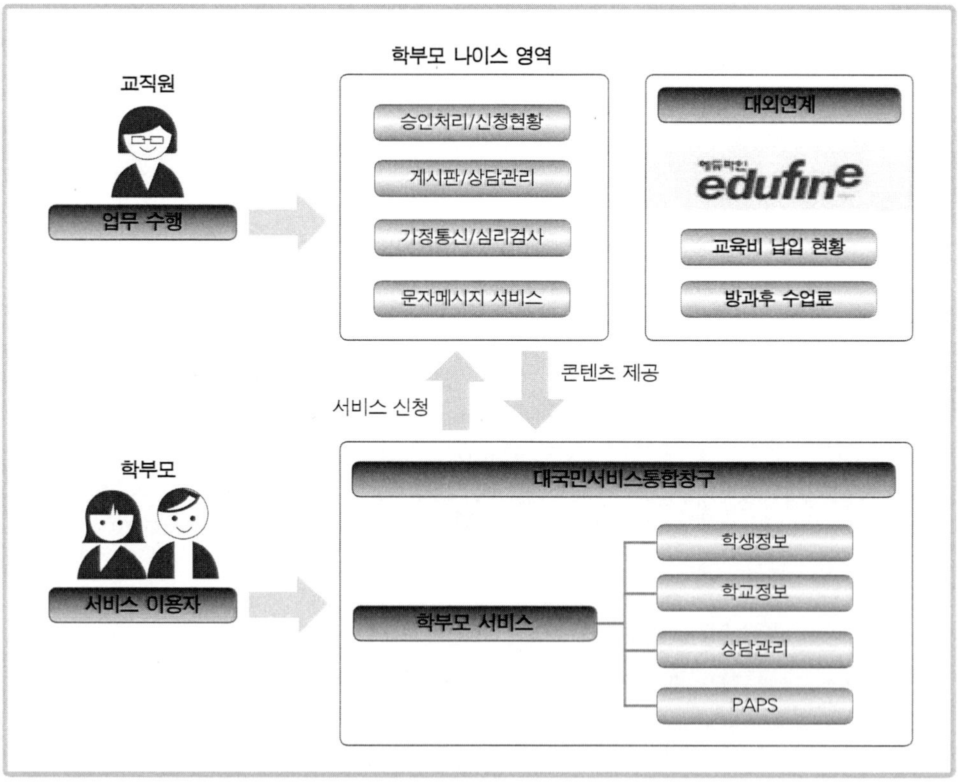

[그림 8-4] 차세대 나이스 학부모 서비스의 시스템 개념도

출처: 나이스 대국민서비스 홈페이지(http://www.neis.go.kr/pas_mms_nv88_001.do)

② 회원 가입을 한다.

③ 학부모 서비스를 신청한다.

④ 로그인을 한다.

⑤ 학부모 서비스에 접속하여 이용한다.

[그림 8-5] 차세대 나이스 학부모 서비스 로그인 화면

출처: 나이스 대국민서비스 홈페이지(http://www.neis.go.kr/pas_mms_nv96_001.do)

(2) 학생 서비스

학생 서비스는 학생 본인이 학교에서 받는 교육과정, 본인의 성적과 출결사항, 학사일정, 학교생활기록부, 급식식단표, 건강기록부 등 학교생활과 관련한 정보를 인터넷을 통해 조회할 수 있는 서비스다. 이를 통해 학생은 자기정보 열람권을 보장받고 자발적인 교육참여를 위한 환경 조성이 가능하다.

차세대 나이스의 학생 서비스를 이용하기 위한 절차는 다음과 같다.

① 나이스 대국민서비스 홈페이지(http://www.neis.go.kr)에 접속한다.

② 회원 가입을 한다.

③ 로그인을 한다.

④ 학생 서비스를 접속하여 이용한다.

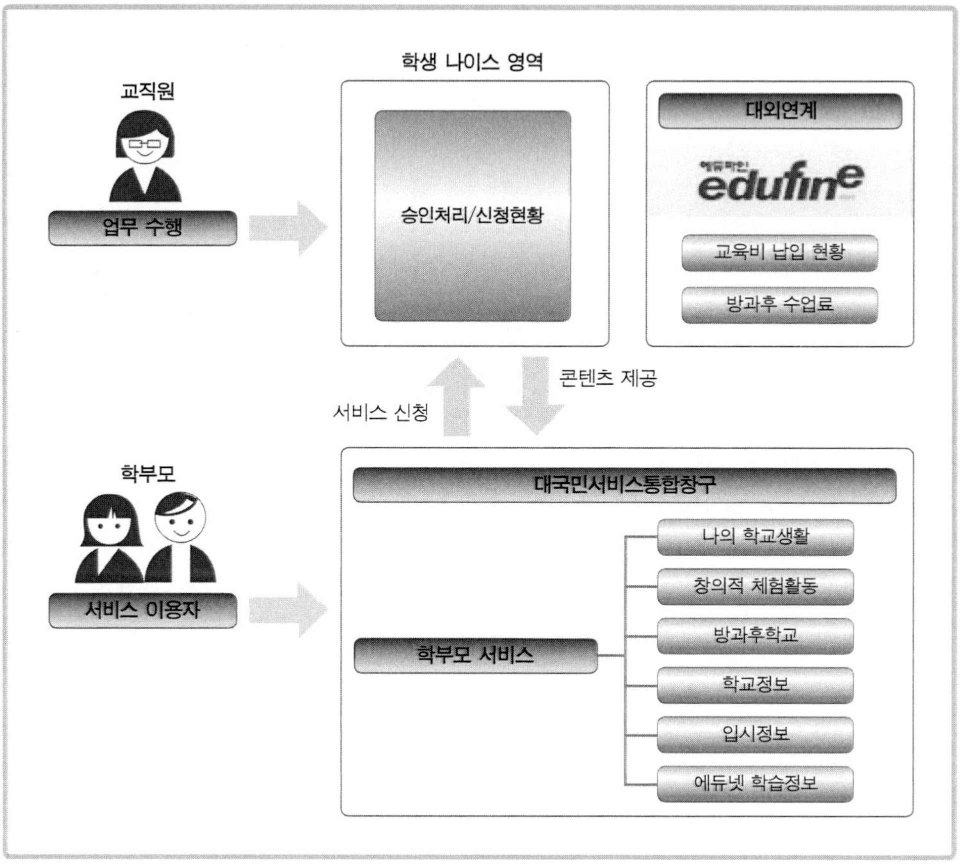

[그림 8-6] 차세대 나이스 학생 서비스의 시스템 개념도

출처: 나이스 대국민서비스 홈페이지(http://www.neis.go.kr/pas_mms_nv96_001.do)

(3) 교사 업무

차세대 나이스를 통해 대국민 서비스를 활용하거나 교육행정정보시스템의 DB에 자료가 탑재되는 일련의 활동은 결국 교사가 정보를 입력하는 행위에서 시작되고 종결된다. 따라서 차세대 나이스를 통한 교사 업무를 살펴보도록 하자. 참고로 본 자료는 나이스 사용자지원시스템(http://help.neis.go.kr)의 자료를 바탕으로 작성하였으며, 사례로 보이는 차세대 나이스는 경상남도교육청을 기반으로 하였다.

[그림 8-7]에서 보는 바와 같이 차세대 나이스에 처음 접속하면 상단에 교육과정, 학적, 성적, 학생부 등 해당 교원이 담당하고 있는 업무들이 등장하고 좌측에는 행정업무 관련 사항의 항목이 노출된다. 그리고 전면부에는 달력에 해당 주간 일

[그림 8-7] 차세대 나이스 첫 화면

정과 학교일지/전달사항, 업무요청내역 등이 등장한다.

이 가운데 먼저 교육과정과 학적, 성적, 학생부와 관련한, 즉 교육활동과 관련한 사항을 먼저 살펴본다.

① 학년도 시작 전 업무

- 학년도를 시작하기 전에 기준년도와 학기관리를 먼저 설정
- 반 개설, 담임등록, 입학 및 진급 처리 등의 신학년도 준비를 위한 업무 처리
- 학교 마스터 담당자는 각 교원에게 권한 부여를 하고 진급자 학적을 반영
- 담임 편성 관리 및 교과를 개설
- 2009 개정 교육과정의 실시에 따라 집중 이수로 인해 과목 이수를 못한 경우를 대비하여 학생의 미이수자 관리 실시

② 학년(학기)초 업무

〈담당자 업무〉

- 학교 교육과정상의 편제 및 시수를 등록. 여기서 해당 학교의 교과, 재량활동, 특별활동, 창의적 체험활동을 등록
- 학사일정관리를 통하여 각급학교의 당해연도 학교행사를 포함한 학사일정 전반을 입력. 모든 입력이 끝나면 해당 학교의 연간 수업일수 확보 계획표 조회 가능

[그림 8-8] 연/월간 학사일정관리 화면

- 학습내용을 등록
- 반 변경을 통해 학생의 학반 및 번호를 최종적으로 수정 · 완료
- 조기 진급자 및 부적응자를 복귀
- 창의적 체험활동 동아리 활동 부서 만들기 및 계발활동 부서 만들기
- 성적을 위한 평가기준을 입력. 영역명과 평가내용을 입력한 후 저장

[그림 8-9] 평가영역 화면

- 학생/학부모 서비스 관리: 학생/학부모 서비스 제공 여부를 선택하고 저장. 업무 담당자의 지정 여부에 따라 학생/학부모 서비스 영역이 달라짐

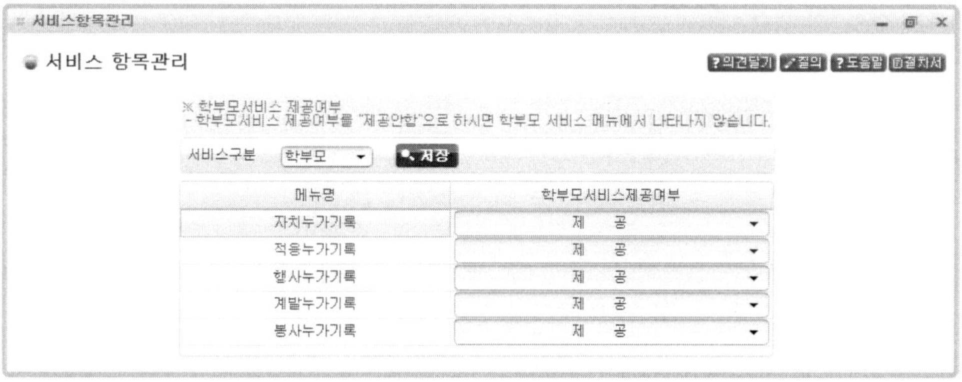

[그림 8-10] 서비스 항목관리 화면

- 업무승인관리: 업무승인을 통해 관리할 문서를 등록. 결재문서 조회, 결재 경로 관리, 대리결재 등을 지정

〈담임 업무〉

- 시간표 관리: 학급 교육과정에 의거, 기초시간표를 등록
- 기본학적관리: 기본신상(학생의 이름, 주민등록번호, 생년월일, 성별), 누가주소, 학생의 학적변동사항, 관련 학교, 학년반 이력, 사진입력 등을 실시
- 창의적 체험활동 동아리 활동 부서 배정

[그림 8-11] 기초시간표 화면

- 계발활동 부서배정

③ 학기중 업무

〈담당자 업무〉

- 학사일정 및 기타 일정을 지속적으로 관리
- 학교일지 작성

[그림 8-12] 학교일지 화면

- 결 · 보강 관리
- 기초시간표의 변동이 발생할 경우 시간표를 지속적으로 관리

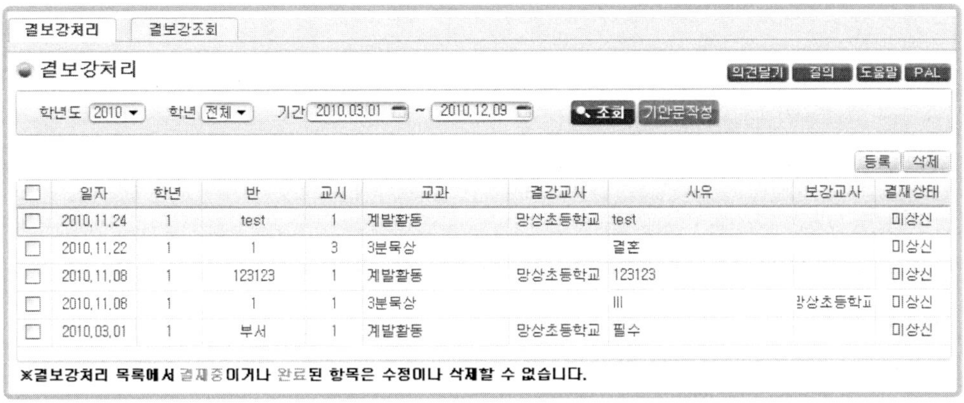

[그림 8-13] 결 · 보강처리 화면

- 기본학적을 지속적으로 관리
- 전출입, 졸업생을 지속적으로 관리
- 관리자용 출결 통계를 통해 월별로 학생 출결상황을 관리
- 수상대장관리를 통해 학생들의 수상 이력을 등록 및 관리

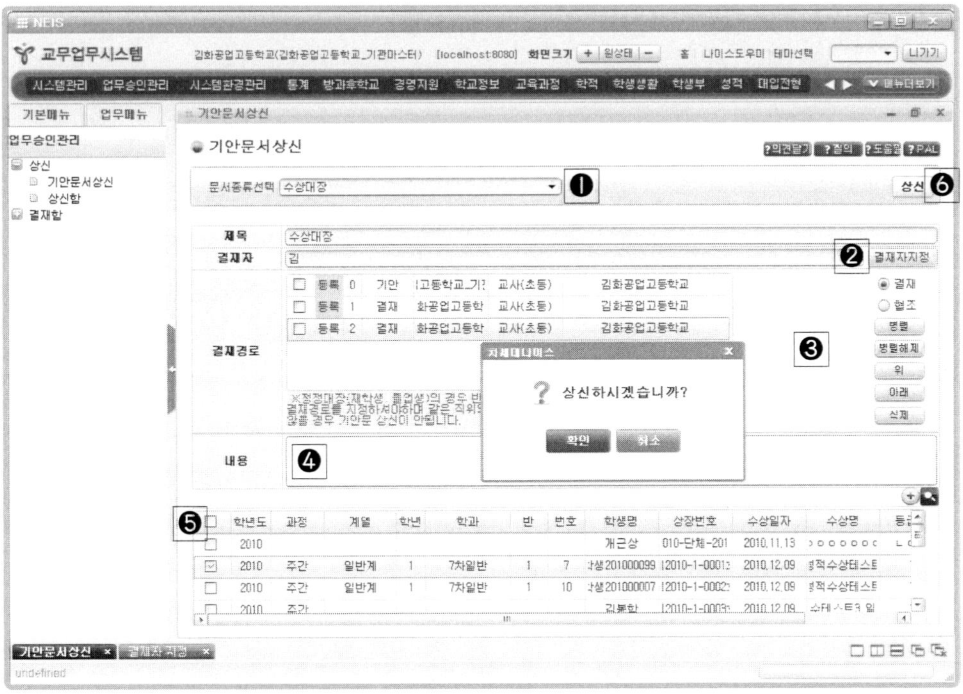

[그림 8-14] 기안문서 상신 화면

- 국가학업성취도 결과 입력 및 관리
- 학교경영지원: 학생의 봉사활동 현황, 대외수상 현황, 학적 현황, 결 · 보강 현황, 창의적 재량활동 현황, 계발활동 실시 현황, 학부모 상담활동 현황, 입 · 진학 현황, 교과별 교육계획서 관리, 교사업무 지원관리, 학령 현황 등을 총체적으로 관리
- 업무승인관리 실시: 기안문의 상신, 결재 등을 관리

〈담임 업무〉

- 반별 시간표를 지속적으로 관리: 반별시간표, 주간학습, 연간지도계획 등을 관리
- 학생들의 출결사항을 입력, 비고 등록, 저장, 마감 처리
- 위탁학생/타교 수강생 관리
- 학급별 수상대장의 내용을 관리
- 창의적 체험활동 누가기록 관리: 창의적 체험활동, 동아리활동, 봉사활동, 진로활동 등
- 특별활동 누가기록 관리: 자치/적응/행사활동 누가기록
- 교외체험 활동상황 누가기록 관리
- 진로지도 상황 및 행동특성/종합의견 작성
- 성적 입력: 교과성적, 수행영역 분석 입력
- 생활기록부 정정대장 작성: 재학생의 이전년도 학교생활기록부 내용을 수정할 경우에 학교생활기록부 정정대장을 작성하고, 결재상신을 통해 수정
- 학부모 서비스 등록: 승인조회/반려/취소, 신청현황 명단 작성, 신청현황 통계, 신청현황 추이, 이용현황 통계, 가정통신발송관리, 가정통신회신관리, 개인전달사항관리, 게시물관리, 상담공지사항, 상담일정관리, 상담예약관리, 상담결과관리, 상담현황 통계, 심리검사관리 등을 이용
- 학급경영지원 등록 및 관리: 학생봉사활동 현황, 수상현황, 학생자격증 현황, 출결상황, 학적변동 현황 등을 조회

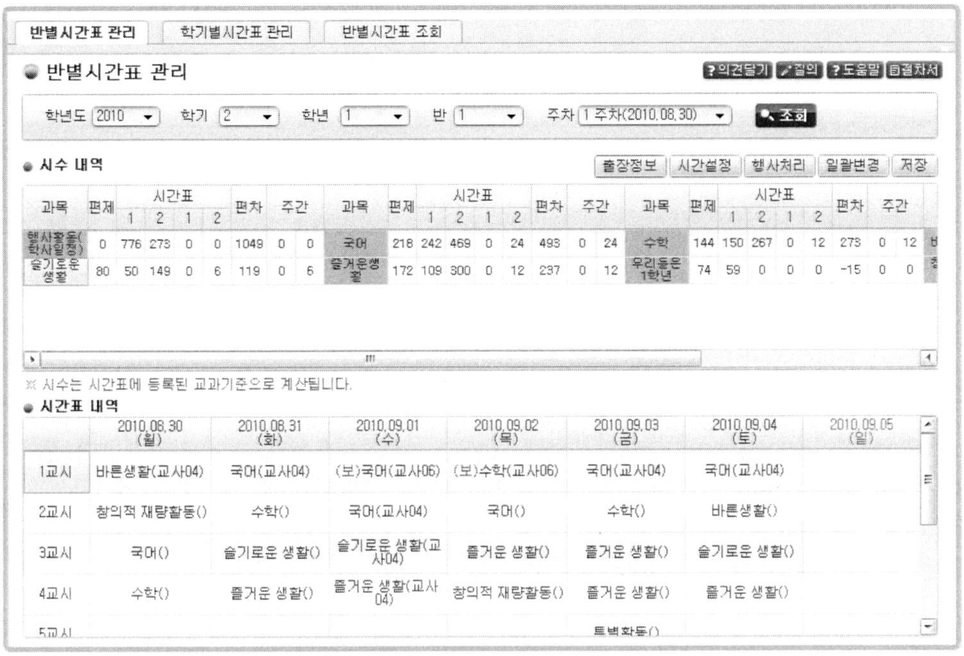

[그림 8-15] 반별시간표 관리 화면

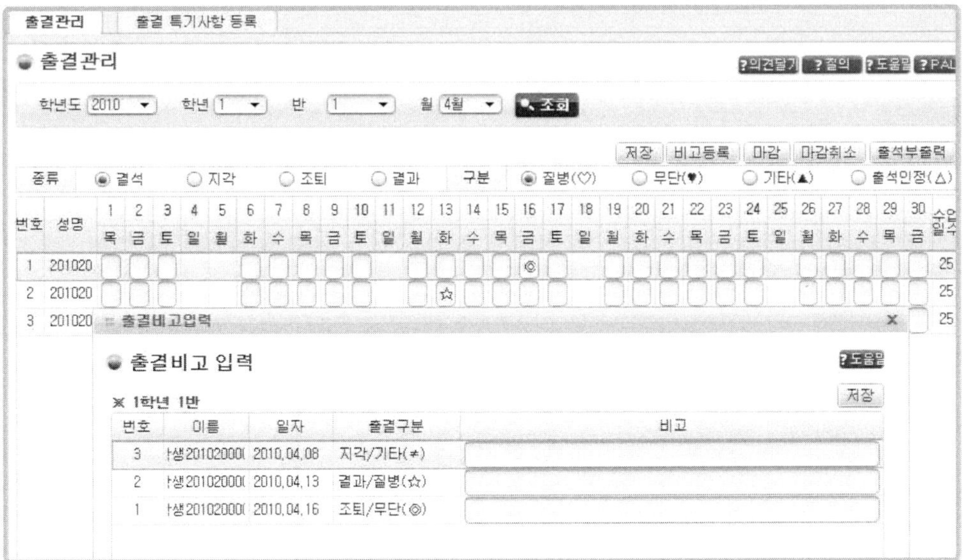

[그림 8-16] 출결관리 화면

[그림 8-17] 자율활동 누가기록(반별) 화면

[그림 8-18] 자치/적응/행사/계발활동 누가기록(개인별) 화면

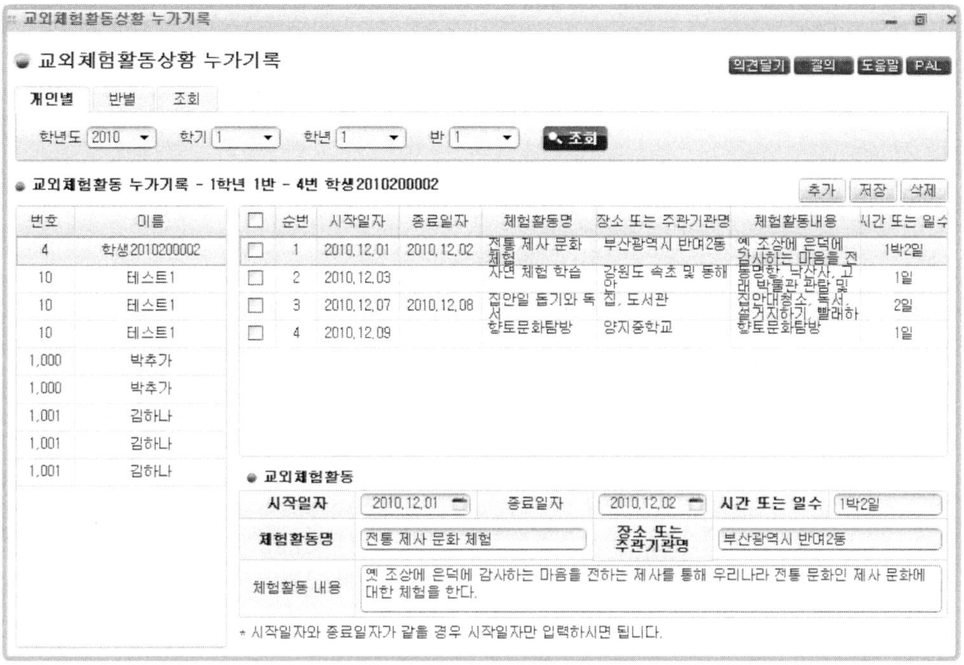

[그림 8-19] 교외체험 활동 상황 누가기록(개인별) 화면

[그림 8-20] 행동특성 및 종합의견(개인별) 화면

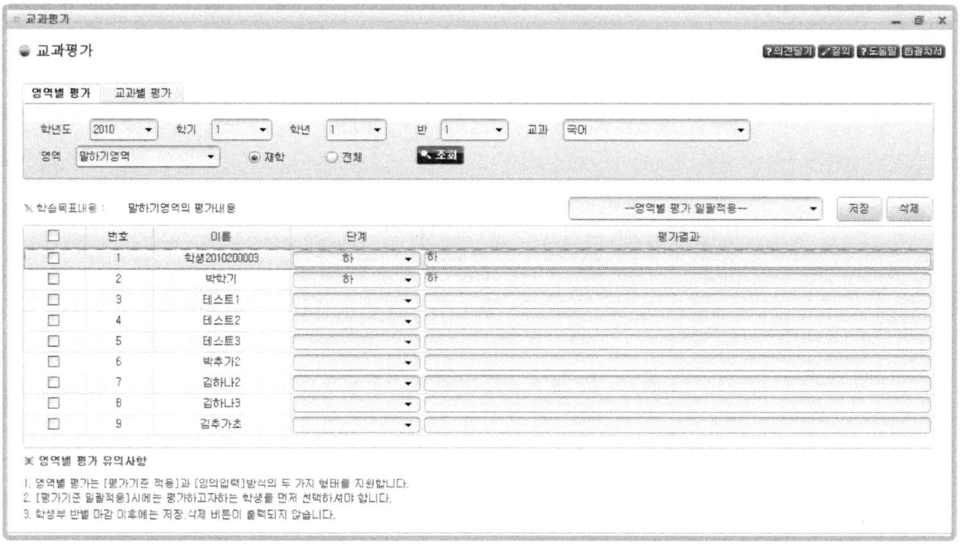

[그림 8-21] 교과평가(영역별 평가) 화면

[그림 8-22] 정정대장 작성 화면

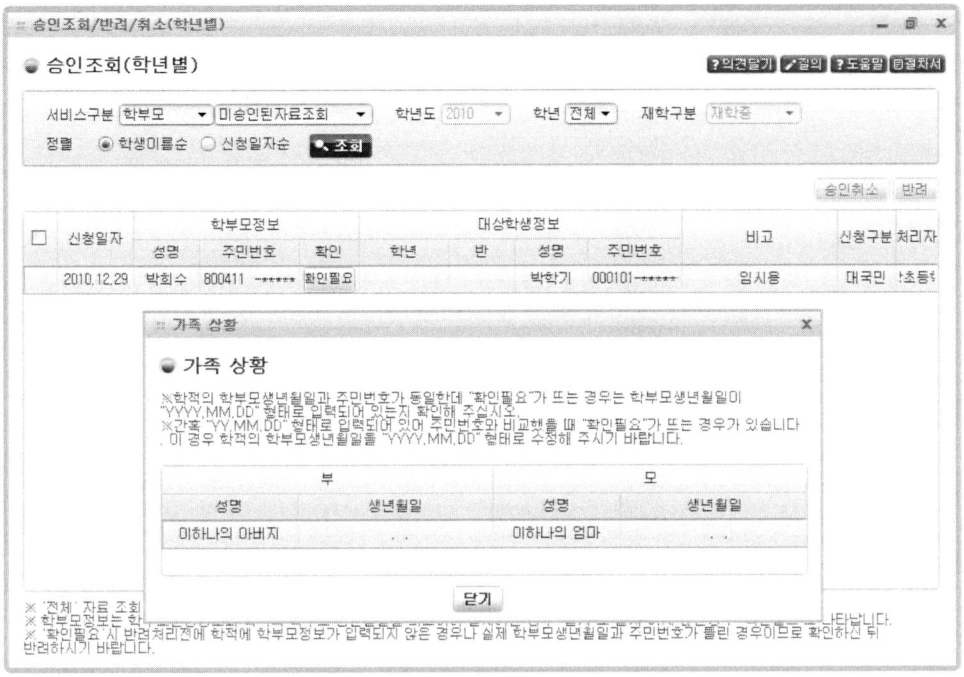

[그림 8-23] 승인조회(학년별) 화면

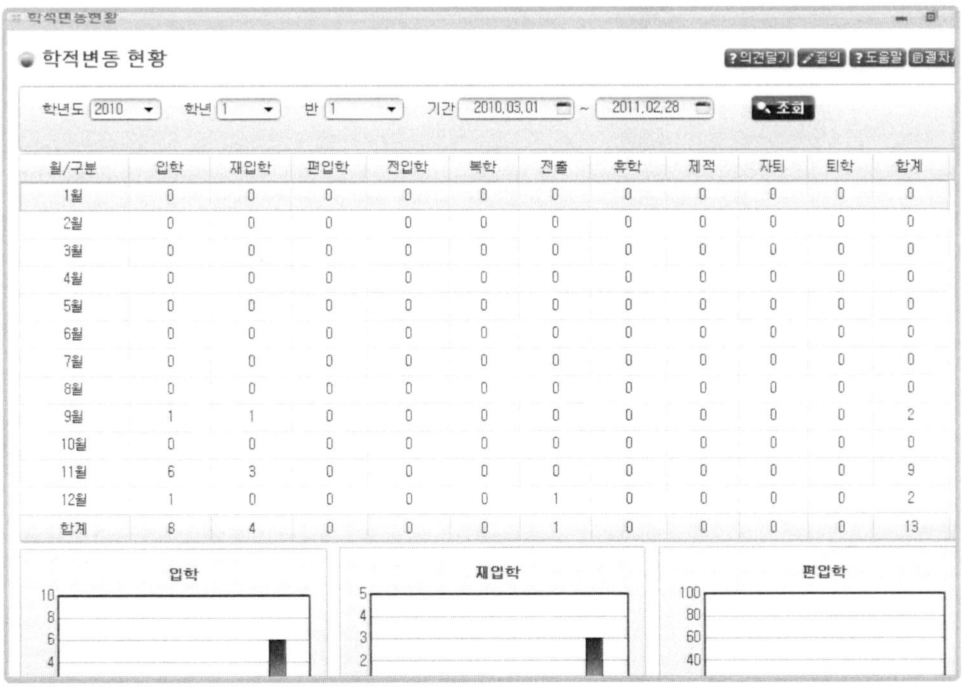

[그림 8-24] 학적변동 현황 화면

④ 학년(학기)말 업무

〈담당자 업무〉

- 학교생활기록부 자료반영 및 검증 실시

표 8-2 학교생활기록부 내용

<table>
<tr><th colspan="2">구 분</th><th>학교생활기록부 I</th><th>학교생활기록부 II
(학교생활세부사항기록부)</th></tr>
<tr><td colspan="2">특징</td><td>각 항목 특기사항 삭제</td><td>각 항목 특기사항 포함</td></tr>
<tr><td colspan="2">용도</td><td>민원 및 국가기록으로 활용</td><td>상급학교 진학지도, 선발 등에 활용
(학부모 서비스 제공)</td></tr>
<tr><td rowspan="2">보관
(학교)</td><td>졸업 후
5년간</td><td>전산자료, 종이 출력물의 두 가지로 보관</td><td>전산자료, 종이출력물의 두 가지로 보관</td></tr>
<tr><td>5년 이후</td><td>전산자료만 삭제
* 교육청 자료관으로 이관 예정</td><td>전산자료 삭제 · 종이 출력물 폐기</td></tr>
<tr><td rowspan="2">보관
(학교)</td><td>이후 활용</td><td>종이 출력물 사본이나 부본 전산매체를 활용하여 민원용 서류 발급(공문시행 예정)</td><td>대학입학전형자료로 활용하기 위해 전산매체만 5년 추가 보존(고등학교만 해당)</td></tr>
<tr><td>학적
변동자</td><td colspan="2">학업을 중단한 자가 재취학, 편입학, 재입학 등으로 학적을 회복하기 전까지는 해당 학생의 학교생활기록부 I, 학교생활기록부 II를 제18조에 따라 보관(전산자료와 종이출력물 보관)</td></tr>
<tr><td>교육청</td><td>5년 이후</td><td>졸업 후 5년이 지나면 교육청 자료관으로 이관하여 '기록물 전문관리기관'으로 이관하기 전까지 보존, 관리(원본 이관 시에는 학교생활기록부 사본이나 부본 전산매체를 학교에 보관하여 업무에 활용할 수 있음)</td><td>해당 없음</td></tr>
</table>

- 생활통지표 등록 및 출력: 표지양식을 선정하고 내용을 기록, 가정통신문 등록, 종합일람표 조회 및 출력

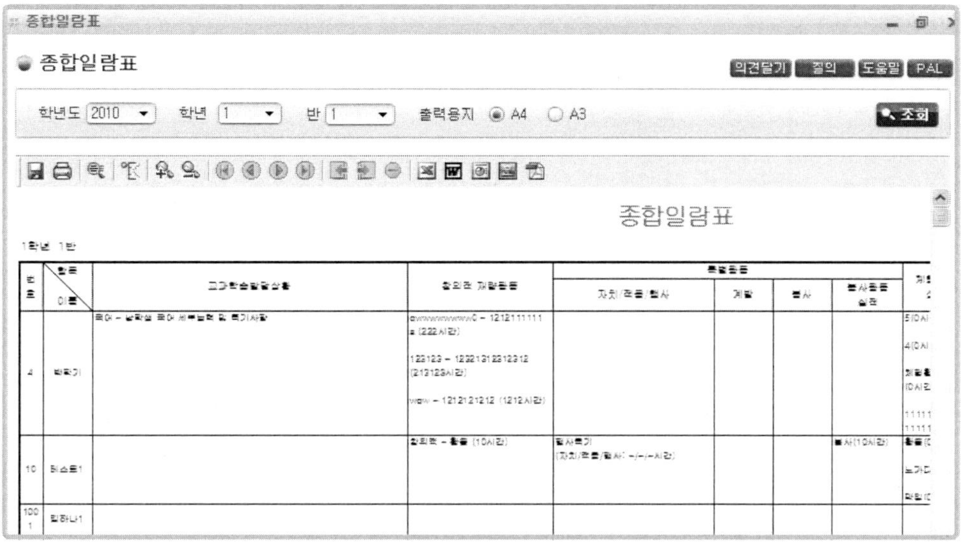

[그림 8-25] 종합일람표 화면

- 졸업처리, 졸업대장 관리: 졸업 대상자 등록, 생성, 조회활동

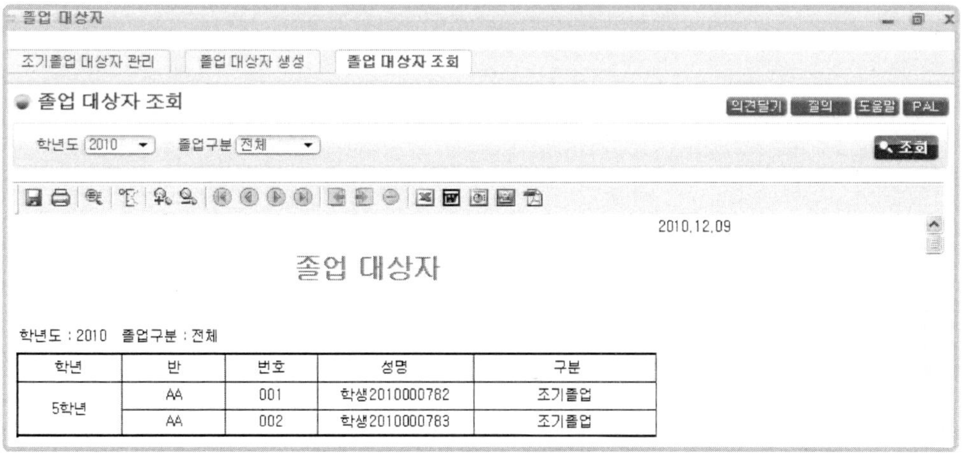

[그림 8-26] 졸업 대상자 화면

- 진급처리: 유급자 관리, 진급대상자 선정, 조회 및 처리, 반편성 및 반번호 부여 활동

〈담임 업무〉

- 창의적 재량활동 학생부 자료기록/조회: 자율/진로활동의 학생부 자료 내용의 입력, 수정, 출력 등을 관리

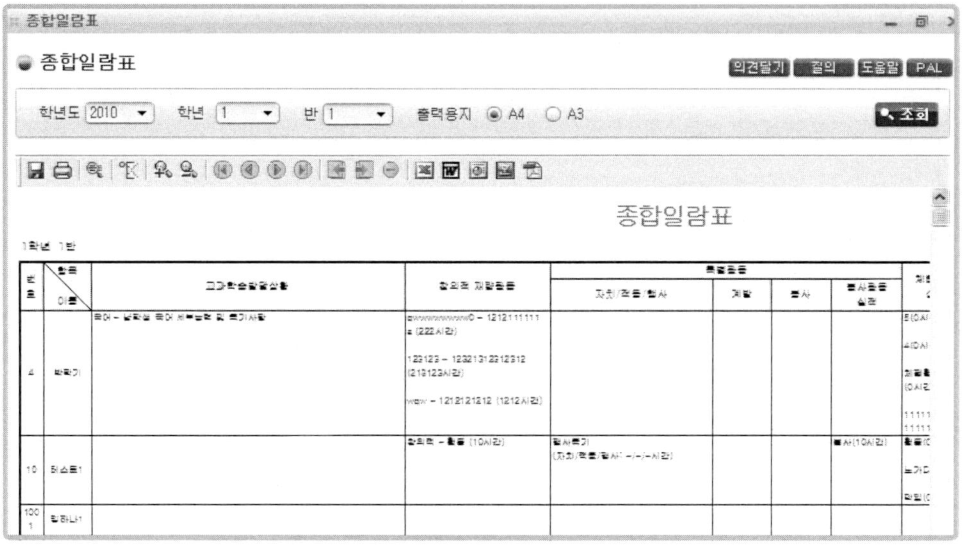

[그림 8-27] 학생부 자료기록 화면

- 자치/적응/계발/행사/봉사활동 학생부 자료 등록 및 조회

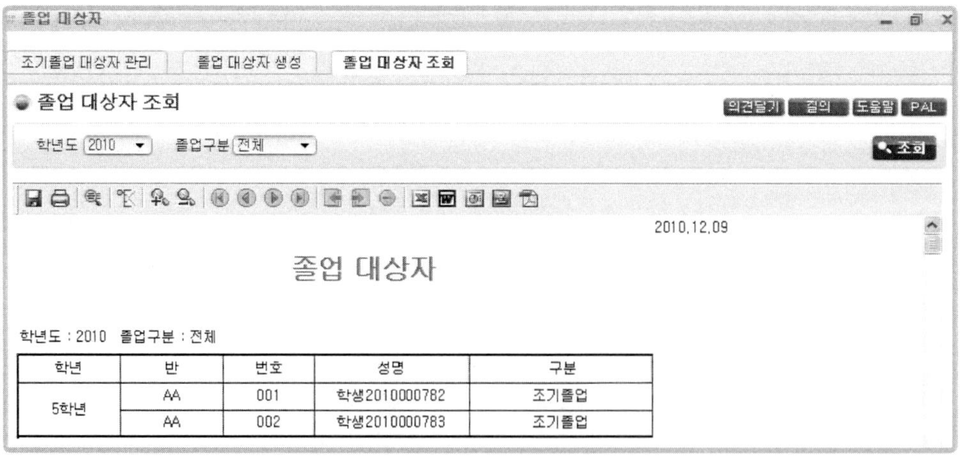

[그림 8-28] 학생부 자료기록 화면

- 창의적 재량활동 등록 및 조회

[그림 8-29] 창의적 재량활동 기록 화면

- 진로지도 상황 등록 및 조회: 진로지도는 5, 6학년만을 대상으로 함

[그림 8-30] 진로지도 상황기록 화면

- 행동특성 및 종합의견 누가기록 및 입력

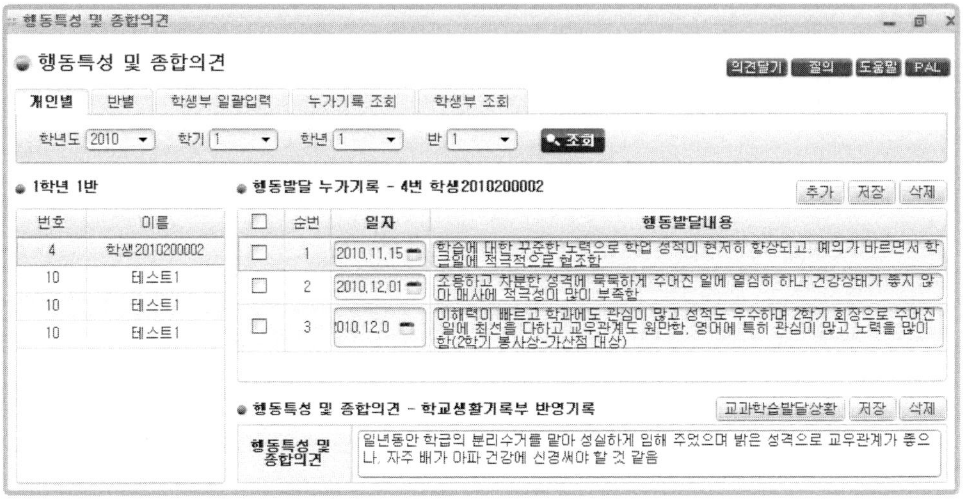

[그림 8-31] 행동특성 및 종합의견 화면

- 성적입력: 교과평가 결과를 바탕으로 교과별 학기물 종합의견 등록 및 관리, 학기말 종합의견을 바탕으로 학교생활기록부에 입력될 교과별 '세부능력 및 특기사항'을 관리

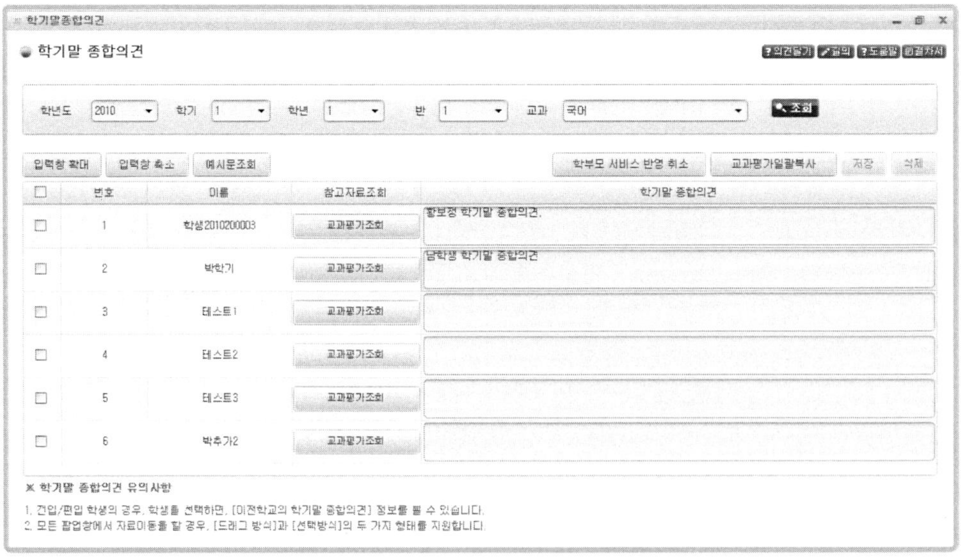

[그림 8-32] 학기말 종합의견 화면

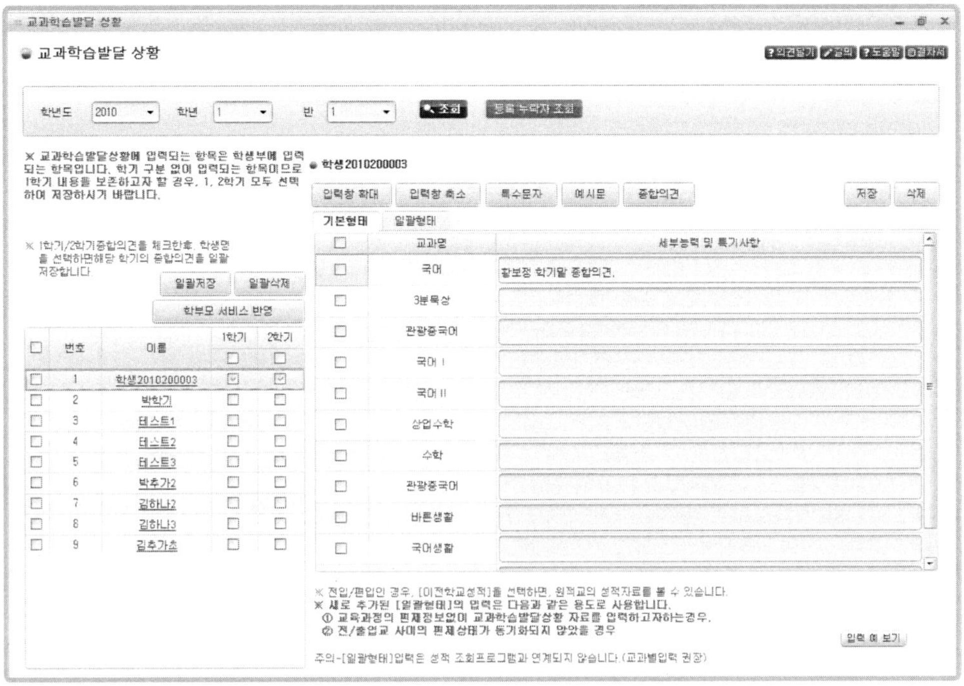

[그림 8-33] 교과학습발달 상황 화면

- 학생들에 대하여 입력한 내용(기본학적, 특별활동 특기사항, 봉사활동 누가기록, 출결사항 등)을 학교생활기록부에 반영 및 반마감 실시

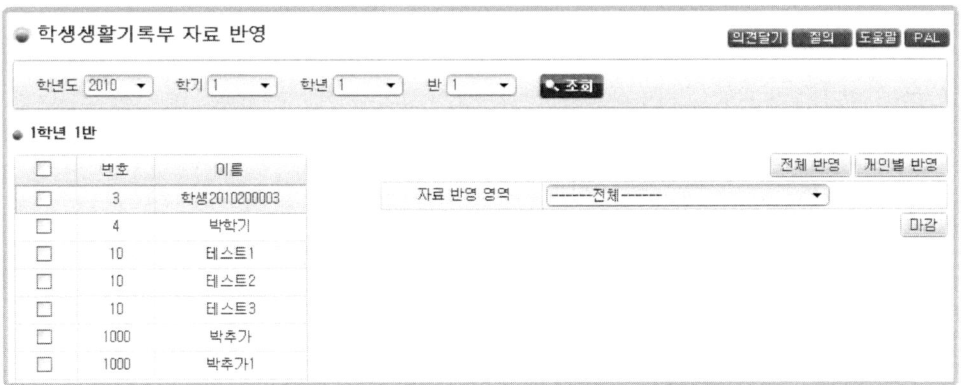

[그림 8-34] 학교생활기록부 자료 반영 화면

- 생활통지표 작성: 가정통신문 등록, 반마감, 통지표 학생별 조회, 통지표 출력, 종합일람표 조회 및 출력

[그림 8-35] 통지표 학생별 조회 화면

2. 에듀파인

1) 학교회계에 대한 이해

학교회계제도란 각급학교에서 단위학교 중심의 자율적이면서 효율적인 재정 운영을 통해 학교의 교육활동을 효과적으로 지원하고, 이를 통해 궁극적으로 학교교육의 질적 수준을 함양하기 위해 하나로 통합된 세입재원을 학교장 책임하에 교직원 등의 예산요구를 받아 단위학교의 우선순위에 따라 자율적으로 세출예산안을 편성하고 학교운영위원회의 심의를 거쳐 집행하는 제도다(교육인적자원부, 2003: 17).

「초 · 중등교육법」 제30조의2와 제30조의3에 따르면, 학교회계는 국 · 공립의 초

등학교 · 중학교 · 고등학교 및 특수학교에 설치되며, 국가의 일반회계 또는 지방자치단체의 교육비특별회계로부터의 전입금, 학교운영지원비, 학교발전기금으로부터의 전입금, 수업료 기타 납부금 및 학교운영지원비 외에 학교운영위원회 심의를 거쳐 학부모가 부담하는 경비, 국가 또는 지방자치단체의 보조금 및 지원금, 사용료 및 수수료, 이월금, 물품매각대금, 기타 수입을 세입으로 하고, 학교운영 및 학교시설의 설치 등을 위하여 필요한 일체의 경비를 세출로 한다. 또한 학교교육을 실행하다 보면 예측이 어려웠던 부분이 발생할 수 있다. 이를 위해 학교회계에서는 예비비를 세출예산에 넣어 둘 수 있다.

일반회계가 매년 1월 1일에 시작하는 것과 달리 학교회계의 회계연도는 매년 3월 1일에 시작하여 다음해 2월 말일에 종료한다. 이는 학교 교육과정이 당해 3월부터 이듬해 2월까지 이뤄지기 때문에 학교교육활동과 회계가 보조를 맞추기 위함이다. 회계연도마다 학교장은 세입세출예산안을 편성한 후, 회계연도 개시 30일 전까지 「초 · 중등교육법」 제31조의 규정에 따라 학교운영위원회에 제출하여야 한다. 학교운영위원회는 학교회계 세입세출예산안을 회계연도 개시 5일 전까지 심의하여야 한다. 학교장은 예산안이 새로운 회계연도가 개시될 때까지 확정되지 아니한 때에는 교직원 등의 인건비, 학교교육에 직접 허용되는 교육비, 학교시설의 유지관리비, 법령상 지급의무가 있는 경비, 이미 예산으로 확정된 경비를 전년도 예산에 준하여 집행할 수 있다. 이 경우 전년도 예산에 준하여 집행된 예산은 당해연도의 예산이 확정되면 그 확정된 예산에 의하여 집행된 것으로 본다.

학교장은 회계연도마다 결산서를 작성하여 회계연도 종료 후 2월 이내에 학교운영위원회에 제출하여야 한다. 학교회계의 설치와 운영에 관하여 필요한 사항은 국립학교의 경우에는 「교육과학기술부령」으로, 공립학교의 경우에는 「시 · 도 교육규칙」으로 정한다.

2) 에듀파인 시스템 사례

이 절에서는 실제 학교에서 에듀파인을 적용한 사례를 몇 가지 살펴보도록 하겠다.

먼저, 지출품의 사례를 살펴본다. 지출이란 각 학교에서 교육활동을 진행하기 위해 수립된 예산을 실제 현장에 집행하는 활동을 의미한다. 이때 세출예산의 사업 담당자가 집행을 결정하고 이에 따라 계약, 납품, 검사, 검수 등이 이루어진다. 그 후 최종적으로 학교행정실에서 자금이 지급된다.

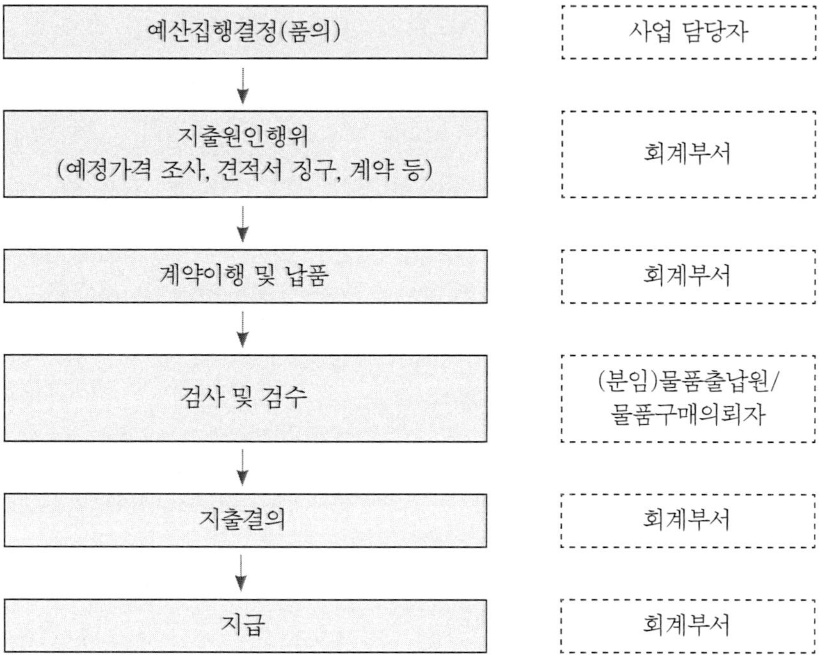

[그림 8-36] 지출 처리 절차

출처: 강혜정 외(2010). p. 3.

지출품의 유형은 크게 물품, 일반, 용역, 보수로 나뉜다. 물품은 다시 구매, 수선, 임차로 나뉘는데 구매의 사례는 학습준비물, 도서, 환경정리 물품, 청소용품, 학습자료 등 각종 비품 및 소모품 구입을 위한 품의이고, 수선은 컴퓨터 수리, 프로젝션 TV 수리, 방송장비 수리, 복사기 수리 등 각종 교구 및 학습기자재를 수리하기 위한 품의이며 임차는 복사기 리스, 음향기기 대여 등 교구 및 학습기자재, 사무기기 임차를 위함 품의를 말한다.

일반은 다시 일반, 학생지원, 학생으로 나뉜다. 일반은 현장체험학습비, 수학여행의 관람료, 대회참가 시 인솔교사에게 지급하는 학생의 교통비, 식비, 간식비, 업무협의회 경비, 보험료, 교직원 연수여비 등의 일반품의이고, 학생지원은 저소득층 자녀 학비 지원, 특수교육대상자 학비 지원, 유아교육비 지원 등 학생 지원금 품의

이며 학생은 장학금, 학생대회 출전비 등 학생에게 직접 지급하기 위한 품의를 말한다.

용역은 일반용역으로써 현장학습 차량 임차, 교육계획서 인쇄 등 차량임차 및 인쇄용역, 숙박계약, 건강검진비 등을 위한 품의다.

보수는 보수(일용)으로써 방과후학교 강사료 등 외부강사에게 지급하는 강사료나 원고료 또는 급식대체인력, 임시대체강사 등 일용직을 채용한 경우의 인건비를 의미한다.

- 지출품의 화면 로그인 → 학교회계 클릭

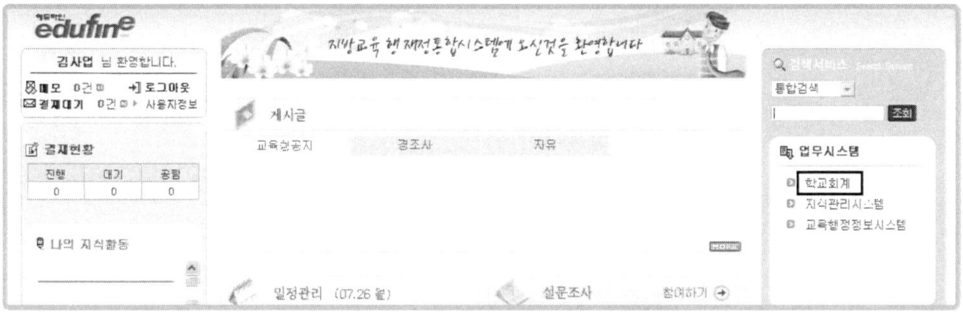

[그림 8-37] 지출품의 로그인 화면

- 초기 화면에서 '지출품의' 클릭

[그림 8-38] 초기 화면

표 8-3 시나리오 1

(단위: 원)

세부사업	세부항목	원가통계비목	산출내역	품의건명	품의요구액
과학경진대회	과학경진대회	교육용 소모품	용품	과학경진대회 용품 구입	319,000

- 세부사업 클릭 → 하단에 세입 · 세출예산 조회됨
- 산출내역 선택
- 품의작성 클릭 → 품의작성 화면으로 이동됨

[그림 8-39] 세부사업 및 세출예산

- 제목 및 개요 입력
- 산출내역 선택
- 품의유형에서 [물품] 탭 선택. 세 분류 [구매] 클릭
- [행 추가] 버튼 클릭 → 품의내역 입력
- 요구일자와 완료요구일 확인
- 저장하고 결재 요청

[그림 8-40] 사업관리카드

표 8-4 시나리오 2

(단위: 원)

세부사업	세부항목	원가통계비목	산출내역	품의건명	품의요구액
현장체험 학습	현장체험 학습	교육활동 차량임차료	버스임차	현장체험학습 경비 지출	450,000
		기타 교육활동 제경비	입장료		300,000

- 세부사업 클릭 → 하단에 세입 · 세출예산 조회됨
- 산출내역 선택
- [품의작성] 버튼 클릭 → 품의작성 화면으로 이동됨
- 제목 및 개요 입력
- 산출내역 [버스임차] 선택
- 품의유형 [용역] 탭 선택
- [행추가] 버튼 클릭 → 품의내역을 입력한 후 저장

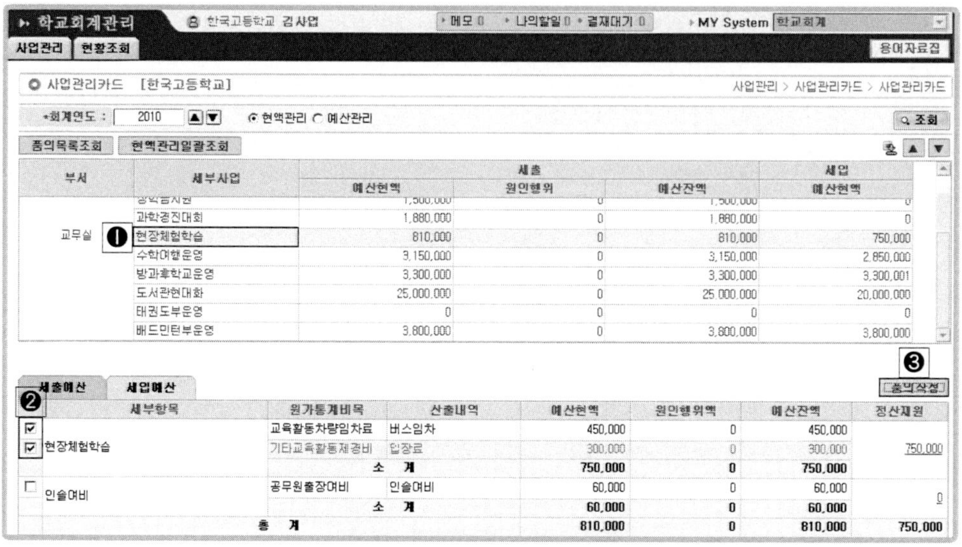

[그림 8-41] 사업관리카드

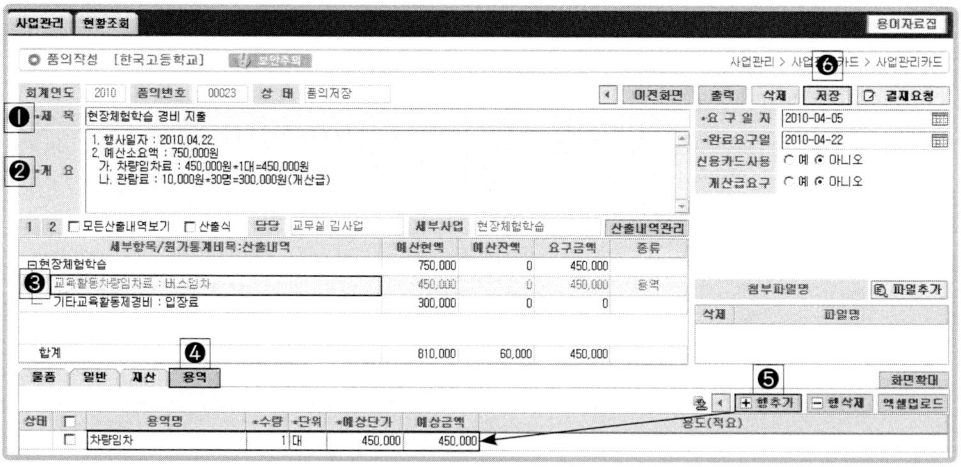

[그림 8-42] 사업관리카드 기안문 쓰기

3. 공문서 작성

1) 공문서 의의

학교에서 교육활동은 교사와 학생이 정해진 교실에서 교육내용을 통해 실시한다. 그리고 이러한 교육활동을 지원하기 위한 행정사무가 있다. 행정사무는 행정실에서만 하는 것이 아니고 업무를 배정받은 교사도 한다. 다른 나라와 달리 우리나라는 교사가 가르치는 일만 하는 것이 아니라 행정업무까지 함께하게 됨으로써 많은 업무부담과 교육활동에 매진하기 힘든 부작용을 양산하고 있다.

아무튼 학교교육활동 지원을 위한 행정사무의 경우 시작과 종결이 모두 문서로 이루어진다. 구두결재라는 것이 존재하기는 하나, 이는 공식적으로 인정받을 수 없기에 교사는 반드시 공문서를 작성하여 모든 절차를 증거로 남겨둘 필요가 있다. 학교행정에서의 문서는 공문서를 말한다. 이는 개인이 사적인 목적으로 작성하는 사문서와 비교되는 개념이다. 일반적으로 공문서는 행정기관 또는 공무원이 직무상 관계되는 일로 인해 작성하고 처리한 모든 문서를 의미한다.

각급학교나 교육행정기관에서 공문서는 의사전달, 의사보존, 자료제공 등의 이유로 사용한다. 의사전달은 공문서가 학교나 교육행정기관의 의사를 내부나 외부로 전달하는 기능을 의미한다. 특히 내용이 복잡하여 문서 없이 구두로 해당 업무의 처리가 곤란한 경우나 업무처리의 형식상 또는 체제상 문서의 형식이 필요할 때 유용하다. 의사보존은 업무처리 결과의 증빙자료로서 문서가 필요한 때나 사무처리의 결과를 일정기간 동안 보존할 필요가 있을 때 유용하게 활용되는 것을 말한다. 이 밖에도 문서처리가 완료되어 보존된 문서는 필요할 때 언제든지 다시 활용되어 행정활동을 촉진하는 자료제공의 기능을 수행하기도 한다.

학교행정에서 공문서는 주어진 교육목표를 달성하기 위하여 학교조직 내의 교원과 학생, 대외적으로 교육행정기관, 일반 행정기관, 지역사회의 유관기관 및 각종 단체와 밀접한 관련을 맺고 상호작용을 하기 위한 주요 수단으로 활용된다. 따라서 공문서는 형식상 일정한 표준 틀을 갖추어야 하며, 내용상으로는 행정에 대한 신뢰성과 책임성을 높일 수 있도록 쉽고 명확해야 한다.

모든 공문서는 공문서의 작성과 관리에 관한 제반 사항을 규정한 「사무관리규정」(대통령령) 및 「사무관리규정 시행규칙」(행정안전부령)에 따라 작성되고 처리 · 관리된다. 「사무관리규정」 제3조에서는 행정기관 내부 또는 상호 간이나 대외적으로 공무상 작성 또는 시행되는 문서 및 행정기관이 접수한 모든 문서를 공문서로 규정하고 있다. 이때 문서는 종이로 된 일반 서류 외에도 도면, 사진, 디스크, 테이프, 필름, 슬라이드, 전자문서 등 특수매체 기록을 모두 포함한다.

각급학교 및 교육행정기관의 행정활동 과정에서 생산되는 공문서가 유효한 것으로 인정받으려면, 첫째 위법 · 부당하거나 시행 불가능한 사항이 없고, 둘째 당해 기관의 권한 내의 사항 중에서 작성되어야 하며, 셋째 법령이 규정한 절차에 따라 형식이 정리되고, 넷째 당해 기관의 의사가 명확하게 표시되어야 한다는 일반적 요건을 갖추어야 한다.

공문서는 즉일처리, 책임처리, 적법처리, 전자처리의 네 가지 원칙에 따라 처리되어야 한다. 즉일처리의 원칙은 문서의 내용 또는 성질에 따라 그 처리기간이나 방법이 다를 수 있으나, 효율적인 업무수행을 위하여 그날로 처리되는 것이 바람직하다는 것을 의미한다. 책임처리의 원칙은 정해진 사무분장에 따라 각자가 직무의 범위 내에서 책임을 가지고 관계 규정에 따라 문서를 신속 · 정확하게 처리하여야 한다는 것이다. 적법처리의 원칙에 따르면, 문서는 법령의 규정에 따라 일정한 형식 및 요건을 갖추어야 함은 물론 권한 있는 자에 의하여 작성 · 처리되어야 한다. 마지막으로 전자처리의 원칙은 문서의 기안 · 검토 · 협조 · 결재 · 등록 · 시행 · 분류 · 편철 · 보관 · 보존 · 이관 · 접수 · 배부 · 공람 · 검색 · 활용 등 문서의 모든 처리 절차가 전자문서시스템에서 전자적으로 처리되도록 해야 한다는 것이다.

2) 기안문 서식

ㅇㅇㅇㅇ학교

수신자 × ㅇㅇㅇㅇㅇㅇ교육지원청 교육장 (교육과장)

(경유)

제 목 × 문서작성 요령

1.*첫째 항목 ㅇㅇㅇㅇㅇㅇㅇㅇㅇㅇㅇㅇ

×1.*둘째 항목 ㅇㅇㅇㅇㅇㅇㅇㅇㅇㅇㅇㅇ

××1)*셋째 항목 ㅇㅇㅇㅇㅇㅇㅇㅇㅇㅇㅇㅇ

×××가)*넷째 항목 ㅇㅇㅇㅇㅇㅇㅇㅇㅇㅇㅇㅇ

××××(1)*다섯째 항목 ㅇㅇㅇㅇㅇㅇㅇㅇㅇㅇㅇㅇ

×××××(가)*여섯째 항목 ㅇㅇㅇㅇㅇㅇㅇㅇㅇㅇㅇㅇ

붙임

ㅇㅇ초등학교장 [인]

수신자

10/20

기안자(직위/직급) 서명 검토자(직위/직급) 서명 결재권자(직위/직급) 서명

협조자(직위/직급) 서명

시행 ㅇㅇㅇㅇ학교-일련번호 (20 . 00. 00) 접수 처리과명-일련번호(접수일자)

우 - 부산 / http://www. .es.kr/

전화 (055) - 전송 (055) - / 공무원의 공식 전자우편주소 / 공개 구분

3) 기안문 작성요령

① 행정기관명: 그 문서를 기안한 부서가 속한 행정기관명을 기재한다.

② 수신자: 수신자명 또는 수신자 기호를 먼저 쓰고, 이어서 괄호 안에는 처리할 자(보조기관 또는 보좌기관을 말한다.)의 직위를 쓰되, 처리할 자의 직위가 분명

하지 아니한 경우에는 ○○업무담당과장 등으로 쓰며, 수신자가 많아 본문의 내용을 기재할 난이 줄어들어 본문의 내용을 첫 장에서 파악하기 곤란한 경우는 두문의 수신자란에 '수신자 참조'라고 쓰고, 결문의 발신명의 밑의 왼쪽 기본 선에 맞추어 수신자란을 설치하여 수신자명 또는 수신자 기호를 표시한다.

③ 경유: 경유문서인 경우에 경유란에 "이 문서는 경유기관의 장은 ○○○(또는 제1차 경유기관의 장은 ○○○, 제2차 경유기관의 장은 ○○○)이고, 최종 수신기관의 장은 ○○○ 입니다."라고 표시하고, 경유기관의 장은 제목란에 '경유문서의 이송'이라고 표시하여 순차적으로 이송하여야 한다.

④ 제목: 그 문서의 내용을 쉽게 알 수 있도록 간단하고, 명확하게 기재한다.

⑤ 내용: × 표시는 한글 1자(2타) *표시는 숫자 1자(1타)를 띄우고, 본문이 끝났을 경우는 1자(2타)를 띄우고 '끝' 자를 쓴다. (예시, ---------바랍니다. ×끝.)

⑥ 붙임이 있을 경우: (예시, 붙임 1. 서식 승인 목록 1부
2. 승인서식 2부×끝)

※ 본문 또는 붙임의 표시 문이 오른쪽 한계선에서 끝났을 경우 다음 줄의 왼쪽 기본 선에서 1자를 띄우고 '끝' 자를 표시한다. (예시, 붙임-------------1부 ×끝)

※ 문서에 금액을 표시할 때[예시, 금250,750원(금이십오만칠백오십원정)]

⑦ 발신명의: 합의제 행정기관 또는 행정기관의 장의 명의를 기재하고, 보조(좌)기관 상호간에 발신하는 문서는 그 보조(좌)기관 명의를 기재한다.

⑧ 기안자 · 검토자 · 협조자 · 결재권자의 직위/직급: 직위가 있는 경우에는 직위를 온전하게 쓰고, 직위가 없는 경우에는 직급을 온전하게 쓴다. 다만, 기관장과 부기관장의 직위는 간략하게 쓴다.

⑨ 시행 처리과명-일련번호 (시행일자) 접수 처리과명-일련번호 (접수일자): 처리과명(처리과가 없는 행정기관은 10자 이내의 행정기관명의 약칭)을 기재하고, 일련번호는 연도별 일련번호를 기재하며, 시행일자와 접수일자란에는 연월일을 각각 온점(.)을 찍어 숫자로 기재한다. 다만, 민원문서인 경우로서 필요한 경우에는 시행일자와 접수일자란에 시 · 분까지 기재한다.

⑩ 우) 주소: 우편번호를 기재한 다음, 행정기관이 위치한 도로명 및 건물번호 다음에 괄호하여 주소를 기재하고, 사무실이 위치한 층수와 호수를 괄호 안에 기재한다.[예: 우) 110-034 서울특별시 종로구 효자로 39(창성동 117) (2층 208호)]

⑪ 홈페이지 주소: 행정기관의 홈페이지 주소 기재(예, www.sind.es.kr)

⑫ 전화 ( ) 전송 ( ): 전화번호와 모사전송번호를 각각 기재하되, 괄호 안에는 지역번호를 기재한다. 기관 내부문서의 경우는 구내 전화번호를 기재한다.

⑬ 공무원의 공식 전자우편주소: 행정기관에서 부여한 전자우편주소.

⑭ 공개구분: 부분공개 · 비공개인 경우에는 「공공기관의 기록물 관리에 관한 법률」 시행규칙 제16조의 규정에 의한 공개 여부 구분번호를 선택하여 괄호 안에 표시한다.

⑮ 기안자 · 검토자 및 결재권자 (직위/직급) 서명: '기안자 · 검토자 및 결재권자'의 용어는 표시하지 아니하고, 직위/직급을 쓰고 서명한다.

⑯ 협조자(직위/직급) 서명: '협조자'의 용어를 표시한 다음, 이어서 직위/직급을 쓰고 서명한다.

⑰ 전결 및 서명표시 위치: 〈예시〉 교감이 전결하는 경우의 표시
-교사 김경환 　교무부장 남광수 　교감 전결 김문수

⑱ 전결 · 대결 및 서명표시 위치: 〈예시〉 과장 전결사항인 문서를 그 직무를 대리하는 자가 대결하는 경우
-장학사 안성미 　장학관 대결 남관수 　교육정보화과장

※ 발의자(★) · 보고자(⊙)의 표시는 직위 또는 직급 앞 또는 위에 한다.

※ '수신자'는 '받는 자'로 사용할 수 있다.

※ '서명'이라 함은 공문서(전자문서 제외)상에 자필로 자기의 성명을 다른 사람이 알아볼 수 있도록 한글로 표시하는 것을 말한다.

※ 보조(좌)기관, 총괄 책임자 또는 업무 분담자의 출장 등의 사유로 검토를 받을 수 없는 경우 이를 생략할 수 있으며, 이 경우 검토자의 서명란에 출장 등의 사유를 명시한다.

※ 문서의 성립 요건은 ① 정당한 권한이 있는 공무원이 ② 직무의 범위 내에서 공무상 작성하고 ③ 결재권자의 결재가 있어야 한다.

※ 문서의 효력 발생 시기는 ① 일반문서는 수신자에게 도달된 때에 ② 공고문서는 고시 또는 공고가 있은 후 5일이 경과한 날에(단, 법령에 규정되어 있거나, 특별히 명시되어 있는 경우는 그에 의한다.) ③ 전자문서는 수신자의 컴퓨터 파일에 기록된 때에 효력이 발생한다.

4) 기안문 작성 시 유의사항

(1) 정확성(바른 글)

① 6하 원칙에 의하여 작성한다.

② 애매한 표현이나 과장된 표현은 피한다.

※ 애매한 문장의 사례

'광복절 기념행사에 직원 2명을 참석하도록 하시기 바랍니다.'

〈의문사항〉

- 직원 2명의 성별 및 직급 불분명
- 각 과에서 2명인지, 국 전체에서 2명인지 불분명
- 직원 2명이 참석자인지, 행사지원 요원인지 불분명

(2) 신속성(이해가 빠른 글)

① 문장은 짧게 끊어서 개조식으로 쓴다.

② 가급적 먼저 결론을 쓰고 그다음에 이유 또는 설명을 쓴다.

(3) 용이성(쉬운 글)

① 읽기 쉽고 알기 쉬운 말을 쓴다.

② 한자나 어려운 전문용어는 피한다. 한자 또는 전문용어를 쓸 필요가 있을 때

에는 괄호 안에 한자를 쓰거나 용어의 해설을 붙인다.

③ 받는 사람의 이해력과 독해력을 고려하여 쓴다.

④ 다루기 쉽게 1건 1매주의(1매 BEST)로 한다.

(4) 경제성(효율성이 있는 글)

① 일상 반복적인 업무는 표준 기안문을 활용한다.

② 용지의 규격 · 지질을 표준화한다.

③ 서식을 통일한다.

④ 문자를 부호화하여 활용한다.

(5) 성실성(호감이 가는 글)

① 적절한 경어를 사용한다.

② 감정적이고 위압적인 과격한 표현을 쓰지 않는다.

5) 간이 기안문 서식

이 서식은 보고서 · 계획서 · 검토서 등 내부적으로 결재하는 문서에 한하여 사용하며, 시행문으로 변환하여 사용할 수 없다.

등록번호	교무기획부-○○○
등록일자	20○○. ○○. ○○.
결재일자	20○○. ○○. ○○.
공개 구분	

★⊙담당자	행정실장	교감	교장
협조자			

제 목

20○○. ○○.

교표 학교명

6) 검토 및 협조

(1) 검토 및 협조의 개념

검토는 보조기관 또는 보좌기관이 그 소속 공무원이 기안한 내용을 분석하고 점검하여 동의 여부를 결정하는 것을 말하고, 협조는 기안 내용과 관련이 있는 다른 부서나 기관의 합의를 얻는 것을 말한다. 즉, 검토는 직제상 수직적 합의를, 협조는 수평적 합의를 의미한다.

(2) 검토 및 협조의 절차

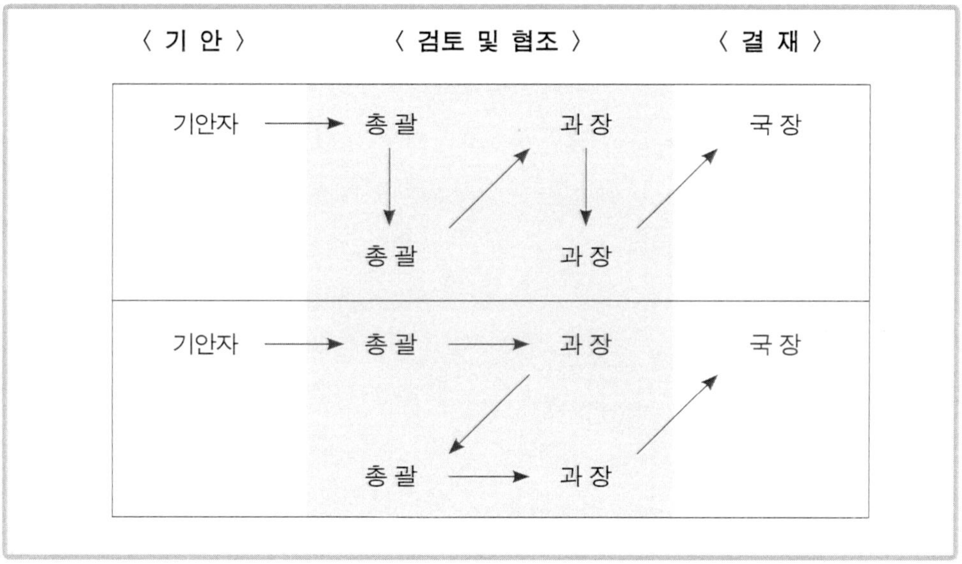

[그림 8-43] 검토 및 협조 절차

(3) 검토자의 검토사항

① **형식면**

- 법령의 형식요건을 구비하고 있는가?
- 소관사항임에 틀림없는가?
- 결재권자의 표시는 적정한가?
- 협조부서의 합의는 거쳤는가?

- 사무의 절차는 잘못이 없는가?
- 수신자 및 발신자 표시는 착오가 없는가?

② 내용면 〈법률적 검토〉

- 허가 · 인가 · 승인 등에 대한 법정요건은 무엇이며 그 요건을 충족하고 있는가?
- 의결기관의 의결사항은 아닌가 또는 의결을 거쳤는가?
- 법정의 경유기관은 거쳤는가?
- 법정의 기한 · 조건 등이 붙어 있지 않은가 또는 그 기한 · 조건 등을 충족하고 있는가?
- 시효와의 관계는 어떤가?
- 법령 · 예규 · 지시 등에 위배되지 않는가?

③ 내용면 〈행정적 검토〉

- 공공복지와의 관계는 어떤가?
- 재량의 적부 범위는 적합한가?
- 여론에 대한 영향은 어떤가?
- 예나 선례는 어떻게 되어 있는가?
- 처리는 지연되지 아니하였는가?
- 경과조치가 필요한 사항이 아닌가?
- 필요한 사항이 빠져 있지 않은가?

④ 내용면 〈경제적 검토〉

- 과다한 경비 투입을 요하는 사항이 아닌가?
- 예산상의 조치가 필요한 것이 아닌가?
- 경비를 보다 절약할 수 있는 다른 대안은 없는가?

(3) 검토자의 수 제한

행정기관의 장은 결재권자의 결재에 이르기까지 검토자의 수가 2인을 넘지 않도록 노력하여야 한다. 이는 결재 단계가 3단계 이내가 되도록 행정기관의 장에게 노력 의무를 부과하기 위한 것이다.

7) 결 재

(1) 결재의 개념

결재란 당해 사안에 대하여 행정기관의 의사를 결정할 권한이 있는 자가 그 의사를 결정하는 행위를 말한다. 따라서 기관의 장 또는 결재권을 위임받은 자의 의사를 결정하기 위한 과정에서 각급 보조기관 또는 보좌기관의 서명을 받는 것은 결재의 개념에 해당되지 않는다.

(2) 결재의 기능

① 순기능

- 기관의 의사결정 과정에서 현실적이고 실무적인 사정을 반영할 수 있다.
- 결재권자가 의사결정에서 필요한 지식과 정보를 제공 · 보완시켜 준다.
- 하위 직원의 창의 · 연구 및 훈련의 기회로 활용될 수 있다.
- 결재과정을 거치면서 직원의 직무수행에 대한 통제가 가능하다.

② 역기능

- 여러 단계의 결재과정을 거치기 때문에 의사결정이 지연되기 쉽다.
- 상위자의 결정에 의존하기 때문에 하위자가 자기책임하에 창의성을 발휘하기 어렵고, 소극적인 자세로 업무를 처리하는 경향이 있다.
- 결재과정이 형식적인 확인 절차에 그치는 경우도 많다.
- 상위자에게 결재안건이 몰리는 경우, 상세한 내용 검토 없이 자구 수정 정도에 그치기도 하고, 결재하느라 보내는 시간 때문에 상위자 역할인 정책 구상, 계획 수립 등에 시간을 할애하기 어렵게 된다.

이러한 역기능을 방지하기 위한 방안으로는, 첫째 결재권을 하위자에게 대폭적으로 위임한다. 둘째, 결재과정이나 업무처리 절차를 간소화한다. 셋째, 안건에 따라서는 상위자가 직접 기안하거나 처리지침을 지시한다.

참고문헌

강혜정, 이재란, 여정숙, 김창수, 주완희, 김병권(2010). 학교회계시스템 사례별 길라잡이. 교육과학기술부 한국교육학술정보원.

교육인적자원부(2003). 지방교육재정 운용편람. 교육인적자원부.

행정안전부(2008). 사무관리 실무편람. 행정안전부.

한국교원단체총연합회(2004). 교원과 교직실무. 한국교원단체총연합회.

KERIS(2011). 나이스 연계 온라인 교원능력개발평가프로그램 사용설명서(학교용). 교과부 연수자료. 2011. 02. 27. 교육과학기술부 한국교육학술정보원.

에듀파인 http://heip.edufine.go.kr.

9장 교원능력개발평가

1. 교원능력개발평가의 개념

지식정보사회에서 교육의 질은 국가와 사회 그리고 개인의 경쟁력으로 이어진다는 점에서 세계 여러 나라에서 교원정책이 핵심과제로 제시되고 있다. 1980년 이래 세계 각국은 교육을 통한 국가 경쟁력의 강화 방안으로 공교육 체제에서 교원의 전문성과 질을 관리하기 위해 노력하고 있다. 유네스코(UNESCO)와 국제노동기구(ILO)는 '교원의 지위에 관한 권고'의 원칙 중에서 "교육의 발전은 일반적인 교직원의 자격과 능력, 교원의 인간으로서의 자질과 교육방법, 기술 면의 자질에 크게 달려 있음을 인식해야 한다."라고 밝힌 바 교육활동에서 교원의 중요성을 무엇보다 강조하고 있다.

미국의 오바마 대통령과 워싱턴의 미셸 리 교육감은 우수교사에 대해서 보상하고 수준 미달 교사를 교직에서 퇴출하여 공교육의 개혁을 주장하였다. 이는 교원의 전문성이야말로 학생의 교육적 성장을 촉진하는 잣대로 결국 교원평가시스템을 극대화하는 것에 초점이 맞춰지고 있는 것이다.

우리나라는 1995년 문민정부의 교육개혁방안이 발표된 이래로 최근까지 교직사회에 대한 학부모의 학교교육 참여 증가와 각종 교육정보가 공개되면서 '공교육 이대로는 안 된다.'라는 위기의식으로 교원의 전문성 신장을 지원함으로써 학교교육의 질을 향상시키고 공교육에 대한 신뢰를 제고하기 위한 시스템이 바로 교원능력개발평가다.

평가의 사전적 의미를 살펴보면 '사람이나 사물의 가치를 판단하거나 결정하는 것'이다. 이와 같은 평가의 개념은 다양한 의미에서 다양하게 사용되고 있지만 구체적으로 다음과 같은 세 가지 관점에서 정립되고 있다. 먼저, 평가는 '의도한 목표나 요구한 바를 달성했는가를 검토하는 활동', 둘째 '경험, 과정의 가치를 판단하는 데 초점을 두는 활동', 셋째 '의사결정에 도움이 될 수 있는 정보를 제공하는 활동' 등이다. 실제적으로 교육 현장에서는 이 세 가지 활동이 동시에 일어나게 된다. 단지, 평가목적이나 방향에 따라 강조점이 조금씩 달라질 뿐이다(신세호 외, 1990: 42). 교원능력개발평가 역시 이와 같은 세 가지 관점이 혼용되어 나타난다.

맥그리얼(McGreal, 1983: 5)은 교원평가를 "교사 선발을 위한 의사결정과 선발 이후의 유용성 측면은 물론, 보다 질 좋은 교육이 이루어지기 위한 도구"라고 정의하고 있다. 그리고 발렌타인(Valentine, 1992: 3-4)은 "교원평가의 일차적 목적은 교사의 직무수행 증진, 이차적 목적은 고용, 승진, 유인체제에 관한 의사결정을 돕는 것"이라고 하고 있으며 NSBA(the national school boards association)에 따르면 교원평가는 "학생들에게 높은 교사의 질을 제공하고, 실질적인 준비를 하도록 할 뿐 아니라 가시적인 교원평가를 인식하도록 교사에게 전문적인 기술을 개발할 기회를 제공하며, 학교체제와 교사 간의 의사소통을 제공하고, 승진이나 전보 등의 기초가 되며, 지역사회가 교사의 신분을 계속 보장할 것인가에 대한 자료를 제공하는 것"을 의미한다(강현숙, 2011).

국내 학자들은 교원능력개발평가에 대해 이렇게 정의하고 있다. 먼저 전제상(2000: 36)은 "승진, 전보 및 면직 등과 같은 인사행정의 결정자료를 제공함과 동시에 교사 개인의 전문적 성장을 촉진시켜 수업활동을 개선하고 교육조직의 효과성을 증진시키는 두 가지 기능을 동시에 수행하는 것"이라고 규정하였다. 최미애(2003: 4)와 이종명(2007: 9)은 "교사 개개인의 직무수행능력과 실적을 평가하고 기록하는 절차로 교사의 자질, 태도 및 근무실적을 체계적 · 정기적으로 평가하여 인사행정상 여러 가지 결정을 내리기 위한 정보를 제공하고 교수의 향상을 도모함은 물론 교사의 책무성 확인과 교사 성장을 촉진하기 위한 작용"이라고 밝히고 있다. 나아가 황영남(2004: 14)은 "교사의 교수-학습을 포함한 전체적인 직무활동의 능력 및 의욕의 고취와 조직 자체의 발전 그리고 인사행정상의 구체적 자료 수집을 위해 조직체 내에서의 교사 개인의 근무수행능력과 근무실적, 잠재적 능력과 적응성에 대해 일정한 기준에 의해 체계적이고 정기적으로 평가하는 교원의 과거와 현재, 그리고 미래의 잠재성까지 평가하는 활동"이라고 하고 있다.

결국 학자들의 의견을 종합해 보면 교원능력개발평가란 교사의 직무 · 태도 · 역량 등과 관련된 전반적인 영역을 총체적으로 평가하여 교사의 역량을 함양하고 이를 통해 궁극적으로 학생의 학습력을 도모하고자 하는 것이라 이해할 수 있다.

2. 우리나라 교원능력개발평가제의 추진과정

OECD 국가 중 우수한 인재가 교직에 입직하는 우리나라는 세계에서 우위에 자리하고 있다. 현재까지 교직에 입직한 교사는 근무성적평정과 다면평가를 통해 교사 자신의 교직생활에 대한 평가를 받았으나, 단위학교에서 실시되는 근무성적평정과 다면평가는 성과급과 승진을 위한 소수의 교원을 중심으로 운영되어 왔다는 지적이 있다. 이는 교직에 입직하여 퇴직까지 시대변화와 교육목표에 적합한 지식 · 기술 · 태도에 대하여 체계적으로 진단 · 신장 · 관리하는 지원시스템의 미흡함과 전문성 개발을 위한 제도적 장치의 부재, 업무수행능력 개선을 유도할 수 있는 기제가 결여된 것이라 할 수 있다.

'교육의 질은 교사의 질을 능가할 수 없다.'라고 하듯이, 교원의 전문성은 교육경쟁력 강화의 세계적·시대적 흐름으로 그 중요성이 강조되고 있으며, OECD 정책단에서 우리나라 교원의 전문성 개발을 위한 정책 도입을 권고하였고, 교원의 전문성 신장과 개선의 도구로서, 그리고 교육전문가인 교원공동체가 평가의 주축이 되어야 한다는 관점에서 일반 국민과 교원도 교원평가제 도입의 필요성을 인식하게 되었다.

1) 추진경과

우리나라는 1995년 5 · 31 교육개혁안을 중심으로 꾸준히 교육개혁을 추진해 왔다. 2003년 참여정부가 들어서면서 교육혁신위원회를 꾸리게 되고, 교육 부문에서 시장원리 적용과 경쟁원리 도입, 능률 · 능력주의 인사체계 도입, 고용의 유연성 확보, 평가에 기반한 교원의 경쟁력 강화 등 지속적으로 교육개혁을 추진해 오고 있다(황영남, 2004: 84). 그렇다면 구체적으로 우리나라에서 교원능력개발평가가 추진되어 왔는지 그 경과를 확인해 보자.

표 9-1 우리나라의 교원능력개발평가 추진경과

연 도	추진경과
2000	교직발전종합방안 수립 시 교원평가제 도입 검토 (학부모는 찬성하였으나 교직사회의 반발로 추진과제에서 제외)
2003	OECD 교육정책검토단 - 교직생애 능력개발 지원 기제 부족 - 교원평가제 도입 권고
2003~2004	교원인사제도 혁신을 위한 국민의견 수렴 사업
2004	교원 대상 근평제 개선에 대한 설문조사 결과 94.3% 찬성
2004~2005	교원평가제도 개선 정책연구 추진 (한국교육학회, 한국교육행정학회, 한국교육평가학회 공동 연구)
2005	교원평가제 필요성에 대한 설문조사 결과 국민의 83.3% 찬성 교원평가를 포함한 학교교육력 제고시범사업 발표 및 48교 시범 운영
2006~2009	2006년에는 67개교, 2007년에는 506개교, 2008년에는 669개교, 2009년 3,121개교가 전국적으로 교원능력개발평가 선도학교를 시범 · 운영
2010	시 · 도 교육청 시행규칙에 의거 전면 시행

표 9-2 2009년 여론조사 결과

국민과 교원에 대한 여론조사 결과(2009.03.~2009.12.)		
	2009.03.	2009.12.
교원능력개발평가제도 도입	국민 76.3% 도입 찬성 교원 63% 도입 찬성	국민 86.4% 도입 찬성 교원 69.2% 도입 찬성
평가 결과의 인사 반영	국민 64.7% 찬성 교원 73.1% 반대	국민 79.3% 찬성 교원 30.2% 반대
평가를 경험한(선도학교) 경우 도입 찬성도	학부모(83.6%→88.5%), 교원(64.7%→76.6%)	

2) 교원능력개발평가의 흐름

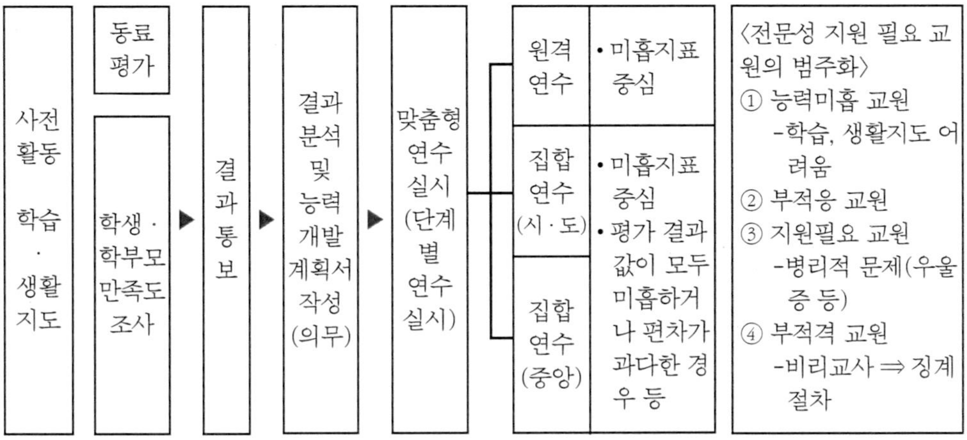

단계별 연수(안)	•선발 기준: 교원능력개발평가 결과에 따른 지원 필요 교원(예시: 평가종류별 결과값이 모두 미흡, 편차 과다 등) •선발 절차: 학교평가관리위원회 심의 → 학교장 면담 · 선정(1, 2단계) · 추천(3단계) → 교육청 평가관리위원회 심층면접 등 심의 → 교육감 선발(3단계)

단계	1단계		2단계		3단계
종류	근무 중 연수		방학 중 연수		장기 연수
주체	학교장		학교장		교육감
심의	학교평가관리위원회	▶	학교평가관리위원회	▶	교육청평가관리위원회
형식	학교장 면담 · 권고		학교장 부과		문서 통보
내용	원격연수, 컨설팅, 멘토링 등		연수기관에서의 집합 연수		별도 특별프로그램 참가 및 이수

[그림 9-1] 교원능력개발평가 흐름도

표 9-3 평가 결과 우수자에 대한 인센티브(안)

내용 \ 유형	우수교원 학습연구년	경력교원 학습연구년	자율휴직 학습연구년
정의	• 경력에 관계없이 우수한 업적을 올린 교원에게 주어지는 학습과 연구 기회	• 대학 교수처럼 일정 경력 이상의 교원에게 주어지는 학습과 연구 기회	• 본인의 원에 의해 일정 경력 이상의 교원에게 제공되는 학습과 연구 기회
자격	• 교원능력개발평가와 다양한 업적 평가에서 탁월한 성과를 얻은 것으로 판정된 교원	• 일정 경력 이상 교직에 봉직한 교원	• 일정 경력 이상 교직에 봉직한 교원
보수	• 급여 100% 지급 • 연수경비 100% 지급	• 급여 50% 지급 • 연수경비 본인 부담	• 급여 없음 • 연수경비 본인 부담
근거	• 「교육공무원법」 제40조 (특별연수)	• 별도 신설 필요	• 「교육공무원법」 제44조 (연수휴직) • 관계법령 추가 필요(검토)
비고	• 교원능력개발평가 결과에 따른 시범운영 유형	• 재정상 균형	• 재정 소요↓
공통	• 6개월-1년 기간, 국내외 연수기관 출석 또는 자율 연수(계획서 · 보고서 제출) • 학교장 추천(본인 희망) ⇒ 교육청 선발		

3) 2010학년도 교원능력개발평가 결과 분석

표 9-4 초등학교 일반교사 사례

평가 영역	평가 요소	일반교사의 평가(조사) 지표	지표 약어 (code)	동료교원 평가			학생만족도 조사			학부모 만족도 조사		
				응답자 수	종합 평균	표준 편차	응답자 수	종합 평균	표준 편차	응답자 수	종합 평균	표준 편차
학습 지도	수업 준비	교육과정의 이해 및 교수 · 학습방법 개선노력	01교육과정	140,445	4.78	0.4	249,491	4.37	0.69	15	4.6	0
		학습자 특성 및 교과 내용 분석	02교과분석	141,663	4.78	0.4	204,653	4.33	0.61	240,602	4.28	0.65
		교수 · 학습전략수립	03전략수립	142,738	4.79	0.4	0	0	0	15	4.53	0

학습 지도	수업 실행	수업의 도입	05수업도입	143,186	4.8	0.39	248,927	4.36	0.7	223,558	4.28	0.65
		교사의 발문	06교사발문	143,229	4.76	0.43	227,290	4.23	0.73	214,591	4.28	0.65
		교사의 태도	07교사태도	141,870	4.8	0.39	238,968	4.14	0.79	218,715	4.23	0.68
		교사-학생 상호작용	08상호작용	143,711	4.78	0.41	439,796	4.15	0.79	234,352	4.23	0.7
		학습자료의 활용	09자료활용	141,255	4.78	0.41	221,012	4.22	0.69	15	4.6	0
		수업의 진행	10수업진행	141,867	4.77	0.42	214,322	4.17	0.68	203,154	4.18	0.67
		학습정리	11학습정리	143,270	4.79	0.42	39,573	4.29	0.68	208,289	4.15	0.69
	평가 및 활용	평가내용 및 방법	13평가방법	140,460	4.78	0.4	259,409	4.17	0.76	231,863	4.18	0.69
		평가결과의 활용	14평가활용	141,053	4.76	0.42	204,985	3.99	0.73	208,621	4.25	0.65
생활 지도	개인 생활 지도	개인 문제의 파악 및 창의·인성 지도	17개인문제	135,247	4.8	0.38	227,396	4.08	0.79	120,429	4.17	0.67
		가정 연계 지도	18가정연계	101,564	4.78	0.41	203,101	3.84	0.85	137,004	4.37	0.67
		진로 및 특기·적성 교육	19진로특기	132,078	4.74	0.44	173,956	4.03	0.68	99,495	4.21	0.57
	사회 생활 지도	기본생활습관 지도	21기본생활	134,910	4.82	0.38	247,029	4.31	0.71	137,220	4.36	0.62
		학교생활적응 지도	22학교생활	102,472	4.84	0.35	215,800	4.09	0.78	285,461	4.3	1.44
		민주시민성 지도	23민주시민	102,349	4.84	0.35	156,894	3.85	0.73	0	0	0

4) 교원능력개발평가 정착을 위한 요구사항

- 시대적 변화와 사회적 요구의 이해
  - -교육경쟁력이 곧 국가경쟁력(자원 부족, 세계적 무한경쟁시대 등)
  - -국가교육권에서 국민교육권(수요자 중심 교육)의 강화
  - -공교육의 전문화(사교육과의 차별)
  - -학생의 변화, 교사의 인식 변화, 학습내용의 변화, 학습환경과 매체의 변화로 인한 지도방법의 변화(지표별 연수 지원)
  - -전통적 교육방법은 관리에 중점. 현재는 융합·가공·창조에 중점(MBTI, 애니어그램, 콜브 학습양식검사, 홀랜드 진로탐색검사 활용)

• 원의 전문성 신장을 위한 지원의 관점
  -경쟁 · 서열화 · 분열이 아닌 변화 · 적응 · 전문성 신장 · 상생의 관점
  -현장의 목소리를 적극 수용하며 지속적으로 변화하고 진화하는 교원능력개발평가 시스템
  -교원의 온정주의적 풍토가 교원의 전문성을 바르게 진단하고 지원할 수 있는가?
  -학생과 학부모의 만족도 조사 결과는 과연 무의미한가?

5) 평가 및 만족도 조사 지표 문항 방법

표 9-5 지표 문항

• 교과부, 도교육청 수준의 매뉴얼은 참고사항
• 교과별 특수성을 반영한 지표로 문항내용 수정 가능
• 평가지표에 2개 이상의 평가지표 문항으로 구성 가능
• 학생과 학부모의 이해 수준을 고려한 용어로 선정 및 수정 가능
• 지역적 특성을 고려한 용어로 선정 및 수정 가능
• 학생은 자기 성찰적 질문, 학부모는 학교교육 관심에 대한 질문 산입 가능

6) 2011학년도 교원능력개발평가 모형개선(안)

표 9-6 교원능력개발평가 신구 비교

영 역	현 행	개선안
목적	• 교사의 전문성 신장(형성적인 평가) -전문성 신장을 위한 연수자료로 활용	• 현행 유지(피드백) -교사의 전문성 신장에 대한 확인
평가 대상	• 초 · 중등학교에서 학생을 지도하는 모든 교원	• 가르치는 교사 모두 대상이 된다는 원칙 유지(유치원 내년 도입) -제외 대상: 시 · 도별 자율화 -비교과교사 등 연수 대상은 아니지만 재계약 자료로 활용
평가 영역	• 학습지도, 생활지도, 학교경영 영역	• 현행 영역 및 지표 유지 -하위 영역은 시 · 도별 자율화

평가 종류	• 동료교원 평가, 학생 · 학부모 만족도 조사	• 현행 유지(시 · 도 자율 범위 확대) -문항 선정 시 학생 • 학부모 참여 보장 -표집 허용(균등한 반 배정) -50% 참여 문구 삭제 -공개수업 참관과 상관없는 지표 개발
평가 문항	• 교과부 예시안 참고 위원회에서 선정	• 문항 선정은 현행과 동일(문항 수 최소 기준 제시) -동료 13문항, 학생 5문항, 학부모 3문항 이상
결과 통보	• 개별 교원 통보	• 통보 양식, 절차, 방법, 시기 등 자율 -결과표에서 척도별 응답 빈도와 비율 삭제

3. 교원능력개발평가시스템

2010년도에는 교원능력개발평가시스템을 시 · 도별로 따로 전산망을 구축하여 온라인 입력 및 출력을 통한 운영을 실시하였다. 그러나 2011년부터는 차세대 나이스에 교원능력개발평가시스템을 포함시켜 운영하게 된다. 2011년 전반기까지는 온라인 시스템의 개발과 점검을 실시하고 2011년 하반기부터 본격적으로 전국의 초 · 중 · 고등학교에 전면 보급 및 실시하게 된다. 이에 차세대 나이스에 포함될 교원능력개발평가시스템의 내용을 일부 살펴보기로 하자.

1) 시스템 구성도

먼저 시스템 구성도를 살펴보자. 차세대 나이스의 전체 구성은 업무포털과 대국민 서비스로 나뉜다. 업무포털에는 일반행정, 교무업무, 학교행정, 에듀파인, 업무관리, 업무매뉴얼, 사용자 지원이 들어가게 되는데, 이 중 일방행정의 영역 안에 교육청 교원능력개발평가 관리와 동료교원교원능력개발평가가 위치하게 된다. 결국 차세대 나이스 대국민 서비스, 업무포털 등이 하나의 아이디로 단일 로그인 체제가 되고 대규모 교육 관련 포털 안에 교원능력개발평가의 항목이 들어가게 된 것으로 이해하면 된다.

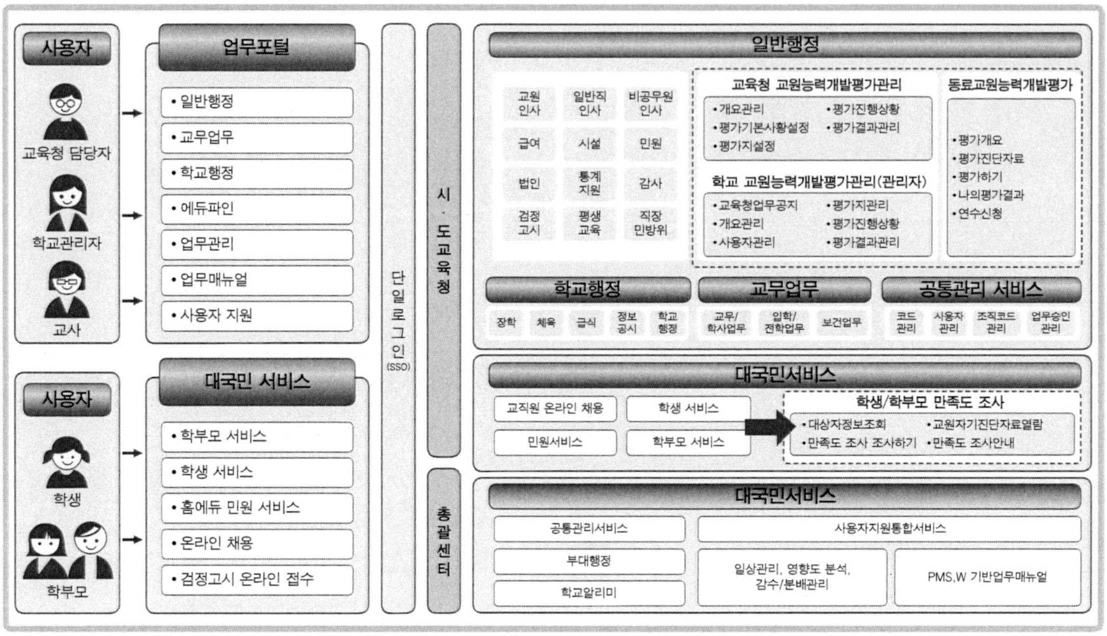

[그림 9-2] 나이스 연계 온라인 교원능력개발평가 프로그램의 전체 시스템 구성도

2) 업무의 흐름

업무의 흐름을 살펴보면 시 · 도 교육청은 교육청 교원능력개발평가관리시스템을 구축 및 운영하게 된다. 시 · 도 교육청에서 필수항목의 문항을 입력해 두어야 하고 각 지역교육지원청과 학교를 관리하게 된다.

학교별 교원능력개발평가 관리자(대체로 교감이 담당)는 학교 교원능력개발평가 관리시스템을 담당하고 평가 제외자를 지정하거나 각종 양식을 관리하는 등의 업무를 수행하게 된다.

각급학교의 교원은 이제 실제로 시스템에 접속하여 자기 실적서 등을 업로드 하거나, 동료교원을 직접 평가하게 되고 학부모나 학생은 차세대 나이스 대국민 서비스에 접속하여 교원만족도 조사를 실시하게 된다.

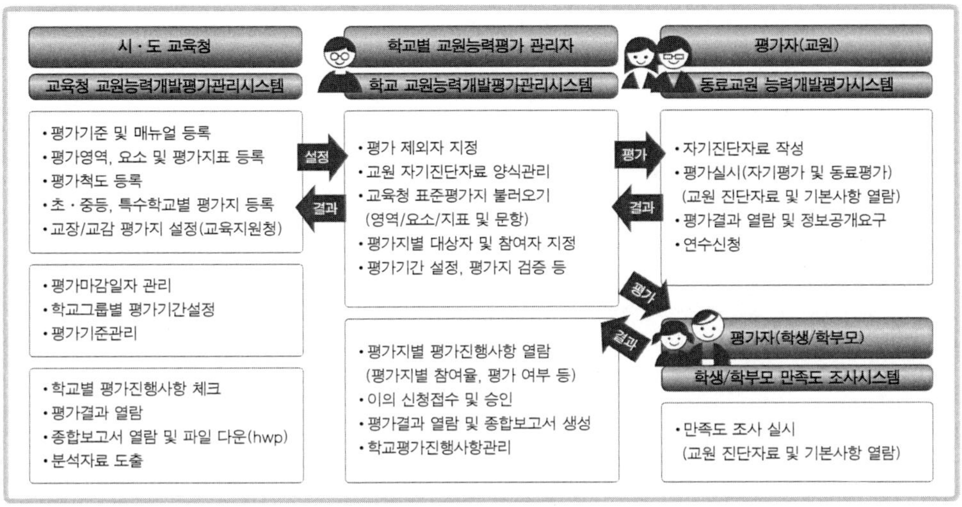

[그림 9-3] 업무흐름도

시스템 내의 주요 용어에 대한 안내는 다음과 같다.

표 9-7 시스템 내의 주요 용어 해설

용 어	해 설
평가종류	• 동료교원, 학생 만족도 및 학부모 만족도 조사
학급 무선표집	• 학생 만족도 조사를 위한 학급 무선지정(1회에 한함)
자기진단자료	• 교원의 교육활동계획 등 평가 참여자에게 보여 줄 진단자료
자기평가	• 교원 자신이 평가받을 평가지를 스스로 평가함
지도학년반	• 교원과 학생 매칭(평가받을 학년반)
필수지표	• 학교평가지에 반드시 존재해야 하는 지표
법정대리인	• 보육시설 원장 등 학부모의 권한으로 만족도를 실시해도 무방한 사람
마감처리	• 평가의 종료(이후 수정 불가)

3) 메뉴 구성도

(1) 기본메뉴 구성

기본적인 메뉴는 교육청 업무공지, 개요관리, 사용자 관리, 평가지 관리, 평가진행 상황, 평가결과 관리로 나뉜다. 보다 자세한 내용은 다음의 [그림 9-4] 메뉴 구성도를 참고하길 바란다. 실제로 시스템에 접속하면 메뉴 구성도 실제 화면 그림이 등장한다. 좌측 면이 메뉴바로 구성되고 있으며 중앙부가 실제 내용을 입출력할 수 있도록 구성되어 있다.

[그림 9-4] 메뉴 구성도

[그림 9-5] 메뉴 구성도 실제 화면

(2) 동료교원 평가 메뉴 구성

동료교원 평가 메뉴는 평가개요, 동료교원 평가, 평가결과로 구성되어 있다. 평가개요에서는 각종 공지사항이나 자기진단자료 등을 등록할 수 있고 동료교원 평가에서는 자기평가와 동료교원을 평가할 수 있다. 평가결과에서는 나의 평가결과와 개인합산표, 평가 후 능력개발계획서 작성, 능력개발계획서 조회 및 출력을 진행할 수 있다.

[그림 9-6] 동료교원 평가 메뉴 구성도

[그림 9-7] 동료교원 평가 메뉴 구성도(실제 화면)

참고문헌

강현숙(2011). 교원능력개발평가제 정착에 관한 연구. 중부대학교 대학원 박사학위논문.

신세호, 허경철, 박경숙, 정택희, 김양분(1990). 교육의 본질 추구를 위한 학교교육평가체제 연구 I. 한국교육개발원.

이종명(2007). 근무성적평정제도 개선을 위한 교사평가 모형 개발 연구. 강원대학교 대학원 박사학위논문.

전제상(2000). 교사평가의 준거 개발에 관한 연구. 홍익대학교 대학원 박사학위논문.

최미애(2003). 교사평가에 대한 초등학교 교사들의 인식에 관한 연구. 전주교육대학교 교육대학원 석사학위논문.

황영남(2004). 한국 교사평가제의 진단 및 발전 모형 구안. 동국대학교 대학원 박사학위논문.

McGreal, T. L. (1983). *Successful teacher evaluation.* Virginia: ASCD Publication.

Valentine, J. W. (1992). *Principles and Practice for Effective Teacher Evaluation*. Boston: Allyn and Bacon.

10장 교육연구

1. 연구학교

1) 연구학교의 개념

학교 현장에서는 교육정책, 교육과정, 교육방법 및 교육자료 등과 관련한 해결해야 할 문제들이 많다. 이러한 문제들을 해결하기 위한 방편으로 연구학교가 있으며, 연구학교의 운영은 여러 방면에 걸친 끊임없는 학교 혁신에 대한 요구 수용의 일환(박명길, 2008)이다.

연구학교는 다음과 같이 정의한다. 연구학교의 규정(개정령 교육부령, 제758호, 2001. 1. 14.)에 의하여 “연구학교는 교육의 이념, 방침 및 기술을 연구 실천하여 교육의 향상을 도모함을 목적으로 한다.”와 동 규정에서 “연구학교 교사는 우수한 인재를 배치해야 하고 연구학교의 연구상 필요한 경비 및 도서비, 인쇄비, 기타 경비는 특별히 보조하도록 법적 조치가 되어 있다.”라는 근거에 의하여 운영되는 학교(김태숙, 2007)를 말한다. 이러한 연구학교의 목적은 교육과 관련한 문제를 연구하고 그 결과를 보급 · 활용함으로써 교육발전에 기여하고자 함이다. 즉, 내실 있는 연구학교를 운영하여 연구결과의 효율적인 활용을 제고하고, 교육의 자율과 자치를 바탕으로 학교교육의 개선 및 다양화를 유도하는 것이 연구학교 운영의 목적이라 할 수 있다.

현행 지정학교는 크게 교과부 요청, 타 부처(기관) 요청, 시 · 도 교육청 자체 연구학교로 구분된다. 교과부 요청 연구학교는 연구학교 지정권의 이양에 따라 교육과학기술부 장관이 교육정책 추진 및 교과용 도서 검증 등의 목적을 위하여 필요한 경우 연구학교 지정 요청이 가능하다. 타부처(기관) 요청 연구학교는 타 부처(기관)의 다양한 교육 수요에 따른 연구학교 운영 필요시 시 · 도 교육청과 협의하여 지정 · 운영된다. 시 · 도 교육청 자체 연구학교는 지역 실정과 현안 문제해결에 필요한 연구 영역을 고려하여 시 · 도 교육청 자체 계획에 따라 자율적으로 지정 · 운영된다.

이들 학교는 기능상 정책연구학교, 실험학교, 시범학교로 구분(연구학교 규정 개정령, 2000. 1. 4.)하였으나, 최근 개정일인 2008년 7월 30일 「연구학교에 관한 규칙」(교육과학기술부령 제11호)에 의해 연구학교의 종류가 정책연구학교와 시범학교로 단순화되었다(유정, 2009).

2) 연구학교의 운영

(1) 연구학교의 지정 및 운영절차

1951년을 시작으로 지금까지 교육부를 비롯하여 시 · 도 교육청에서 연구학교를 지정하여 교육연구활동을 진행하고 있으며, 2006년까지의 연구학교는 전국에 교육부 지정 511개교, 시 · 도 교육청 지정 1,891개교(타부처 포함)등으로 총 2,402개교가 있다. 2009년 연구 영역 및 특성을 고려하여, 6개월 이상 3년 이하로 결정하여 지정 · 운영한다.

먼저 시 · 도 교육감 지정 연구학교는 연구학교 지정권의 이양에 따라 교육과학기술부 장관이 교육정책추진 및 교과용 도서 검증 등의 목적을 위하여 필요한 경우 연구학교 지정을 요청할 수 있다. 요청받은 교육감은 특별한 사유가 없는 한 연구학교로 지정한다.

다음으로 상설연구학교는 국립대학 부설의 유 · 초 · 중 · 고를 상설연구학교로 지정 · 운영하며 교육과학기술부 장관 지정 연구학교 폐지에 따라 국가수준에서 필요한 과제 연구 등을 위해 운영을 활성화하고 국정과제 등 교육현안문제 연구, 교과용 도서 검증 등 교육과학기술부 장관이 부여하는 지정 연구과제를 수행해야 한다. 또한 부여과제가 없을 경우 교육과학기술부(학력증진지원과)에 자체 연구계획서를 제출하고, 해당 부서와 협의 · 지도하에 자율연구과제를 수행해야 한다.

타 부처(기관) 요청 연구학교는 타 부처(기관)의 다양한 교육 수요에 따른 연구학교 운영 필요시 시 · 도 교육청과 협의하여 지정 · 운영하며 같은 주제의 연구학교를 반복하여 지정을 요청하는 사례를 지양한다. 끝으로 시 · 도 교육청 자체 연구학교는 지역실정과 현안문제해결에 필요한 연구 영역을 고려하여 시 · 도 교육청 자체 계획에 따라 자율적으로 지정 · 운영한다.

이와 같이 선정된 연구학교를 실제 운영하기 위해서 교사는 연구학교 주제가 정해지고 난 후의 모든 연구계획 수립, 연구진행, 운영결과의 확산 보급까지의 모든 활동에 참여하고 의사결정을 하며, 연구학교 지정에 따른 운영 발표회, 공개수업, 평가회 등의 부가적인 업무를 수행한다. 교장과 교감은 연구학교의 지정부터 계획, 신청, 결과 단계에 이르기까지 큰 흐름과 방향을 제시하고 통제하며, 또한 지도 조언을 통해 연구학교 운영이 주제에 맞게 제대로 실천되고 보고되는지도 감독한다. 연구사와 장학사의 역할은 연구주제가 학교 실정과 여건에 맞게 선정되고 계획과 실천이 원활하게 진행되고 있는지 객관적인 관점에서 지도·조언하고 감독한다.

장택수(2004)는 연구학교 운영 단계와 관련하여 다음과 같은 세부절차를 제안하고 있다.

표 10-1 연구학교 운영절차

1. 계획수립 단계: 교육문제의 해결방안을 입안하고 설계하며 보완하는 주요한 연구단계
2. 기초연구 단계: 연구주제, 목적, 연구문제 등을 설정하기 위한 기초연구, 실태조사, 자료 수집을 하는 단계
3. 실천 단계: 새로운 교육문제해결방안을 적용하고 실행하는 단계
4. 결과보고 단계: 연구계획과 실천과정, 연구 결과를 공개토론회 형태로 진행하는 단계
5. 일반화 연구 단계: 교육현장에서 활용할 가치가 있는 우수실천 사례를 중심으로 장학자료를 발간 · 보급하고 적극적으로 활용할 수 있도록 하는 단계

(2) 연구학교의 결과 보고 및 일반화 방법

운영결과는 결과보고를 원칙으로 하며 실제 수업 및 교육활동의 실증과 더불어 연구과정 및 결과에 대한 진지한 협의가 이루어질 수 있도록 한다. 보고서의 작성,

보고회 운영(일지, 절차, 형태)에 관한 제반사항은 교육과학기술부 및 교육청 관계자 등과의 긴밀한 협의와 자문을 거치도록 한다. 이때 성과와 함께 실패한 경험 및 문제점 등이 분석된 정직한 보고를 해야 하며, 담당 장학사 및 전문가의 자문을 거쳐 간결하고 핵심적인 내용을 논리적 · 체계적으로 보고서를 작성해야 한다.

연구결과의 제시는 현장에서 이해하기 쉽고 활용이 가능한 것으로 하고 연구결과는 반드시 실제 수업 및 교육활동의 실증과 더불어 공개 보고될 수 있도록 연구의 진실성과 과학성을 제고하도록 하며, 연구결과는 성과와 더불어 문제점, 반성점, 제언 및 발전적 과제 등도 다각적으로 평가하여 제시한다.

일반화 연구 단계의 기초 연구는 연구기관이나 학자들에 의해서 수행되지만 개발 단계의 응용 연구, 유효한 성과의 개발과 검사, 성과의 패키지화, 제공방법 등은 연구학교에서 개발해야 할 과제다. 그리고 보급 단계에서의 성과계획의 계획적 보급과 성과의 채택 · 활용을 위해서는 교육부와 교육청이 그 역할을 수행해야 한다. 사실상 연구학교의 운영은 교육부의 연구학교 운영방침에 의해 운영되고 있으므로 연구의 개발 단계에서부터 교육부와 교육청의 역할이 매우 크다(박명길, 2008). 연구학교의 연구 결과를 시범 운영한 후에 일선학교에 일반화하기 위한 단계는 다음과 같다.

① 교육현장에서 활용할 가치가 있는 우수실천사례를 중심으로 장학자료를 발간 보급하고 적극적으로 활용하도록 지도한다.
② 각종 협의회를 통하여 우수 결과를 공개 · 발표하게 하고, 현장연구인력을 강사로 활용하도록 한다.
③ 연구시범 공개가 끝난 후에도 연구 결과의 선도적인 확산의 중추적인 역할을 수행할 수 있도록 시 · 도 교육청 지정 시범학교로 지정 · 운영하는 등 연구결과의 심화 발전에 힘쓰도록 한다.

일반화 자료는 에듀넷, 교육과학연구원(교육과학정보원) 홈페이지 그리고 학교 홈페이지에 탑재하고 인쇄물이나 CD로 제작하여 보급한다.

이와 같은 연구학교는 각 단계를 거치면서 전 교사의 참여가 전적으로 필요하며 종료 연도에 연구결과를 수업공개를 비롯하여 공개토론회 형식의 보고회를 열어야 한다. 이러한 일련의 활동이 원활히 이루어지기 위해서 교사 전문직, 관리자의 협조가 필수적이다.

2. 연구대회

아직 새내기 교사라면 연구대회는 먼 일처럼 느껴질 수도 있다. 단순히 승진을 위한 하나의 관문이라거나 그저 관심 있는 사람들이 하는 특별한 활동이란 생각을 하기도 한다. 하지만 연구와 교사는 떼어놓을 수 없는 관계에 있다. 연구를 거론하기 위해서 우선 생각해 보아야 할 일이 있다. 바로 우리가 하는 학교수업에 대한 자신의 생각이다. 학교에서의 수업은 무엇이며 왜 하는가에 대한 진지한 고민에서 수업 연구는 시작된다고 할 수 있다. 그에 대한 답변은 개인마다 다를 수 있다. 하지만 답변과 관계없이 이루어져야 하는 것이 바로 수업에 관한 그리고 생활지도에 관한 교사의 철저한 준비다.

교사가 수업으로 대표되는 자신의 교육활동을 개선하기 위해서는 여러 가지 시도와 그에 대한 반성이 있어야 한다. 최근 교사들의 학생지도와 관련한 여러 가지 연구대회가 다양하게 열리고 있다. 이러한 대회에 참여하고 관심을 가짐으로써 교사로서의 자질이 향상된다고 볼 수 있다.

연구대회는 크게 전국 규모 단위와 시 · 도 교육청 단위로 나뉜다.

표 10-2 2012학년도 제56회 전국현장교육연구대회

(양식 1)

제56회 전국현장교육연구대회 출품신청서

1. 인적사항 및 출품현황

<table>
<tr><td>성 명</td><td>한 글</td><td></td><td rowspan="2">주민등록
번 호</td><td rowspan="2">-</td></tr>
<tr><td></td><td>한 자</td><td></td></tr>
<tr><td>팀 명</td><td colspan="4">공동연구자만 작성하십시오(이름을 나열한 팀명은 제외함)
팀명은 대통령상, 국무총리상 수상 시에만 상장에 사용될 명칭입니다.</td></tr>
<tr><td>소 속</td><td>근무처</td><td>※학교 고유명사를 반드시 기재</td><td>직 위</td><td></td></tr>
<tr><td></td><td>주 소</td><td></td><td>연 락 처
(전화번호)</td><td>근무처( ) -
자 택( ) -
핸드폰( ) -
e-mail:</td></tr>
<tr><td>분 과 명</td><td colspan="2"></td><td>연구실행
학교·학년·반</td><td></td></tr>
<tr><td>연구주제</td><td colspan="4">※ 연구보고서의 주제와 반드시 일치하도록 기재</td></tr>
</table>

2. 교직 및 연구경력

<table>
<tr><td>최초임용일</td><td>년 월</td><td>교직경력</td><td>년 월</td></tr>
<tr><td>연구경력</td><td colspan="3">가. 연구학교 근무경력:
나. 전국 규모 각종 대회 입상경력:
다. 대학원 경력:
라. 기타 연구경력:
※ 연구(입상)내용 및 기관명 기재</td></tr>
</table>

3. 담당 교과(교감이 교과를 담당할 경우에만 기재함)

본인은 ( ) 교과를 담당하고 있습니다.

4. 학교(기관)장 추천

위 사람은 본교(기관) 교원(교육전문직 공무원)으로서 상기 부문에 대하여 본인이 직접 연구 실천하였기에 연구과정을 확인하고, 출품자로서 적격이므로 이에 추천합니다.

2012년 월 일

위 본인 (인)

학교(기관)장 (직인)

한국교원단체총연합회장 귀하

(양식 2)

제56회 전국현장교육연구대회 출품서약서

본인은 2012년 제56회 전국현장교육연구대회에 참가함에 있어서 다음 사항을 성실하게 준수할 것을 서약합니다.

1. 출품작품이 입상작으로 선정될 경우 입상작에 대한 지적소유권과 관련하여 본인은 연구대회 네트워크 공개 및 한국교원단체총연합회의 현장교육 발전을 위한 간행물, 정보·통신매체에 일부 또는 전부를 공개함에 동의합니다.

2. 본 작품은 기존의 작품을 표절하거나 대리연구에 의한 작품이 아니며, 본인 또는 타인의 선행연구물(학위취득실적 포함)과 동일·유사하지 않으며, 현재까지 다른 연구대회에 입상하지 않았음을 확인합니다.

3. 본 작품이 전국현장교육연구대회 입상일 현재 타 연구대회에서 입상한 사실이 밝혀질 경우, 표절·모작 혹은 입상 취소 등의 불이익한 조치에 대해 이의를 제기하지 않겠습니다.

4. 연구보고서 심사과정 또는 심사 후에도 표절·모작·대리작·본인 작품 재제출 등의 사례가 적발될 경우에는 이에 따른 징계 등 제반 불이익을 감수할 것을 서약합니다.

5. 「연구대회관리에 관한 훈령」 및 기타 대회 운영에 따른 제반사항을 준수하겠습니다.

2012년 월 일

소 속 : 학교
직 위(급):
성 명 : (인)

한국교원단체총연합회장 귀하

(양식 3)

연구보고서 요약서

주 제 :

분 과 :
소 속 :
직위·성명 :

※ 연구보고서를 요약할 때 유의할 사항

1. 기재 내용
   ① 연구의 필요성 및 목적
   ② 연구 대상 및 기간
   ③ 실행 내용
   ④ 검증방법 및 결과
   ⑤ 결론 및 제언 등을 차례로 기술하되, 생략할 수 있는 항목은 생략해도 무방함
2. 반드시 A4 용지 한 면에 연구보고서의 내용을 일목요연하게 요약할 것
3. 도표는 사용하지 말 것

(양식 4)

현장교육연구보고서 겉표지

( ) 분과 (개인, 공동)
현장교육연구보고서

(제 목)

2012

소속·직위 및 성명

※ 유의사항

1. 부장교사도 교사로 표기함
2. 반드시 한글로 표기하되 의미의 혼돈이 예상될 경우 ( ) 안에 한자 표기도 가능함
3. 반드시 출품분과를 명기하여야 함
4. 속표지에는 소속 및 직위, 성명 등의 인적사항을 기재하지 않도록 함

표 10-3 2011년 경상남도교육청 교육연구대회 일람표

순	연구대회명	대 상	시상(예상 인원)	시 기	주관부서
1	초등 교실수업개선 학습지도 연구대회	초등교사	336명	8~9월	교육과정기획과
2	수업연구 교사 발표대회 및 수업명사제 운영	초등교사	최대 164명	연중	교육과정기획과
3	교실수업개선 실천사례 연구발표대회	초 · 중 · 고 교사	출품작 지원청(50%) →도(90%)	3~12월	교육과정기획과
4	경남초등교사 예능 연구대회	초등교사	참가 인원 40%	3~8월	교육과정기획과
5	초등교사 영어말하기 연구대회	초등교사	67명	6~8월	교육과정기획과
6	경남 사도실천상 교육발전연구 실천대회	2011. 경남 사도실천상 수상자	유동적	12월	교육과정기획과
7	7-1. 특수교사 학습지도 연구대회 7-2. 특수교육수업연구교사제 및 수업명사제운영계획	특수학교(급)교사 특수학교(급)교사	예선 참가자 40% 6명 이하	8~9월 연중	교육과정기획과 교육과정기획과
8	유치원교사 학습활동 연구대회	공 · 사립 유치원교사	24명	4~6월	교육과정기획과
9	유치원 수업연구교사 연구발표대회	공 · 사립 유치원교사	최종 출품 40%	연중	교육과정기획과
10	유치원교사 동화구연 연구대회	공 · 사립 유치원교사	12명	3~8월	교육과정기획과
11	제33회 중등교원 학습지도 연구대회	중등교사	200명	4~5월	교육과정기획과
12	12-1. 교과교육연구회 운영 · 지원 및 도 지정과제 연구대회 12-2. 교육연구활동 개인연구 발표대회	12-1. 지정과제 선정연구회 12-2. 교과교육연구회원으로 학교장과 연구회장 추천자	세부안 참조 제출편수의 40% 이내	각안 참조	교육과정기획과 교육연구정보원
13	13-1. 평생교육실천사례 연구대회 (인성, 양성평등, 평생, 야영, 청소년 단체활동 실천사례 등 5부문) 13-2. 진로교육 실천사례 연구발표대회 13-3. 생활지도 실천사례 연구대회	13-1. 유 · 초 · 중 · 고 특수학교 교원 및 교육전문직 13-2. 초 · 중 · 고 교원 및 교육전문직 13-3. 중 · 고 교사 생활부 소속교사	최종 출품 40% 최종 출품 40% 최종 출품 50%	3~12월 3~12월 3~11월	과학직업교육과 과학직업교육과 학교정책과

〈계 속〉

14	14-1. 전국 FFK 전진대회 지도실적 연구대회 14-2. 기능경기대회 학생지도실적 연구대회 14-3. 우수선수 지도실적 평정대회 14-4. 전국학생과학발명품경진대회 학생지도실적 연구대회 14-5. 한국정보올림피아드 학생지도실적 연구대회 14-6. 전국청소년과학탐구대회 학생지도실적 연구대회 14-7. 전국과학전람회 학생지도실적 연구대회 14-8. 한국학생과학탐구올림픽 학생지도실적 연구대회 14-9. 상업정보실무능력대회 학생지도실적 연구대회 14-10. 창의력대회 학생지도실적 연구대회 14-11. 경남과학전람회 학생작품 지도논문 연구대회	14-1. 전국 은메달 이상 수상 지도 14-2. 전국 장려, 경남 금메달 이상 14-3. 초 · 중 · 고 교원 14-4. 전국 장려 이상 지도 14-5. 전국 장려 이상 지도 14-6. 전국 동상 이상 지도 14-7. 전국 장려 이상 지도 14-8. 전국 장려 이상 지도 14-9. 전국 입상, 경남 은상 이상 14-10. 동상 이상 지도 14-11. 초 · 중 · 고 교원	10명(유동적) 15명(유동적) 150명(유동적) 유동적 유동적 유동적 유동적 유동적 유동적 유동적 학생 출품작 40%	4~11월 3~11월 5~12월 10월 10~11월 10월 10월 10월 3~11월 추후안내 5월	과학직업교육과 과학직업교육과 학생건강증진과 경남과학교육원 과학직업교육과 경남과학교육원 경남과학교육원 경남과학교육원 과학직업교육과 과학직업교육과 경남과학교육원
15	15-1. 경남 교육정보화 연구대회 15-2. 교원 컴퓨터 프로그래밍 경진대회 15-3. 제42회 경남교육방송 연구대회	15-1. 유 · 초 · 중등 15-2. 유 · 초 · 중 교원 및 전문직 15-3. 유 · 초 · 중 · 고 교원 및 교육전문직	최종 출품작 40% 예선참가자 40% 연구계획서 40%	요강 참조 7~8월 별도안	교육연구정보원 과학직업교육과 과학직업교육과
16	경남과학전람회 과학작품대회	초 · 중 · 고 교원 및 전문직	계획서 60%	11~5월	경남과학교육원
17	경남교육자료개발연구대회	유 · 초 · 중 · 고, 특수학교 교원 및 전문직	50%(110명)	11~5월	교육연구정보원
18	특별연구교사 연구대회	유 · 초 · 중등 교원	48명(8개팀)	6~11월	교육연구정보원
19	19-1. 제31회 초등학교 현장교육 연구논문 발표대회 19-2. 농업교사 현장연구발표대회	19-1. 초등 교원 19-2. 농업계 교사	최종 발표작 40%	5~11월 4~7월	진주교육대학교 과학직업교육과
20	독서교육실천 연구대회	초 · 중 · 고, 특수학교 교사	출품 편수 40%	4~10월	교육과정기획과

참고문헌

개정령 교육부령, 제758호, 2001. 1. 14.

경상남도교육청(2011). 2011 교육연구대회 실시계획. 경상남도교육청 장학자료.

김태숙(2007). 초등 연구학교 운영에 대한 교사와 전문직의 인식 조사. 경성대학교 교육대학원 석사학위논문.

박명길(2008). 연구학교 운영에 관한 중등학교 교사의 인식 분석. 한국교원대학교 대학원 석사학위논문.

연구학교 규정 개정령, 2000. 1. 4.

유정(2009). 초등 정책연구학교 사례를 통해 본 연구학교 운영 실태. 숙명여자대학교 교육대학원 석사학위논문.

장택수(2004). 교육연구의 이론과 실제. 서울: 형설출판사.

조동섭, 이승기, 송윤선, 이현석, 장수진, 나인애, 박선주, 안병천(2008). 새내기 교사가 알아야 할 교직실무 100가지. 서울: 교육과학사.

책장을 열며

교사로서 학교에 근무하면서 맞이하게 되는 다양한 업무 중 공적이면서 다소 넓은 범위의 학교 차원에 대해 살펴보았다. 제3부에서는 보다 실제적이고 좁은 범위에서 교사의 신분과 관련한 직접적 상황이나 교실 현장에서 벌어지는 상황에 대해 설명하고자 한다. 공무원으로 교사는 어느 위치에 있는지, 무엇을 하면 되고 무엇을 하면 안 되는지, 그리고 보수는 얼마인지 등에 대한 내용과 담임으로서 학급을 경영하는 방법, 그리고 그 안에서 발생하게 되는 각종 사고나 생활지도 등에 대해 안내하려고 한다.

따라서 제3부에서는 교원 차원에서 발생할 수 있는 교원복무 및 보수체제, 교원의 인사제도, 학급경영 방법, 학생안전사고의 예방과 관리방안, 학생생활지도의 개념과 상담이론 등에 대해 살펴보도록 한다.

제3부
교원 관련

이 장의 주제

- 교원 복무의 개념과 종류에 대해 알고 보수체제를 확인한다.
- 교원의 다양한 인사제도에 대해 알아본다.
- 학급을 경영하는 방법을 알고 실천할 수 있다.
- 학생안전사고의 개념과 종류를 알고 사전에 예방 및 관리할 수 있다.
- 학생생활지도의 개념과 특징에 대해 이해하고 상담이론을 파악한다.

11장 교원의 복무 및 보수

1. 교원의 복무

교원의 복무는 교육공무원의 신분으로 공직생활을 하면서 지켜야 할 전반적인 자세와 행동규범을 의미한다. 즉, 교원의 근무, 휴가, 휴직(복직) 등에 관한 것으로, 교원인사행정의 하위 영역 가운데 하나다. 이러한 교원의 복무는 「국가공무원법」 「교육공무원법」 「교육기본법」 등 관련 법령에 명시된 의무와 책임에 바탕을 둔다.

1) 교원의 의무

의무란 법률이 법적인 행위자에 대하여 어떤 일을 명령하거나 금지하는 부담이나 구속을 의미하며 이는 법적인 강제성을 띤다. 헌법에서는 교원의 의무와 관련하여 공무원은 국민 전체에 대한 봉사자이며, 국민에 대하여 책임을 질 것을 명시하고 있다.

교원의 의무는 주체의 행위를 기준으로 하여 구분할 수 있다. 교원이 적극적으로 수행하는 측면의 의무를 적극적 의무, 해서는 안 되는 금지사항에 해당하는 의무를 소극적 의무로 구분한다.

적극적인 의무는 다시 교육 및 연구활동의 의무, 성실의 의무 복종의 의무, 품의 유지의 의무, 비밀엄수의 의무로 나뉜다. 교육 및 연구활동의 의무는 학생을 가르침으로써 교원은 교육전문가로서의 권위를 지니게 되며, 이를 위하여 학문의 연구와 교육원리 및 방법의 탐구가 필요하다.

표 11-1 교원의 지위에 관한 권고(UNESCO, ILO)

교원은 그들의 지위가 상당히 그들 자신에게 달려 있다는 점을 인식하고, 그들의 전문적인 직무 수행에 있어서 최고의 가능한 수준에 이르도록 해야 함을 제시하고 있다.

성실의 의무는 「국가공무원법」에 규정된 공무원의 모든 의무를 이행하고 법령을 준수해야 함을 의미한다. 교원은 학교 일과시간 이후 학교 내의 사고에 대해서도 일정 부분 책임이 부여될 수 있다. 복종의 의무는 직무를 수행할 때 소속 상관의 직무상 명령에 복종해야 함을 의미한다. 직무명령은 정당한 권한을 가진 자에 의한 것, 직무와 관련이 있는 것, 그 내용이 법령에 위배되지 않는 것이어야 한다. 공무원은 직무와 관련하여 위법하지 않은 정당한 명령을 따르지 않을 경우 징계 사유가 될 수 있다. 품위 유지의 의무는 공무원은 직무의 내외를 불문하고 그 품위를 손상하는 행위를 금지하고 있으며 마약 · 알코올중독 · 방탕 · 낭비 · 과도한 부채 등과 같이 공직의 체면에 영향을 주는 공적인 임무와 관련한 품위뿐 아니라 사생활까지 해당하는 의무다. 특히 교원은 교육자다운 인격과 품위를 유지할 것을 요구하고 있다. 비밀 엄수의 의무는 재직 중은 물론 퇴직 후에도 직무상 취득한 비밀을 엄수하여야 함을 의미한다. 이를 위반할 시 징계의 사유뿐 아니라 형사상 처벌도 받게 된다.

반면, 소극적 의무는 무엇을 하면 안 된다는 것과 관련이 있다. 이에는 정치활동의 금지, 쟁의행위의 금지, 직장 이탈의 금지, 영리업무 및 겸직 금지 등이 있다.

정치활동의 금지는 공무원의 정치적 중립을 보장하기 위하여 정치활동의 금지 및 정치적 행위의 제한 범위를 정해 두고 있다(정당이나 정치단체의 가입 금지, 선거에서 특정 정당 혹은 특정인을 위한 행위의 금지). 쟁의행위의 금지는 공무원의 노동운동 및 집단행위를 금지하고 있으며, 교원의 단결권과 단체교섭권은 부분적으로 보장되어 있으나 태업, 파업, 수업 거부 등의 단체행동인 쟁의행위는 허용되지 않는다. 직장 이탈 금지는 교원이 소속 상관의 허가 없이 또는 정당한 이유 없이 근무지인 학교를 이탈하지 못하며, 이는 근무시간뿐 아니라 시간 외 근무 명령 시에도 해당한다. 영리업무 및 겸직 금지는 공무 이외의 영리를 목적으로 하는 업무에 종사하지 못하며, 소속 기관장의 허락 없이 다른 직무를 겸할 수 없다.

표 11-2 영리업무(「공무원복무규정」 제25조)

1. 상업 · 공업 · 금융업 기타 영리적인 업무를 스스로 경영하는 것
2. 영리 목적 사기업체의 무한책임사원 · 지배인 · 발기인, 기타 임원이 되는 것
3. 직무와 관련이 있는 타인의 기업에 투자하는 행위
4. 계속적으로 재산상의 이득을 목적으로 하는 업무를 행하는 것

비영리적인 타 업무를 겸직할 경우 담당 직무 수행에 지장이 없는 경우에 한해 소속 기관장의 허가를 받아야 한다. 그리고 어떤 업무가 금지되는 영리업무인지 또는 겸직을 허가할 것인지의 여부는 해당 공무원이 소속된 기관의 장이 업무의 내용과 성격, 담당직무의 내용과 성격 등을 종합적으로 고려하여 판단하게 된다. 겸직 허가를 위한 소속 기관의 장은 교원의 직급에 따라 교과부 장관, 교육감 또는 임용권을 가진 학교장이 된다.

표 11-3 참고사례(행정안전부 예규 제321호 국가공무원 복무 · 징계 관련 예규 등)

- 상가/오피스텔/아파트 임대: 공무원이 상가/오피스텔/아파트 등의 임대사업자로 등록하고 임대업을 하는 것은 직무저해 등의 기준에 저촉되지 않는다면 가능함
- 비영리법인의 당연직 이사: 법령이나 법인의 정관에 의하여 특정 직위의 공무원이 당연직 이사로 정해져 있는 경우에도 해당 공무원이 이사직을 겸직하기 위해서는 겸직허가를 받아야 함
- 야간 대리운전: 공무원이 퇴근 후 야간 대리운전에 종사할 경우 다음 날 근무에 지장을 초래할 우려가 있으므로 금지됨
- 서적 출판: 공무원이 서적을 저술하여 판권을 가지고 인세를 받는다 하여도 이는 영리업무 금지 규정에 저촉되지 않으나, 직접 출판 또는 판매하는 행위는 허용되지 않음
- 재건축조합 이사, 입주자대표회의 임원, 동대표 등: 이들 단체에서는 제반 공적인 업무를 수행하므로 공무원이 그 직을 맡기 위해서는 소속기관장의 겸직허가를 받아야 함
- 사기업체의 사외이사: 사외이사 겸직은 공무원이 특정회사와 특수한 관계를 맺음으로써 공무에 대한 부당한 영향을 초래하거나 직무상 능률을 저해할 우려가 있으므로 금지됨
- 교수, 부교수, 조교수, 전임강사: 소속 기관의 장의 허가를 득한 후 겸직 가능

- 저술, 원고료, 출연료 등을 받는 행위, 주택 1채를 전세 놓는 행위 등은 금지대상 영리업무에 해당되지 않음
- 공익을 목적으로 하는 교육정보와 콘텐츠의 제공에 따른 수당은 영리업무에 해당하지 않을 수 있음

2) 공무원 행동강령

공무원 행동강령에서는 공무원이 직무수행 과정에서 준수해야 할 구체적 행위기준을 제시하고 있다. 이는 최초의 법적 구속력을 갖춘 종합적 · 구체적 공무원 윤리규정이다.

공무원 행동강령은 공정한 직무의 수행, 부당 이득의 수수 금지, 건전한 공직 풍토의 조성 등으로 나뉜다. 공정한 직무의 수행은 공정한 직무수행을 해치는 지시에 대한 처리를 의미한다. 상급자가 자기 또는 타인의 부당한 이익을 위하여 공정한 직무수행을 현저하게 해치는 지시를 하였을 때에는 지시에 따르지 않을 수가 있다. 그리고 공무원은 자신이 수행하는 직무가 자신 혹은 가족의 이해와 직접적인 관계가 있는 경우, 그 직무를 맡지 않도록 상급자 또는 행동강령 책임관과 상담한 후 처리한다. 단, 문서나 민원의 접수, 증명서의 발급 등 단순 민원업무의 경우는 예외로 한다.

부당 이득의 수수 금지란 공무원이 직무 관련자로부터 금품(금전, 부동산, 선물, 향응) 등을 받아서는 안 되며, 직무 관련자였던 자나 직무 관련 공무원이었던 사람으로부터 당시의 직무와 관련하여 금품 등을 받아서는 안 된다. 또한 배우자나 직계 존속 · 비속도 수령이 금지되는 금품 등을 받지 않도록 하여야 한다.

표 11-4 금품 수수의 예외

- 직무수행을 위해 부득이한 경우에 제공되는(1인당 3만 원 이내) 간소한 음식물 또는 교통·통신 등 편의
- 직무와 관련된 공식적인 행사에서 주최자가 참석자에게 일률적으로 제공하는 교통·숙박 또는 음식물
- 불특정 다수인에게 배포하기 위한 기념품 또는 홍보용 물품
- 질병·재난 등으로 어려운 처지에 있는 공무원을 돕기 위해 공개적으로 제공되는 금품 등
- 상급자가 하급자에게 위로·격려·포상 등 사기를 높일 목적으로 제공하는 금품 등
- 국립학교 교원이 졸업식, 스승의 날 등의 행사에서 공개적으로 제공받는 꽃·기념품 등 간소한 선물

건전한 공직 풍토의 조성을 위해서 교원은 외부 강의, 강연, 발표, 토론, 기술자문, 고문, 심사, 평가, 자문, 의결 등의 외부 강의나 회의를 할 경우 미리 소속 기관의 장이나 행동강령 책임관에게 신고하여야 한다. 단, 외부 강의·회의 등의 요청자가 국가나 소속 교육청, 지방자치단체 등일 경우에는 신고할 필요가 없다.

또한 경조사의 통지와 경조 금품 수수와 관련하여 공무원은 직무 관련자나 직무 관련 공무원에게 경조사를 알릴 수 없으며, 경조사와 관련하여 5만 원을 초과하는 경조금품 등을 주거나 받을 수 없다.

직무 관련자, 직무 관련 공무원으로부터 금품을 제공받거나 경조사 통지 대상 예외자 및 경조 금품 수수 초과분 등 조항을 위반하여 금품 등을 받은 경우에는 제공자에게 그 기준을 초과한 부분이나 수수가 금지된 금품 등을 즉시 반환하여야 한다. 단, 반환하여야 하는 금품 등의 제공자나 제공자의 주소를 알 수 없거나, 제공자에게 반환하기 어려운 사정이 있을 때에는 즉시 소속 기관의 장 또는 행동강령 책임관에게 인도하여 별도로 처리하여야 한다.

〔별지 제4호〕 '외부 강의나 회의 등에 대한 신고서'의 작성요령

<table>
<tr><th colspan="5">외부 강의 · 회의등 신고서</th></tr>
<tr><td rowspan="2">신고자</td><td>성 명</td><td>김 공 정</td><td>소 속</td><td>○○교육청</td></tr>
<tr><td>직 위
(직 급)</td><td colspan="3">교사</td></tr>
<tr><td>외 부
강 의
·
회 의
유 형</td><td colspan="4">□ 교육과정 □ 세미나, 공청회, 토론회, 발표회, 심포지엄
□ 회의 □ 기타( )</td></tr>
<tr><td>활 동
유 형</td><td colspan="4">□ 강의, 강연 □ 발표, 토론
□ 심사, 평가, 자문, 의결 □ 기타( )</td></tr>
<tr><td rowspan="2">요청자</td><td>기관명</td><td>○○ 대학교</td><td>대표자</td><td>학무과장</td></tr>
<tr><td>담당부서</td><td>학무처</td><td>연락처</td><td>222-2222</td></tr>
<tr><td>요청 사유</td><td colspan="4">교직이수 실무 '○○과 교수지도학습의 실제' 강의</td></tr>
<tr><td>장 소</td><td colspan="4">○○대학교 인문학부 4강의실</td></tr>
<tr><td>일 시</td><td colspan="2">2012. 9. 1. ~ 2012. 12. 7.
15시 00분 ~ 16시 50분</td><td>일 괄
신 고</td><td>월평균 횟수: 4회
1회 평균 시간: 2시간</td></tr>
<tr><td>대 가</td><td colspan="4">총액 200 만원 (※ 1회 평균 대가 4.2 만원)
(교통비 ____만 원, 원고료 ____만 원, 재료비 ____만 원 포함)</td></tr>
<tr><td colspan="5">2012 . 8 . 20 .
신고자 김 공 정 (서명)</td></tr>
</table>

3) 교원의 휴가

교원의 휴가는 연가, 병가, 공가, 특별휴가로 구분한다.

- **연가**: 정신적 · 신체적 휴식을 취함으로써 근무능률을 유지하고 개인생활의 편의를 위하여 사용하는 휴가
- **병가**: 질병 또는 부상으로 직무를 수행할 수 없는 경우 또는 전염병에 걸려 다른 공무원의 건강에 영향을 미칠 우려가 있을 때 부여받는 휴가
- **공가**: 공무원이 일반국민의 자격으로 국가기관의 업무수행에 협조하거나 법령상 의무의 이행이 필요한 경우에 부여받는 휴가
- **특별휴가**: 사회통념 및 관례상 특별한 사유(경조사 등)가 있는 경우 부여받는 휴가

교육과학기술부(2012)가 제시하는 휴가의 실시원칙은 다음과 같다.

첫째, 교원의 휴가는 연가 · 병가 · 공가 · 특별휴가로 구분함.

둘째, 기관장 또는 학교의 장은 휴가를 허가함에 있어 소속 교원이 원하는 시기에 법정휴가일수가 보장되도록 하되, 연가와 특별휴가 중 장기재직휴가는 학생들의 수업 등을 고려하여 부모 생신일 또는 기일 등을 제외하고는 특별한 사유가 없는 한 방학 중에 실시하고, 휴가로 인한 수업결손 등이 발생하지 않도록 필요한 조치를 취하여야 함.

(1) 휴가 등의 허가권자 및 절차

① 교원이 휴가 · 지참 · 조퇴 · 외출과 「공무원여비규정」 제18조의 규정에 의한 근무지 내 출장을 하고자 하는 때에는 「위임전결규정」이 정한 허가권자에게 근무상황부 또는 근무상황카드에 의하여 미리 신청을 하여 사유 발생 전까지 허가를 받아야 함

- 다만, 병가 · 특별휴가 등 불가피한 경우에는 당일 정오까지 필요한 절차를 취하여야 하며, 이 경우 다른 교원으로 하여금 이를 대행하게 할 수 있음

※ 근무상황부는 기관장 또는 학교의 장이 지정하는 부서에 비치하고 개인별

로 관리하되, 교육정보시스템(NEIS)에 의한 근무상황부를 운용하는 기관장 또는 학교의 장은 전자적으로 개별 관리도 가능함

② 교원이 정해진 시간까지 출근할 수 없을 때에는 소속기관에 미리 신고하여야 하고, 그 후 출근한 때에는 지참으로, 출근하지 않은 때에는 결근으로 처리함

※ 출근이라 함은 정해진 근무시간까지 근무장소(사무실 또는 현장)에 도착하는 것을 말함

③ 학교장의 휴가는 직근 상급기관의 장(교육감 또는 교육장, 국립은 총장 또는 장관)의 허가를 받아 실시함

- 문서 · 전화 또는 구두로 휴가를 신청할 수 있으며, 직근 상급기관의 근무상황부 또는 근무상황카드에 의하여 관리함

(2) 휴가일수의 계산

① 연가 · 병가 · 공가 및 특별휴가는 별개의 요건에 따라 운영되므로 그 휴가일수의 계산은 휴가 종류별로 따로 계산함

- 반일연가는 13:00를 기준으로 하여 오전 · 오후로 구분함

② 휴가기간 중의 공휴일과 주 5일 수업제의 휴무 토요일은 그 휴가일수에 산입하지 않으나, 휴가일수가 연속하여 30일 이상 계속되는 경우와 주 5일 수업제 전면 미실시 학교 교원의 경조사특별휴가는 산입함

- 주 5일 수업제 전면 미실시 학교 교원의 근무 토요일의 연가 · 병가는 반일로 처리하되, 공가 · 특별휴가 · 포상휴가 · 장기재직휴가 및 30일 이상 계속되는 휴가(장기병가 · 출산휴가, 퇴직준비휴가)는 1일로 처리함

③ 퇴직 후 당해연도에 재임용된 교원의 휴가일수 산정 시는 퇴직 전 근무기관에서 사용한 휴가일수를 공제하여야 함

- 필요한 경우 퇴직 전 근무기관에 휴가 사용내역을 확인 후 조치

④ 법정휴가일수를 초과한 휴가는 결근으로 처리함

- '지참'이라 함은 정해진 근무시간까지 출근하지 못하는 것을 말함
- '조퇴'라 함은 질병 기타 사유에 의하여 퇴근시간 전에 퇴근하는 것을 말함
- '외출'이라 함은 근무시간 중 개인용무를 위하여 학교 외부로 나간 후 퇴근시간 전에 돌아오는 것을 말함

(3) 휴가 종류별 실시방법

① 연 가

재직기간별 연가일수는 다음과 같다.

표 11-5 재직기간별 연가일수

재직기간	연가일수	재직기간	연가일수
3월 이상 6월 미만	3일	3년 이상 4년 미만	14일
6월 이상 1년 미만	6일	4년 이상 5년 미만	17일
1년 이상 2년 미만	9일	5년 이상 6년 미만	20일
2년 이상 3년 미만	12일	6년 이상	21일

- 연가는 1월 1일부터 12월 31일까지 1년 단위로 계산. 미사용 연가는 다음 해로 이월할 수 없다.
- 지참(지각) · 조퇴 · 외출 및 반일연가 1회는 구분 없이 누계시간으로 계산하며 누계 8시간을 연가 1일로 계산하여 공제한다.
  ※ 누계시간을 연가일 단위로 계산한 후 8시간 미만의 잔여시간은 계산하지 아니한다.

표 11-6 누계시간 연가일 단위 계산법

◎ 1년간 외출 15시간, 조퇴 9시간, 지참 1시간, 오후 반일연가 1회가 있는 교원의 경우 → (15시간+9시간+1시간+4시간) = 29시간(3일 5시간 중 5시간은 계산하지 아니함)

• 익년도 연가의 가산방법

- 당해연도에 결근 · 휴직 · 정직 · 직위해제 및 강등 사실이 없는 교원 중
- '병가를 활용하지 아니한 교원'과 '연가실시일수가 3일 미만인 교원'에 대하여는 다음 해에 한하여 재직기간별 연가일수에 각각 1일씩(합계 2일)을 가산한다.
- 연도 중 임용되어 1년 미만 근무한 경우에는 해당되지 않는다.

• 연가 실시방법

- 연가 실시

(가) 교원의 연가는 학생수업 등을 고려하여 하기 · 동기 및 학기말의 휴업일에 실시함을 원칙으로 함

(나) 연가일수가 9일 이상(재직기간 1년 이상)인 교원은 본인 및 그 배우자의 부모생신일 또는 기일 중 적어도 2일 이상은 연가를 실시하여 경로 효친사상을 고양하도록 함

▶ 부모의 국외 거주 등 특수사정의 경우는 특정일에 실시 가능

▶ 자녀가 교원 또는 공무원일 경우 본인생일 당일 연가 허가 조치

(다) 다음과 같은 특별한 사유가 있는 경우에는 본인의 법정연가일수 안에서 필요한 기간에 대하여 허가할 수 있음

▶ 연가를 활용하여 공무 외의 목적으로 국외여행을 하는 경우

▶ 병가기간을 모두 사용한 후에도 직무를 수행할 수 없거나 계속 요양을 할 필요가 있는 경우

▶ 한국방송통신대학교 출석수업에 참석하는 경우

▶ 기타 상당한 이유가 있다고 학교장이 인정하는 경우

(다) 연가는 반일 단위로도 허가할 수 있으며, 반일연가 2회는 연가 1일로 봄

▶ 반일연가는 근무상황부의 종별란에 반일연가로 기재

◎ 다음연도 연가 사용(주 5일 수업제 전면 실시 학교의 교원만 해당)

(가) 주 5일 수업제 전면 실시 학교의 연가 허가권자는 당해연도의 잔여 연가일수를 초과하는 휴가사유가 발생한 경우에는 1/2 범위에서 다음 연

도 연가를 미리 사용하게 할 수 있음

※ 다음 연도의 연가를 미리 사용할 수 있는 경우(「국가공무원 복무규정」 제16조 제6항 관련)

구 분	대 상
결혼	본인 및 배우자의 형제자매
회갑	본인, 배우자, 본인 및 배우자의 직계존속
사망	본인 및 배우자의 형제자매의 배우자
	본인 및 배우자의 부모의 형제자매, 본인 및 배우자의 부모의 형제자매의 배우자
탈상	배우자, 본인 및 배우자의 부모
	본인 및 배우자의 형제자매, 본인 및 배우자의 형제자매의 배우자
	본인 및 배우자의 조부모 · 외조부모

(나) 연가의 허가권자는 소속 공무원의 연가 신청이 있는 경우 학교수업에 특별한 지장이 없는 경우 이를 허가할 수 있다.

- 연가일수의 공제

(가) 결근일수 · 정직일수 · 직위해제일수 및 강등 처분에 따른 직무에 종사하지 못하는 일수는 이를 연가일수에서 공제함

(나) 법령에 의한 의무수행이나 공무상 질병 또는 부상으로 인하여 휴직한 경우를 제외한 휴직의 경우에는 연가일수에서 다음 산식에 의하여 산출된 일수를 공제함. 이 경우 당해연도 휴직기간은 월로 환산하여 계산하되, 15일 이상은 1월로 계산하고 15일 미만은 이를 산입하지 아니하며, 산식에 의하여 산출된 소수점 이하의 일수는 반올림함

$$\frac{\text{당해연도 휴직기간(월)}}{\text{12(월)}} \times \text{당해연도 연가일수}$$

(다) 반일연가 2회는 연가 1일로 계산하여 공제함. 따라서 반일연가 5회인 경우는 연가 2일과 반일연가 1회가 되며 반일연가 1회의 계산은 아래 (라)와 같이함

(라) 지참 · 조퇴 · 외출 및 반일연가 1회는 구분 없이 누계시간으로 계산하며 누계 8시간을 연가 1일로 계산하여 공제함

▶ 반일연가 1회는 13시를 기준으로 오전 · 오후로 구분하여 각각 4시간으로 계산함

▶ 누계시간을 연가일 단위로 계산한 후 8시간 미만의 잔여시간은 계산하지 아니함

표 11-7 병가휴직자의 연가 공제일 계산법

◎ 1년간 병가휴직 후 2010년 9월 1일 복직한 6년 이상 재직 교원의 연가 공제일

$$\rightarrow \frac{8\text{월}}{12\text{월}} \times 21\text{일} = 14\text{일}$$ (금년도 사용 가능 연가일: 7일)

※ 휴직기간은 월로 환산하여 계산하되, 15일 이상은 1월로 계산하고 15일 미만은 산입하지 않음

② 병 가

- 병가의 종류
  - 일반병가는 질병. 부상, 전염병 등의 사유로 연 60일의 범위 안에서 허가하며, 질병이나 부상으로 인한 지참 · 조퇴 및 외출은 구분 없이 누계시간으로 계산하여 누계 8시간을 병가 1일로 처리한다.
  - 공무상 병가는 공무상 질병 또는 부상으로 직무를 수행할 수 없거나 요양을 요할 경우 연 180일의 범위 안에서 연도 구분 없이 허가한다.

- 일반병가의 실시방법
  - 수회에 걸쳐 계속되는 병가 및 병가실시 후 근무 중 통원치료 등의 경우 동일 질병 또는 부상에 한하여서는 병가 및 통원치료 시마다 별도 진단서의 제출 없이 최초 제출한 진단서로 갈음한다.
  - 병가기간이 연간 6일을 초과할 때에는 7일 이후의 병가는 연가를 활용하여

야 하며, 그 이후에도 완치가 되지 않은 경우에는 잔여병가를 활용할 수 있다(의사의 진단서가 첨부된 병가는 예외).

- 질병휴직 후의 복직 시 동일 사유로 연속하여 일반 병가를 허가할 수 없으며 복직 후의 근무가 정상적인 상태로 상당기간 지속된 경우에만 일반병가를 허가할 수 있다.

• 공무상 병가의 실시방법

- 공무원연금관리공단의 공무원연금급여심의위원회 심의를 따르며 심의 중일 때에는 일반병가 → 연가 → 질병휴직으로 처리하고, 공무상 병가 승인 통보 후에는 소급하여 공무상 병가 처리한다.
- 가해자에 의한 손해배상 등의 사유로 공무상 요양비가 지급되지 않는 경우에도 공무상 요양승인을 받아야 한다.
- 아래의 경우에는 학교장이 공무상 질병 · 부상 여부를 판단하여 공무상 병가를 허가할 수 있다.
  (가) 「공무원연금법」을 적용받지 않는 교원(기간제 교원 등)의 경우
  (나) 6일 이내의 단순 안정만을 요하는 경미한 질병 · 부상의 경우
- 교원은 공무상 병가의 경우(공무상 병가 180일, 일반병가 60일, 연가 21일, 질병휴직 1년) 등 최대 1년 8개월 21일간 공무원 신분을 유지하며 치료할 수 있다.

표 11-8 병가에 대한 예시

질의 1) 11월 1일에 질병으로 2개월의 병가를 사용한 후 다음년도 1월 1일부터 병가사유가 발생하는 경우 2월을 계속 병가로 사용할 수 있는지?

답) 병가일수 계산은 병가 실시 당해연도 1년 단위로 계산하므로 다음년도의 병가 가능일수 범위 안에서 병가를 허가할 수 있음

질의 2) '1월 미만의 휴가기간 중의 공휴일은 휴가일수에 산입하지 아니한다'로 되어 있는바, 27일의 병가를 사용한 후 계속 병세가 악화되어 계속 다시 병가원을 제출하여 15일간의 병가를 사용한 후에도 병가를 다시 사용하여야 할 경우의 공휴일의 계산 방법은?

답) 병가일수가 1월 이상 계속되는 경우에는 공휴일을 연가일수에 산입하도록 되어 있으므로, 병가를 허가한 횟수에 상관없이 병가가 계속되어 1월 이상 되는 경우에는 다음 사례와 같이 공휴일수를 병가일수 계산에 산입하여야 할 것임

| 사례 |
- 27일 병가허가(공휴일 3일을 산입하지 아니함)
- 계속 15일 병가허가(공휴일 2일을 산입하지 아니함)
- 당해 교사의 총 병가 휴가일수 → 27+3+15+2=47일

③ 공 가

- 공가의 허가 범위

학교장은 소속 교원이 다음과 같은 사항에 해당되는 경우 공가를 허가하여야 한다.

- 「병역법」 기타 다른 법령에 의한 징병검사 · 소집 · 검열점호 등에 응하거나 동원 또는 훈련에 참가할 때
- 공무에 관하여 국회 · 법원 · 검찰 기타 국가기관에 소환된 때
- 법률의 규정에 의하여 투표에 참가할 때
- 승진 · 전직 시험에 응시할 때
- 원격지 간의 전보발령을 받고 부임할 때
- 「산업안전보건법」 제43조에 따른 건강진단 또는 「국민건강보험법」 제47조에 의한 건강검진을 받을 때
- 「교원연수에 관한 규정」 제13조에 의한 외국어 능력시험에 응시할 때
- 올림픽 전국체전 등 국가적인 행사에 참가할 때
- 천재지변 · 교통차단 등 기타의 사유로 출근이 불가능할 때
- 「혈액관리법」 시행령 제2조(헌혈의 권장)의 규정에 의하여 헌혈에 참가할 때
- 교원노조의 단체교섭위원으로 참석할 때와 교섭 관련 협의를 위하여 지명된 자로 참석할 때
- 「교육기본법」 제15조에 의한 교원단체(예, 한국교원단체총연합회)가 교섭 · 협의위원으로 단체교섭 및 협약체결을 위해 참석할 때

- 공가제도의 운영상 유의사항
  - 공가 시 왕복 소요일수를 가산할 수 있다.
  - 전보의 경우 업무인계인수, 이사 등에 소요되는 최소한의 일수를 포함한다.

- 건강진단 시 재진료의 경우에도 공가 대상이다.
- 행사 참가는 학교의 장이 선수 · 심판 등 공가 활용이 불가피하다고 인정되는 경우에 한한다.
- 「교원의 노동조합 설립 및 운영 등에 관한 법률」 제6조에 의하여 교원노동조합의 단체교섭권한을 적법하게 위임받은 단체교섭위원 및 「교원의 노동조합설립 및 운영 등에 관한 법률 시행령」 제3조 제3항에 의한 교섭 관련 협의를 위하여 지명된 자와 「교육기본법」 제15조에 의한 교원단체 소속 교원이 교원지위 향상을 위한 특별법에 의한 교섭 · 협의 위원으로 지명된 자에 한하여 공가 처리된다.

※ 「교원노조 및 교육기본법」 제15조에 의한 교원단체의 소속 교원의 단체교섭과 관련한 공가기간은 단체교섭 및 교섭 관련 협의에 직접 참가한 시간과 동 회의에 참석하기 위하여 필요한 이동시간을 포함하며, 단체교섭 및 교섭 관련 협의를 위한 사전협의 등의 부대시간은 공가기간으로 인정될 수 없다.

④ 특별휴가

특별휴가는 경조사휴가, 출산휴가, 여성보건휴가, 수업휴가, 포상휴가, 장기재직휴가, 재해부호휴가, 퇴직준비휴가, 육아시간으로 구분할 수 있다.

- 경조사휴가
  - 경조사별 휴가일수

표 11-9 경조사별 휴가

<table>
<tr><th>구 분</th><th>대 상</th><th>일 수</th><th>구 분</th><th>대 상</th><th>일 수</th></tr>
<tr><td rowspan="3">결혼</td><td>본인</td><td>7</td><td rowspan="6">사망</td><td rowspan="3">본인 및 배우자의 형제자매와 그 형제자매의 배우자</td><td rowspan="3">3</td></tr>
<tr><td>자녀</td><td>1</td></tr>
<tr><td>본인 및 배우자의 형제자매</td><td>1</td></tr>
<tr><td rowspan="2">회갑</td><td>본인 및 배우자</td><td>5</td><td rowspan="3">본인 및 배우자의 부모의 형제자매와 그 형제자매의 배우자</td><td rowspan="3">3</td></tr>
<tr><td>본인 및 배우자의 직계존속</td><td>1</td></tr>
<tr><td>출산</td><td>배우자</td><td>7</td></tr>
</table>

〈계 속〉

<table>
<tr><td rowspan="3">사망</td><td>배우자, 본인 및 배우자의 부모</td><td>7</td><td rowspan="3">탈상</td><td>배우자, 본인 및 배우자의 부모</td><td>2</td></tr>
<tr><td>본인 및 배우자의
증조부모 · 조부모 ·
외증조부모 · 외조부모</td><td>5</td><td>본인 및 배우자의
증조부모 · 조부모 ·
외증조부모 · 외조부모</td><td>1</td></tr>
<tr><td>자녀와 그 자녀의 배우자</td><td>3</td><td>본인 및 배우자의 형제자매와
그 형제자매의 배우자</td><td>1</td></tr>
</table>

※ 입양휴가: 20일

※ 2010. 7. 15. 개정된 「국가공무원 복무규정」을 적용받는 공무원과 달리 교원의 경우, 주 5일제 수업이 전면 실시될 때까지 상기 경조사 휴가일수를 적용한다.

- 경조사 휴가가 2일 이상인 경우 그 사유가 발생한 날을 포함하여 전후에 연속하여 실시하여야 한다.
- 경조사 휴가대상 친족의 범위
  (가) 직계존속
    ▶ 부모 · 조부모 · 증조부모뿐 아니라 외조부모 및 외증조부모 포함
    ▶ 양자 · 양녀로 입적된 경우에는 양부모와 친생부모 포함
    ▶ 계부 · 계모는 인척으로 직계존속이 아님
  (나) 본인 및 배우자의 부모의 형제자매와 그 형제자매의 배우자
    ▶ 백 · 숙부모뿐 아니라 고모(부), 이모(부), 외숙부(모) 모두 포함
  (다) 본인 및 배우자의 형제자매와 그 형제자매의 배우자
    ▶ 형제자매뿐 아니라 형수, 제수, 형부, 제랑, 매형, 매제, 처남댁, 동서 모두 포함
- 경조사 휴가와 공휴일
  (가) 경조사 특별휴가 기간 중에 포함된 공휴일 또는 휴무 토요일은 그 휴가일수에 산입함(휴가일수가 1일인 경조사가 공휴일 또는 휴무 토요일인 경우에는 경조사 특별휴가 대상이 아님)
  (나) 경조사 특별 휴가 중 '결혼(자녀)' '입양(본인)' 및 '사망(자녀와 그 자녀의 배우자의 사망)'의 경우에는 휴가기간 중의 공휴일 및 주 5일 수업제의 휴무 토요일은 그 휴가일수에 산입하지 아니한다.

• 출산휴가

- 출산 전 · 후 90일의 출산휴가를 실시하며, 휴가기간의 배치는 산후에 45일 이상이 되어야 한다(의료기관의 진단서에 의한 출산 예정일을 기준).
- 임신 16주 이후 유산 또는 사산한 경우로서 교원이 신청하는 때에는 최대 90일까지에 유산 · 사산휴가를 실시한다. 다만, 인공임신중절수술(「모자보건법」 제14조 제1항의 규정에 의한 경우는 제외)에 의한 유산의 경우는 휴가를 부여하지 않는다.

표 11-10 출산휴가

임신기간	휴가기간(유산 또는 사산한 날로부터)
11주 이내(77일 이내)	5일
12주 이상 15주(78~105일)	10일
16주 이상 21주(106~147일)	30일
22주 이상 27주(148~189일)	60일
28주 이상인 경우(190일 이후)	90일

- 임신 중에 심한 입덧이나 부작용 등으로 안정이 필요한 경우에는 일반병가를 허가할 수 있다.

• 여성보건휴가

- 여자 교원은 매 생리기와 임신한 경우 정기점진 등을 위하여 매월 1일의 여성보건휴가를 얻을 수 있으며 이 경우 공무원과 달리 교원의 동 휴가는 유급으로 처리한다(폐경기 교원 제외).
- 보건휴가는 1일로 사용하는 것이므로 분리하여 2일 사용은 할 수 없다.

• 수업휴가

한국방송통신대학교에 재학 중인 교원은 출석수업에 참석하기 위하여 연가일수를 초과하는 출석수업에 대하여 수업휴가를 얻을 수 있다.

• 포상휴가

훈장 · 포장, 국무총리 이상의 표창을 받을 때, 모범공무원으로 선발된 때, 주요 업무를 성공적으로 수행한 때 학교장은 학생수업 등을 고려하여 6일 이내의 포상휴가를 허가할 수 있다.

• 장기재직휴가

교원이 20년 이상 재직한 경우 학교의 장은 재직기간 20년이 도래한 날로부터 재직기간 중에 10일간의 장기재직휴가를 허가하여야 하며 분할하여 사용할 수 있다(방학 중 실시하여야 함).

• 재해구호휴가

수해 · 화재 · 붕괴 · 폭발 등의 재해 또는 재난으로 인하여 피해를 입은 교원과 재해 또는 재난발생지역에서 자원봉사활동을 하고자 하는 교원은 5일 이내의 재해구호휴가를 얻을 수 있다.

• 퇴직준비휴가

정년퇴직, 명예퇴직을 할 교원은 퇴직예정일 전 3월이 되는 날부터 퇴직 예정일 전일까지 퇴직준비휴가를 얻을 수 있다(명예퇴직 시는 명예퇴직수당 지급 대상자로 결정되어 그 통보를 받은 다음 날부터).

• 육아시간

생후 1년 미만의 유아를 가진 여자 교원은 1일 1시간의 육아시간을 얻을 수 있으며, 허가대상 여부는 병원의 출생증명서 또는 주민등록등본으로 확인한다.

육아시간은 본인의 신청에 따라 수업 등 학생지도에 지장이 없는 범위 내에서 근무시간 중의 적절한 시간을 선택하여 유아가 만 1세가 되는 날의 전일까지 허가한다. (예시: 1시간 또는 30분 늦게 출근하거나, 1시간 또는 30분 일찍 퇴근 또는 근무시간 중 1시간을 활용)

육아시간의 허가는 근무상황부에 사용기간과 매일의 사용시간을 기재하여 일괄 결재로 처리하고, 사용시간이 변경될 경우에는 다시 결재를 받아야 한다.

- 불임치료 시술 휴가

인공수정 또는 체외수정 등 불임치료 시술을 받는 공무원은 시술 당일에 1일의 휴가를 받을 수 있다(체외수정시술의 경우 난자 채취일에 1일의 휴가를 추가로 받을 수 있음).

⑤ 공무 외 국외여행

요즘은 교원이 방학기간을 이용해서 공무 외 국외여행을 하는 일이 매우 잦아졌다. 아이들을 가르치는 교사로서 깊은 안목과 식견을 넓히는 일은 매우 고무적인 일이라고 하겠다. 하지만 공무 외 국외여행을 할 경우 정식의 승인절차를 꼭 밟아야 여행 후에 불상사가 생기지 않는다. 승인을 받지 않은 국외여행은 문제가 생길 소지가 많기 때문이다. 아래에서 공무 외 국외여행을 알아보도록 하자.

- 휴가(연가)일수 범위 내 공무 외 국외여행 등
  - 본인 또는 친인척의 경조사 및 본인의 긴급한 질병치료 등 특별한 경우를 제외하고는 학교교육에 지장이 없는 휴업일 중 휴가기간(연가)의 범위 안에서 공무 외의 목적으로 국외여행을 할 수 있다.
  - 공무 외의 국외여행을 위한 휴가를 신청할 때에는 근무상황부 '사유 또는 용무'란에 '공무 외의 국외여행'임을 표시한 후 학교의 장의 허가를 받는다.

- 국외자율연수를 위한 공무 외 국외여행(이하 '국외자율연수')
  - 사유: 교직단체가 주관하는 연수 또는 해외교육기관의 초청에 의한 연수 참가, 개인의 학습자료 수집 등 구체적 인정 범위는 시 · 도 교육감(국립은 총장 또는 학교장)이 정한다.
  - 기간: 휴업일 중 실시하되 학교교육에 지장이 없는 범위 내에서 실시한다.
  - 절차

표 11-11 국외여행 신청절차

절 차	방법 및 포함내용
자율연수계획서 제출	자율연수계획서에는 제출자, 연수희망국, 연수기간, 연수목적, 활동계획, 기대되는 성과, 연수 중 연락처 또는 연락방법을 포함하여야 한다.
연수계획서 확인 및 승인	결재 여부 확인
근무상황부 정리	근무상황부에 '국외자율연수'로 기록하고 별도의 결재를 득함
연수 실시	국외자율연수 실시
연수보고서 제출	보고서에는 제출자, 연수주제, 연수국, 연수기간, 연수목적, 연수기간 중 활동내용, 연수의 결과 및 효과, 건의사항 등(교수학습자료 수집을 위한 연수일 경우에는 자료수집의 과정과 적용 효과, 교수 · 학습자료명이 구체적으로 나타나도록 작성)이 포함되어야 한다. 제출서류에는 비자 사본 또는 출입국 확인서 등이 있다.

4) 교원의 휴직과 복직

휴직의 종류에는 본인의 신청과 무관한 직권휴직과 본인이 원해서 신청하는 청원휴직이 있다.

• 휴 직

- 휴직 중이라도 공무원의 신분을 보유하므로 신분상의 의무를 위반하였을 때는 징계처분의 대상이 된다.
- 모든 휴직은 가급적 학기 단위로 기간을 정하여 휴직하도록 권장하고, 휴직에 따른 기간제교사 임용도 학기단위로 임용하여 별도 정원에 의한 정규교사 임용이 용이하도록 운영한다.
- 휴직사유의 소멸 또는 휴직기간이 만료된 후 다른 사유로 계속 휴직하고자 할 경우에는 당초의 휴직에 대하여 복직신고를 함과 동시에 다른 사유로의 휴직신청을 한다.
- 휴직 중, 휴직기간 범위 내에서 기간을 연장하고자 할 때에는 만료일 15일 전까지 신청하여야 한다.

- 휴직 중에 있는 자는 6개월마다 소재지, 연락처 등과 휴직사유의 계속 여부를 (소속기관의 장) 학교장에게 보고하여야 하며, 학교장은 휴직자의 실태를 파악하여야 한다.
- 육아휴직, 동반휴직의 사유로 2년 이상 휴직한 교원이 복직하고자 하는 경우에는 연수를 받아야 한다.
- 휴직기간 중 석 · 박사학위 취득은 휴직 명분을 유지하면서 전문성 향상을 위해 적법한 학위를 취득한 경우에는 인정된다.

• 휴직사유별 운영

- 직권휴직(「교육공무원법」 제44조 제1항 / 「사립학교법」 제59조 제1항)

표 11-12 휴직사유별 운영

종 류	질병휴직	병역휴직	생사불명	법정의무 수행	노조 전임자
근 거	제1호	제2호	제3호	제4호	제11호
요건	신체 · 정신상의 장애로 장기요양을 요할 때	병역의 복무를 위하여 징 · 소집된 때	천재지변 · 전시 · 사변, 기타의 사유로 생사 · 소재가 불명한 때	기타 법률상 의무 수행을 위해 직무를 이탈하게 된 때	교원노동조합 전임자로 종사하게 된 때
기간	1년 이내	복무기간	3월 이내	복무기간	전임기간
재직 경력 인정	• 경력평정: 미산입, 단 공무상 질병인 경우 산입 • 승급 제한, 단 공무상 질병인 경우는 포함	• 경력평정 산입 • 승급인정	• 경력평정 제외 • 승급제한	• 경력평정 산입 • 승급인정	• 경력평정 산입 • 승급인정
결원 보충	6월 이상 휴직 시 결원보충	6월 이상 휴직 시 결원보충	결원보충 불가	6월 이상 휴직 시 결원보충	6월 이상 휴직 시 결원보충
보수 지급	• 봉급 7할 지급 (결핵은 8할) • 공무상 질병은 전액 지급	지급 안 함	지급 안 함	지급 안 함	지급 안 함

〈계 속〉

수당	• 공통수당: 보수와 같은 율 지급 • 기타 수당: 휴직 사유별 차등지급	지급 안 함	지급 안 함	지급 안 함	지급 안 함
증빙 서류	• 의사의 진단서	• 병역의무부과 통지서	• (직권휴직-객관적 증빙자료 첨부)	• 법률상 의무수행 증빙자료	• 노조 전임 증빙 서류

- 청원휴직(「교육공무원법」 제44조 제1항 / 「사립학교법」 제59조 제1항)

표 11-13 청원휴직의 종류와 요건

종 류	유학휴직	고용휴직	육아휴직	연수휴직	간병휴직	동반휴직
근 거	제5호	제6호	제7호	제8호	제9호	제10호
요건	학위취득을 목적으로 해외유학을 하거나 외국에서 1년 이상 연구 · 연수하게 된 때	국제기구, 외국기관 또는 재외국민교육기관에서 임시로 고용된 때	만 6세 이하의 자녀를 양육하기 위하여 필요하거나 여교원이 임신 또는 출산하게 된 때	장관이 지정하는 국내의 연구기관 · 교육기관 등에서 연수하게 된 때	부모, 배우자, 자녀 또는 배우자의 부모의 간호를 위하여 필요한 때	배우자가 국외근무를 하거나 제5호에 해당된 때
기간	3년 이내 (학위 취득의 경우 3년 연장 가능)	고용기간	1년 이내 (여교원의 경우 2년 연장 가능)	3년 이내	1년 이내 (재직기간 중 총 3년)	3년 이내 (3년 연장 가능)
재직 경력 인정	• 경력평정: 5할 산입 • 승급인정	• 경력평정 산입 • 승급인정(비상근으로 근무할 경우 각 5할 산입)	• 경력평정: 최초 1년 10할 산입 • 승급인정: 최초 1년	• 경력평정: 5할 산입 • 승급제한	• 경력평정: 제외 • 승급제한	• 경력평정: 제외 • 승급제한
결원 보충	6월 이상 휴직 시 결원보충	6월 이상 휴직 시 결원 보충	6월 이상 휴직 시 결원 보충	6월 이상 휴직 시 결원 보충	6월 이상 휴직 시 결원 보충	6월 이상 휴직 시 결원 보충
보수 지급	봉급 5할 지급	지급 안 함	지급 안 함	지급 안 함	지급 안 함	지급 안 함
수당	• 공통 수당 5할 • 기타 수당 : 미지급	지급 안 함	최초 1년 이내 월 50만 원 지급	지급 안 함	지급 안 함	지급 안 함

증빙서류	• 등록/입원/입학증명서 • 출입국 증빙서류	• 고용계약서	• 가족관계 확인서 • 임신/출산 진단서	• 입학/연수 확인서	• 가족관계 확인서 • 대상자 진단서	• 배우자의 국외 근무 증빙서/가족관계 확인서 • 출입국 증빙서류

※ 공통 수당: 정근수당, 장기근속수당, 가족수당, 자녀학비보조수당, 보전수당

• 복 직

- 휴직기간 중 휴직사유 소멸, 만료 시 30일 이내 신고하며 지체 없이 복직 조치하여야 하며, 휴직을 계속 유지할 필요가 없어 복직할 때에는 휴직사유의 소멸을 객관적으로 입증할 만한 증빙서류를 제출한다.
- 휴직기간이 만료 또는 휴직사유가 소멸된 후에도 직무에 복귀하지 아니하거나 직무를 감당할 수 없을 경우 휴직기간 만료일 또는 휴직사유 소멸일을 임용일자로 소급하여 직권면직시킬 수 있다.

• 휴직 종류에 따른 처리요령

- 질병휴직

(가) 신체 · 정신상의 장애로 장기요양을 요할 때 / 1년 이내

(나) 질병휴직기간(1년)을 초과하지 않는 범위 내에서 휴직 횟수에 제한 없이 휴직기간을 연장하거나 복직하였다가 재휴직도 할 수 있다.

(다) 휴직기간(1년)이 만료된 후 복직하여 정상근무 중에 동일 질병이 재발하는 경우 복직 후의 근무가 완전하고 정상적인 상태로서 상당 기간 지속되었다면 새로운 휴직을 부여할 수 있다.

(라) 휴직신청서류: 휴직신청서(소속, 직위, 성명, 휴직사유, 휴직기간 명시), 의사의 진단서

※ 진단서는 의료보험이 적용되는 병 · 의원 또는 한의원에서 발행하는 진단서를 첨부하면 된다.

(마) 병가 및 연가와의 관계

표 11-14 병가와 연가의 관계

• 일반질병휴직(최대 1년 2개월 21일) ▶ 일반병가(60일)→법정연가 사용(미사용 연가 범위 내)→일반질병휴직(1년) • 공무상 질병휴직(최대 1년 8개월 21일) ▶ 공무상 병가(180일) → 일반병가(60일) → 법정연가 사용(미사용 연가 범위 내) → 공무상 질병휴직(1년)

- 육아휴직

- 휴직대상: 자녀(휴직신청 당시 6세 미만의 자녀에 한함)를 양육하기 위하여 필요한 남 · 여 교원이며, 부부교원의 경우 최초 1년의 휴직은 자녀 1인에 대하여 각각 휴직 가능(동시 사용도 가능)
  ※ 육아휴직수당도 부부교원에게 각각 지급
- 휴직기간: 1년 이내. 단, 여교원의 경우 2년의 범위 내에서 연장 가능(여성은 최대 3년)
- 휴직 횟수 및 방법
  (가) 육아휴직 가능 기간 내에서 최초 휴직이나 연장 휴직 모두 횟수에 제한 없이 분할 사용 가능하다.
  (나) 휴직신청서류: 휴직원, 학교장 의견서, 가족관계증명서, 임신진단서 또는 출산 확인서
  (다) 휴 · 복직의 허가는 학기 단위를 원칙으로 한다(3월 1일~8월 말일, 9월 1일~2월 말일).
  ※「교육공무원인사관리규정」 제24조(휴직의 결정)에 의거, 학기 단위 휴 · 복직 허가 원칙의 예외
  ▶ 출산휴가 후 기간의 단절 없이 계속하여 육아휴직을 사용할 경우(복직은 학기말)
  ▶ 임신을 사유로 건강상 긴급히 휴직해야 할 사유가 발생한 경우(복직은 학기말)
  ▶ 휴직기간 중 그 사유가 소멸(유산, 양육대상 자녀의 사망 등)된 경우
  (라) 최초 1년 이상 육아휴직을 기사용한 경우 휴직신청 이름은 '연장휴직'으로 함
- 육아휴직수당 / 경력

(가) 자녀를 양육하기 위하여 30일 이상 휴직한 공무원에 대하여 월 50만 원의 육아휴직수당을 지급하되, 그 지급기간은 최초 휴직일로부터 1년 이내로 한다.

(나) 휴직기간의 경력 및 호봉 산입: 육아휴직기간 중 최초의 1년 이내의 기간은 근속기간에 산입한다.

- 쌍생아 또는 두 자녀 이상일 경우의 육아휴직 신청

(가) 쌍생아일 경우 자녀 1인당 각각 육아휴직 가능하다.

(나) 첫째 자녀의 휴직에 이어 계속하여 둘째 자녀에 대한 휴직을 하고자 할 때에는 첫째 자녀에 대해 복직신청을 함과 동시에 둘째 자녀에 대하여 휴직 신청을 하여 각각의 자녀에 대한 복직 및 휴직을 허가받아야 한다 (미신청 시 첫째 자녀에 대한 휴직의 연장으로 간주됨).

- 복직절차

휴직기간 중 사유 소멸 시(유산, 양육 자녀의 사망 등) 임용권자에게 신고(복직원 제출)하여야 한다. 이 경우 복직일까지는 휴직기간으로 처리한다.

2. 교원의 보수

1) 교원의 보수체제

(1) 초임 호봉의 확정

초임 호봉 확정의 경우 경력에 특별승급 또는 승급제한 등의 사유가 있을 때에는 이를 가감하여야 하고 경력이 중복되는 경우에는 그중 유리한 경력 하나에 대하여만 확정하여야 한다. 또한 초임 호봉의 확정에 반영되지 아니한 잔여기간이 있을 때에는 그 기간은 다음 승급기간에 산입한다. 일반적으로 4년제 교육대학을 졸업 후 신규 임용된 경우의 초임 호봉은 학령 가감산 산정공식에 의해(학령 16-16)+사범계 가산연수 1년+2급 정교사 기산호봉 8호봉 = 9호봉에 확정된다.

(2) 보수계산

교사의 급여는 봉급, 수당, 성과 상여금으로 구분하며, 교원복지 차원에서 선택적 복지포인트제도가 시행되고 있다. 본봉은 근무경력에 따라 호봉이 확정되는데, 초임교사의 호봉 획정은 앞에서 제시한 바와 같다. 유치원, 초 · 중 · 고등학교 교원의 호봉별 봉급액은 다음과 같다.

표 11-15 2012년 유치원, 초 · 중 · 고등학교 교원 등의 봉급표1)

호봉	봉급	호봉	봉급	호봉	봉급	호봉	봉급
1	1,294,600	11	1,698,100	21	2,467,300	31	3,406,800
2	1,333,900	12	1,741,700	22	2,467,300	32	3,505,400
3	1,373,700	13	1,821,200	23	2,648,900	33	3,605,700
4	1,413,300	14	1,900,800	24	2,648,900	34	3,705,600
5	1,453,300	15	1,980,300	25	2,829,900	35	3,805,800
6	1,493,200	16	2,059,900	26	2,920,700	36	3,905,400
7	1,532,400	17	2,138,800	27	3,015,300	37	3,992,300
8	1,571,900	18	2,221,300	28	3,110,000	38	4,079,200
9	1,611,900	19	2,303,500	29	3,208,700	39	4,166,200
10	1,655,300	20	2,385,400	30	3,308,000	40	4,252,700

비고: 유치원, 초 · 중 · 고등학교의 기간제 교원에 대해서는 산정된 호봉의 봉급을 지급하되, 고정급으로 한다. 다만, 기간제 교원의 봉급은 14호봉을 넘지 못한다.

- 감액된 봉급을 지급받는 자에 대하여는 다시 봉급을 감액하고자 하는 경우(동시 두 가지 이상 사유 포함)에는 중복되는 감액기간에 한하여 이미 감액된 봉급액을 기준으로 하여 계산한다.
- 2년 이상 근속한 공무원의 월중 면직 또는 병역법, 기타 법률의 규정에 의한 의무를 수행하기 위하여 휴직된 때에는 면직 또는 휴직된 날이 속하는 달의

1) 연도별 자세한 봉급표는 행정안전부의 '공무원성과급여포털' http://pac.mopas.go.kr/salary/salaryChart.jsp에서 확인 가능하다.

봉급 전액을 지급한다.

- 직위해제기간 중의 봉급 감액: 징계의결이 요구 중이거나 형사사건으로 기소되어 직위해제된 자는 직위해제일로부터 3월 이내에는 봉급의 8할을 지급받으며 3월 이후에도 직위를 부여받지 못한 때에는 봉급의 5할을 지급한다.
- 근속가봉(근속가봉 1호당 50,100원): 최고 호봉(유, 초, 중등 교원 40호봉)을 받고 정기승급일 현재로 승급기간(1년) 을 초과할 때마다 근속가봉 1호씩 부여하되 10호를 초과할 수 없다.
- 징계처분 등이 취소된 자: 징계처분 · 면직처분 또는 직위해제처분이 무효 또는 취소된 경우에는 복귀일 또는 발령일에 원래의 정기 승급일을 기준으로 한 당시의 보수 전액 또는 차액을 소급하여 지급한다.
- 휴가(연가, 병가, 공가, 특별휴가) 기간 중에는 보수전액을 지급한다.
- 호봉정정자에 대한 보수지급(공무원 보수규정 제18조)
  - ▶ 정정일: 획정 또는 승급이 잘못된 호봉은 발령일자로 소급하여 정정한다.
  - ▶ 금액: 호봉 획정 또는 승급의 잘못으로 발생한 보수차익 전액을 지급한다.
  - ※ 호봉 획정 또는 승급과는 관계없이 보수가 잘못 지급된 경우
  - ▶ 과다 지급된 보수: 5년분을 환수, 과소 지급된 보수. 3년분을 추가 지급

2) 수 당

먼저 매월 지급되는 수당으로는 가족수당, 육아휴직 시 육아휴직수당 50만 원, 시간외근무수당, 정액급식비 13만 원, 교통보조비, 가계지원비 본봉의 16.7%, 담임의 경우 담임수당(2010년 기준 11만 원), 부장의 경우는 부장수당(2010년 기준 7만 원), 정근수당 가산금(5년 이상 재직 교원)이 주어진다.

비정기적인 수당은 정근수당이 1월과 7월 두 차례(0~50%) 지급되는데, 10년 이상 근무해야 본봉의 50%를 지급받게 된다. 그리고 자녀학비 보조수당으로 자녀가 중 · 고등학교에 진학하게 되면 분기별 지원을 받게 되는데, 공립학교의 경우는 납입금 전액이 지급되고, 사립학교의 경우는 공립학교 납입금에 준하여 지급된다. 또한 설과 추석에 명절휴가비가 본봉의 60% 지급된다.

(1) 정근수당

표 11-16 2010년 수당지급 구분표

구 분	수당 명칭		대상 및 지급조건
전 공무원 공통수당 (9종)	봉급비례 수당	정근수당	• 모든 교육공무원, 2회(1, 7월) - 근무연수별 11등급
		관리업무수당	• 각급학교 교장 등
	월정액 수당	정근수당가산금	• 5년 이상 근속 교육공무원(근무연수별 4등급) • 추가가산금 별도 지급(20년, 25년 기준)
		가족수당	• 부양가족이 있는 교육공무원(4인 이내)
		자녀학비 보조수당	• 중고생 자녀가 있는 교육공무원 - 4회(2, 5, 8, 11월)
		육아휴직수당	• 육아 휴직한 교육공무원(최초 휴직일로부터 1년 이내) - (임신 사유 육아휴직 시에도 수당 지급)
		특수지 근무수당	• 도서벽지 근무 교원(6, 5, 4, 3만 원 차등지급)
		시간외 근무수당	• 정규근무 시간외 근무 교육공무원 - 월정액 별도지급(월 15시간)
		모범공무원 수당	• 모범 교육공무원(3년 동안 월 5만 원)
특수업무 수당(3종)	교직수당		• 장학(교육연구)관, 장학(교육연구)사, 고교 이하 교원(25만 원)
	가산금 1(교직수당 가산금)		• 교육경력 30년 이상, 55세 이상 교사(5만 원)
	가산금 2(보직교사 수당)		• 고교 이하 각급학교 보직교사(7만 원)
	가산금 3(교원특별수당)		• 특수, 미감아 담당(7만 원), 국악고 교원, 고교 부설 방통고 겸직교원(5만 원), 유 · 초 · 특수학교 통학 버스 월 10회 동승(3만 원)
	가산금 4(담임교사수당)		• 학급담당교사(11만 원)
	가산금 5(실과교원수당)		• 농, 공, 수산, 해운계 고교 교원(2만 5000~5만 원) ※ 기계, 전자공고 교장, 교감과 기계, 전자과목 담당교사에게 추가로 가산금 지급

특수업무수당(3종)	가산금 6(보건활동수당)	• 고교 이하 각급학교 보건교사(3만 원)
	보전수당	• 국 · 공립 유치원 및 초등학교 교원, 도서벽지 중 · 고 교원 • 국 · 공립 중, 고교 5년 미만 교원(도서벽지 제외) ※ 국 · 공립 유치원, 초등교원에게 추가로 가산금 지급연구
	업무수당 2	• 장학(교육연구)관, 장학(교육연구)사연구
	업무수당 9	• 교육연수기관에 근무하는 원장, 교수, 부교수, 조교수, 전임강사, 부장, 장학(교육연구)관, 장학(교육연구)사
실비변상 등(6종)	가계지원비	• 모든 교육공무원에게 월봉급액의 16.7% 지급
	명절휴가비	• 모든 교육공무원에게 월 2회(추석, 설) 지급(월봉급액 60%)
	정액급식비	• 모든 교육공무원 - 13만 원
	교통보조비	• 모든 교육공무원 - 13만 원(교사, 장학사)
	직급보조비	• 교장, 교감, 장학(교육연구)관, 장학(교육연구)사
	연가보상비	• 방학이 없는 기관에 근무하는 교육공무원

표 11-17 정근수당 지급기준(1월, 7월에 지급)

1월에 지급되는 정근수당	1월 1일 공무원 신분이며 전년도 7~12월까지 1월 이상 봉급이 지급된 교원 대상
7월에 지급되는 정근수당	7월 1일 공무원 신분이며 당해연도 1~6월까지 1월 이상 봉급이 지급된 교원 대상

표 11-18 근무연수에 따른 지급액

근무연수	지급액	근무연수	지급액
1년 미만	미지급	7년 미만	월 봉급액의 30%
2년 미만	월 봉급액의 5%	8년 미만	월 봉급액의 35%
3년 미만	월 봉급액의 10%	9년 미만	월 봉급액의 40%
4년 미만	월 봉급액의 15%	10년 미만	월 봉급액의 45%
5년 미만	월 봉급액의 20%	10년 이상	월 봉급액의 50%
6년 미만	월 봉급액의 25%		

표 11-19 정근수당 가산금

정근수당	근속연수	월 지급액
가산금	20년 이상	100,000원
	15년 이상 20년 미만	80,000원
	10년 이상 15년 미만	60,000원
	5년 이상 10년 미만	50,000원
추가가산금	20년 이상 25년 미만	10,000원
	25년 이상	30,000원

표 11-20 정근수당 계산법

지급대상 기간 중 징계처분을 받은 자는 지급하지 아니하며, 신규임용된 자, 직위해제 또는 휴직자[공무상 질병, 육아(1년), 병역, 노조전임, 법정의무수행, 고용, 유학(5할), 연수(5할) 휴직 제외]는 실제 근무한 기간에 따라 다음 산식에 의하되 15일 이상은 1월로 계산하여 지급한다.

$$\text{지급금액} = \text{정근수당액} \times \frac{\text{실제 근무한 기간(월)}}{6\text{(월)}}$$

(2) 가족수당

- 배우자를 포함하여 4인 이내(자녀의 경우에는 부양가족의 수가 4인을 초과하더라도) 지급한다.
- 부양의무를 가진 공무원과 주민등록표상 세대를 같이하여야 한다.
- 당해 공무원의 주소 또는 거소에서 실제로 생계를 같이하여야 한다.
- 취학 · 요양 또는 주거의 형편이나 공무원의 근무형편에 의하여 당해 공무원과 별거하고 있는 배우자 · 자녀 및 배우자와 주소 · 생계를 같이하는 직계존속은 부양가족에 포함된다.

표 11-21 가족수당 지급표

부양가족	월 지급액	비 고
배우자	40,000원	부양가족 중 셋째 이후 자녀부터는 월 3만 원을 가산하여 지급한다.
배우자를 제외한 부양가족 1명당	20,000원	

표 11-22 부양가족의 범위

- 배우자
- 본인 및 배우자의 60세(여자인 경우는 55세) 이상의 직계존속(계부 및 계모를 포함한다) 및 60세 미만의 직계존속 중 장애 정도가 심한 자
- 본인 및 배우자의 20세 미만의 직계비속 및 20세 이상의 직계비속 중 장애의 정도가 심한 자
- 본인 및 배우자의 형제자매 중 장애 정도가 심한 자와 본인 및 배우자의 부모가 사망하거나 장애 정도가 심한 자의 경우 본인 및 배우자의 20세 미만의 형제자매

※ '장애 정도가 심한 자'라 함은 「장애인복지법 시행령」에 따른 장애 등급 제1급부터 제6급까지, 「국가유공자 등 예우 및 지원에 관한 법률 시행령」 제14조에 따른 상이등급 제1급부터 제7급까지 해당하는 자를 말한다.

(3) 자녀학비 보조수당

표 11-23 자녀학비 보조수당 지급 대상

- 초등학교(재외공무원에 한함), 중학교 또는 고등학교에 취학하는 자녀가 있는 공무원
- 공무원 본인의 친생자녀 및 입양한 자녀
  - 여자공무원의 배우자의 자녀 포함
  - 공무원이 이혼한 경우에는 가족관계증명서, 주민등록표등본, 건강보험증 등을 확인하여 실질적인 양육자에 해당하는 경우에 지급(형편상 주거지를 달리하는 경우 포함)

표 11-24 자녀학비 보조수당 지급표

학비 범위	수업료와 육성회비 또는 학교운영지원비
지급 시기	제1기분(3월~5월분)은 2월(신입생의 경우에는 3월), 제2기분(6월~8월분)은 5월, 제3기분(9월~11월분)은 8월, 제4기분(12~2월)은 11월의 보수지급일에 지급한다.

(4) 학급담임 교사수당

- 담임교사의 휴가 · 휴직 등으로 임시담임을 임명한 경우, 학교장의 정식 발령 시에만 임시담임에게 수당을 지급하고, 정식 발령이 없이 직무대리자에 불과할 경우 원래의 담임에게 수당을 지급한다.
- 보직교사가 학교 사정상 임시담임을 할 경우 임시담임으로 정식 임명되었다면 보직교사수당과 담임교사수당을 함께 받을 수 있다.

(5) 보전수당 및 가산금

표 11-25 보전수당 및 가산금

구 분	월 지급액	가산금
유 · 초등교원 중 • 5년 이상 • 5년 미만	8,000원 23,000원	유 · 초등 교원에게 다음과 같이 가산금 지급 • 원장(교장) - 월 67,000원 • 원감(교감) - 월 57,000원 • 보직교사 - 월 52,000원 • 교사 - 월 47,000원
중 · 고등학교 중 도서 · 벽지 근무자 • 5년 미만	18,000원	
중 · 고등교원 중 도서 · 벽지 이외 근무자 • 5년 미만	15,000원	

(6) 시간외 근무수당

표 11-26 시간외 근무수당 지급액(2010년 기준)

직 급	호 봉	시간당 근무수당
교감, 장학(교육연구)관	-	9,986원
교사, 장학(교육연구)사	30호봉 이상	9,313원
	20~29호봉	8,639원
	19호봉 이하	7,725원

참고문헌

김종운, 김효은, 이태곤(2010). 예비교사를 위한 교직실무. 서울: 동문사.

서울특별시교육연구정보원(2010). 2010 교직실무편람(수정본). 서울특별시교육연구정보원.

안세근, 김현욱(2011). 교직실무. 서울: 신정.

조동섭, 김도기, 김민조, 김민희, 김병주, 김성기, 김용, 남수경, 박상완, 송기창, 오범호, 윤홍주, 이정미, 이희숙, 정수현, 정제영, 조석훈, 주현준(2009). 초등 교직실무. 서울: 학지사.

조동섭, 이승기, 송윤선, 이현석, 장수진, 나인애, 박선주, 안병천(2009). 새내기 교사가 알아야 할 교직실무 100가지. 서울: 교육과학사.

12장 교원인사제도

1. 교원의 평정과 승진제도

교육공무원의 승진평정요소에서 교원의 승진을 위한 경력, 근무성적평정 및 연수성적의 평정기준과 가산점의 인정에 관한 근거를 두고 있는 것이 「교육공무원 승진규정」이다. 2009년 개정된 교육공무원 승진규정에 의하여 교감 승진후보자의 영역 및 배점을 살펴보면 경력평정 70점, 근무성적평정 100점, 연수성적평정 30점으로 총 200점을 각각 만점으로 평정하며 그 평정점을 합산한 점수가 높은 승진후보자의 순서대로 승진후보자 명부를 작성하게 되어 있고 가산점을 가산하도록 한다.

1) 승진평정요소 개관

(1) 경력평정, 연수성적 및 가산점 평정 시의 평정자와 확인자

표 12-1 평정자 및 확인자

평정 대상자	평정자	확인자
유 · 초 · 중 · 고 교사	교(원)감	교(원)장

(2) 정기평정 기준일: 매년 12월 31일

(3) 승진 평정점의 내용(200점 만점)

▶ 경력 평정점 70점, 근무성적평정점 100점, 연수성적 평정점 30점, 가산점

※ 소수점 이하 넷째자리에서 반올림하여 셋째자리까지 계산한다.

표 12-2 평정방법

<table>
<tr><th colspan="2">구 분</th><th>배 점</th><th colspan="4">내 용</th></tr>
<tr><td colspan="2" rowspan="3">1.
경력
평정</td><td rowspan="3">70점</td><td colspan="4">• 경력평정기간: 22년(기본경력 17년+초과경력 5년) 2010.12.31. 평정 시</td></tr>
<tr><td colspan="4">• 경력평정기간: 21년(기본경력 16년+초과경력 5년) 2011.12.31. 평정 시</td></tr>
<tr><td colspan="4">• 경력평정기간: 20년(기본경력 15년+초과경력 5년) 2012.12.31. 평정 시</td></tr>
<tr><td colspan="2" rowspan="3">2.
근무
성적</td><td rowspan="3">100점</td><td colspan="4">• 5년 이내에 해당 직위에서 평정한 합산점 중에서 평정 대상자에게 유리한 3년 선택</td></tr>
<tr><td>합산점
반영기간</td><td>명부의 작성
기준일부터
가장 가까운
연도의 합산점</td><td>명부의 작성
기준일부터
두 번째 가까운
연도의 합산점</td><td>명부의 작성
기준일부터
세 번째 가까운
연도의 합산점</td></tr>
<tr><td>3년</td><td>50%</td><td>30%</td><td>20%</td></tr>
<tr><td rowspan="6">3.
연
수
성
적</td><td>교
육
성
적</td><td>27점</td><td colspan="4">• 평정점: 교(원)감 승진후보자⇒27점
- 자격연수: 9점
- 직무연수(당해 직위에서 10년 이내 이수한 60시간 이상의 연수)
- 교(원)감 승진후보자: 18점(성적평정 6점+연수실적 12점)</td></tr>
<tr><td rowspan="5">연
구
실
적</td><td rowspan="5">3점</td><td colspan="3">• 연구대회 입상실적 평정</td><td>• 학위취득실적 평정</td></tr>
<tr><td rowspan="2">입상 등급</td><td rowspan="2">전국 규모</td><td rowspan="2">시 · 도 규모</td><td>직무와 관련 있는 학위</td></tr>
<tr><td>- 박사: 1.5~3점
- 석사: 1~1.5점</td></tr>
<tr><td rowspan="2">1등급
2등급
3등급</td><td rowspan="2">1.50점
1.25점
1.00점</td><td rowspan="2">1.00점
0.75점
0.50점</td><td>그 밖의 학위</td></tr>
<tr><td>- 박사: 1~2점
- 석사: 0.5~1점</td></tr>
<tr><td colspan="2">4.
가산점</td><td>11.75
점</td><td colspan="4">• 가산점 평정
- 공통 가산점(3종)
- 교육부 지정 연구 · 시범학교 근무경력: 월 0.021점(1.25점 이내)
- 재외국민교육기관 파견 근무경력: 월 0.021점(1.25점 이내)</td></tr>
</table>

4. 가산점	11.75 점	- 직무연수 이수실적: 1학점당 0.02점(연 0.12점 이내, 총 1점 이내) - 선택 가산점(8종) - 보직교사 근무경력: 월 0.021점(1.75점 이내) - 장학사 · 교육연구사 근무경력: 월 0.021점(1.25점 이내) - 도서 · 벽지학교 근무경력: 월 0.017점~월 0.042점(2.00점 이내) ('97.12.31.까지 취득한 것만 인정) - 한센병(나환자) 자녀학교 근무경력: 월 0.021점(1.25점 이내) ('97.12.31.까지 취득한 것만 인정) - 특수학교(학급) 근무경력: 월 0.021점(월 0.0105점)(1.25점 이내) - 교육감 지정 연구 · 시범학교 근무경력: 월 0.01점 (교육부 지정 연구 · 시범학교 근무 가산점과 합산하여 1.25점 이내) - 국가기술 자격증 소지: 0.3~0.75점 - 귀국학생 특별학급 담당경력 : 2002.3.1. 이후 월 0.0105점 (1.25점 이내)

2) 경력평정

(1) 경력의 등급 및 종별

표 12-3 경력의 등급과 종별

평정 대상자의 직위	등 급	경력종별
교 사	'가' 경력	1. 각급학교 교장 · 교감 또는 교사의 경력 2. 장학관 · 교육연구관 · 장학사 또는 교육연구사의 경력 3. 교육공무원으로 임용되기 전에 「병역법」, 그 밖의 법률에 의한 의무를 수행하기 위하여 징집 또는 소집되거나 근무한 경력
	'나' 경력	임용권자가 임용하여 전임으로 근무한 강사 또는 기간제 교원(임시교원의 경력을 포함한다)의 경력

(2) 경력의 종류 및 평정기간

2012년 이후에는 교육공무원의 경력이 기본경력 15년, 초과경력 5년인 경우에 경력평정점수를 각각 평정 만점으로 하며, 2007년 이후 단계적으로 1년씩 경력평정 기간이 줄어들도록 개정하였다. 이는 연공서열식 승진구조를 개선하고자 한 것이다.

표 12-4 경력 종류에 따른 평정기간

경력 종류	평정기간
기본경력	평정시기로부터 15년
초과경력	기본경력 전 5년

(3) 경력의 등급별 평정점(2012년 12월 31일 기준)

- 경력평정기간 및 점수: 20년(기본 15년 + 초과 5년), 70점 만점
- 경력의 기간 계산: 월수를 단위로 하여 계산하되, 1개월 미만은 일단위로 계산

표 12-5 평정점

구 분	등 급	평정만점	근무기간 1월에 대한 평정점	근무기간 1일에 대한 평정점
기본경력	'가' 경력 '나' 경력	64.00 60.00	0.3555 0.3333	0.0118 0.0111
초과경력	'가' 경력 '나' 경력	6.00 5.00	0.1000 0.0833	0.0033 0.0027

(4) 경력의 기간 계산 시 유의사항

- 경력 평정점의 합계는 기본경력과 초과경력의 평정점을 합한 후 소수점 이하 넷째자리에서 반올림하여 셋째자리까지 계산한다.
- 경력평정기간 중 전임강사, 기간제 교원 등의 경력이 있는 경우 당사자에게 유리한 경력을 우선 평정기간으로 하여 퇴직기간, 전임강사, 기간제 교원 등의 경력기간을 제외하고 경력평정 시점으로부터 경력평정기간이 충족되는 시점까지 도달하여 평정할 수 있다.
- 일시퇴직 · 휴직 · 직위해제 · 정직기간의 경력평정: 경력평정기간 중에 일시퇴직 · 휴직 · 직위해제 · 정직기간이 있는 때에는 평정에서 제외한다. 다만, 아래에 해당하는 경우 재직기간으로 보아 이를 평정한다.
  - 휴직기간의 경력평정
    ▶ 10할 평정: 공무상 질병휴직기간, 병역휴직기간, 법정의무수행 휴직기간, 국제기구 · 해외기관 · 재외국민 교육기관에 임시로 고용되어 휴직

한 기간 중 상근으로 근무한 기간, 노조 전임자로 종사하게 되어 휴직한 기간, 1세 미만의 자녀 양육 또는 여교원의 임신 · 출산으로 휴직한 기간 중 최초 1년 이내

▶ 5할 평정: 유학휴직기간, 교육과학기술부 장관이 지정하는 국내의 연구기관 · 교육기관 등에서의 연수휴직기간, 국제기구 · 해외기관 · 재외국민 교육기관에 임시로 고용되어 휴직한 기간 중 비상근으로 근무한 기간

- 직위해제기간이 경력으로 인정되는 경우

▶ 징계처분이 무효 또는 취소로 확정된 경우

▶ 직위해제 처분의 사유가 된 형사사건이 법원의 판결에 의하여 무죄로 확정된 경우

▶ 징계처분을 받았으나 특별사면 또는 일반사면에 의하여 사면된 경우

3) 근무성적평정

(1) 근무성적평정의 개관

교사의 근무성적평정은 매년 12월 31일을 기준으로 평정하며 다면평가도 도입되어 평가비율은 교장 40%, 교감 30%, 동료교사 30%(다면평가점)로 합산한다. 근무성적의 평정점은 교감이 100점 만점으로 평정한 점수를 30%로, 교장이 100점 만점으로 평정한 점수를 40%로 환산한 후 그 환산된 점수를 합산하여 70점 만점으로 하며 다면평가점은 다면평가자가 100점 만점으로 평정한 점수를 30%로 환산하여 30점 만점으로 산출한다. 그 결과 합산점은 100점 만점으로 산출된다. 평정점은 5년 이내에 해당 직위에서 평정한 합산점 중에서 평정 대상자에게 유리한 3년을 선택할 수 있도록 하여 교사들의 근무성적평정점 관리에 대한 부담을 덜고 동료 간 승진 경쟁 완화로 교사가 학생교육에 전념할 수 있게 하였다.

- 근무성적평정의 구성

표 12-6 근무성정평정자 구성표

평정 대상자	평정자(30%)	확인자(40%)	다면평가자(30%)
교사	교(원)감	교(원)장	동료교사 3인 이상

※ 교사에 대한 다면평가는 2007년도부터 실시하여 2008년부터 다면평가 점수의 30%가 근무성적평정에 반영

- 근무성적평정사항 및 평정점

표 12-7 평정내용

평정사항		자질 및 태도		근무실적 및 근무수행능력		
평정요소		교육자로서의 품성	공직자로서의 자세	학습지도	생활지도	교육연구 및 담당업무
평정점	평정자	10점	10점	40점	20점	20점
	확인자					
	다면평가자					

- 평정점의 분포 비율 및 채점(평정자의 평정점, 확인자의 평정점 및 다면평가를 합산한 총점)

표 12-8 평정점에 따른 분포비율

평정점	분포비율
수(95점 이상)	30%
우(90점 이상 ~ 95점 미만)	40%
미(85점 이상 ~ 90점 미만)	20%
양(85점 미만)	10%

※ '양'의 비율은 '미'의 비율에 가산할 수 있다.

• 평정 대상 인원별 동일 평정등급 내 평정점 간 점수 배분표('수' 평정기준)

표 12-9 평정점수 간 분포율

'수' 평정 대상 인원	평정점 간 점수차	평정점
1명	·	·
2~5명	0.9점	100 ~ 96.4
6명	0.8점	100 ~ 96.0
7명	0.7점	100 ~ 95.8
8명	0.6점	100 ~ 95.8
9~10명	0.5점	100 ~ 95.5
11~12명	0.4점	100 ~ 95.6
13~16명	0.3점	100 ~ 95.5
17~25명	0.2점	100 ~ 95.2
26~50명	0.1점	100 ~ 95.1

(2) 근무성적평정에 관한 유의사항

- 평정 대상자는 평정 대상 기간의 업무수행실적에 대한 자기실적평가서를 작성하여야 한다.
- 교감이 2인 이상인 학교는 교감 전원이 공동 평정토록 한다.
- 조정위원회는 지역교육지원청에 설치하며 심의를 거쳐 근무성적평정표 및 다면평가표의 요소별 점수를 조정할 수 있다.
- 근무성적평정의 결과는 본인이 요구하는 경우 근무성적평정의 결과로서 최종 평정점을 공개한다.
- 휴직 · 직위해제 기타 사유로 평정 단위 연도의 전 기간(1년)을 근무하지 아니한 경우 평정 대상에서 제외한다(단, 1일이라도 근무한 경우에는 근무성적을 평정하여야 함).
- 2월 이상의 기간 동안 교육기관 · 교육행정기관 · 교육연구기관 파견, 겸임 · 파견기관의 의견을 반영하여 소속기관에서 근무성적을 평정한다.

- 신규채용 또는 승진임용된 경우에는 2월이 경과한 후의 최초의 정기평정일에 평정하여야 한다.

4) 연수성적평정

연수성적평정은 교육성적평정과 연구실적평정으로 이루어진다. 교육성적평정은 직무연수성적과 자격연수성적으로 나누어 평정하고 합산한다. 연구실적평정은 연구대회 입상실적과 학위취득실적으로 나누어 평정한 후 이를 합산한 성적으로 한다. 연구대회 입상실적은 1년에 1회의 연구대회 입상실적에 한하여 평정한다. 또한 각 영역의 등급별 점수가 상향되었는데 이는 개정 전보다 점수를 채우기 위해 경쟁적으로 연구대회나 학위취득에 몰두하며 학생 수업을 소홀히 하는 부작용을 방지하기 위한 것이다. 연구실적평정점은 3점을 초과할 수 없다.

(1) 교육공무원의 교육성적평정 방법

표 12-10 평정 종류별 계산방식

종 류	만 점	평정점 계산방식
자격연수	9점	9점 - (연수성적만점-연수성적) × 0.05
직무연수	18점	6점 × $\frac{\text{직무연수 환산성적}}{\text{직무연수 성적만점}}$ +6점 × 직무연수 횟수(2회에 한함)

- 직무연수

- 지정된 연수기관에서 당해 직위 10년 이내에 받은 60시간 이상 3회(1회-성적평정, 2회-이수실적)의 직무연수성적만 평정한다.
- 직무연수 환산성적

표 12-11 연수성적에 따른 환산성적

직무연수 성적	직무연수 환산성적
95점 초과	100점
90점 초과 ~ 95점 이하	95점
85점 초과 ~ 90점 이하	90점
85점 이하	85점

- 중복연수 평정: 2개 이상의 연수를 연수기간의 일부라도 중복하여 이수하거나 동일기관이 주관하는 동일 과정의 연수를 2년 이내에 반복 이수(전문상담교사 자격연수 포함)한 경우에는 관련된 2개 이상의 모든 연수에 대하여 교육성적평정 및 연수학점 인정 대상에서 제외한다.

• 자격연수
- 1급 정교사 · 전문상담교사 또는 1급 정교사 자격증 취득 후의 사서교사 자격연수성적
- 방송통신대학 등 평어나 학점이 주어진 경우의 환산성적

표 12-12 자격연수의 환산성적

졸업 또는 수료성적	자격연수 환산성적
최상위 등급의 평어 또는 A학점 이상	만점의 90%
차상위 등급의 평어 또는 B학점 이상	만점의 85%
제3등급 이하의 평어 또는 D학점 이상	만점의 80%

- 자격연수가 분할 실시되어 그 성적이 2 이상인 때는 이들 성적을 합산 평균(연수 이수시간비율로 합산 평균)하여 자격연수성적으로 평정한다.
- 연수성적 전체를 확인할 수 없는 경우에는 만점의 80%로 평정하고, 2회 분할 실시한 연수성적 중 1회분 성적이 확인 불능일 경우에는 확인 가능한 1회분의 성적을 연수성적으로 평정한다.

(2) 교육공무원의 연구실적평정 방법

- 연구대회 입상실적 및 학위취득실적의 평정점(3점을 초과할 수 없음)

표 12-13 입상대회 및 등급에 따른 평정점

구 분	평정점			
연구대회 입상실적	입상 등급	전국 규모 연구대회	시 · 도 규모 연구대회	공동작
	1등급 2등급 3등급	1.50점 1.25점 1.00점	1.00점 0.75점 0.50점	2인 공동 7할 3인 공동 5할 4인 공동 3할
학위취득 실적	박사	직무와 관련 있는 학위 3.00점 기타 학위 1.50점		
	석사	직무와 관련 있는 학위 1.50점 기타 학위 1.00점		

※ 1997. 7. 9. 전에 입상한 공동 연구는 입상자 전원에 대하여 동일하게 평정

- 연구대회 입상실적
- 교육과학기술부 장관이 인정하는 전국 규모의 연구대회에서 입상한 연구실적
- 시 · 도 교육감이 인정하는 시 · 도 규모의 연구대회에서 입상한 연구실적
- 연구대회 입상실적은 1년에 1회의 입상실적에 한하여 평정한다.
- 연구계획 수립 · 연구연도와 입상연도가 다를 경우나, 상장 내용상 명시된 연도와 수상 연도가 다를 경우 입상(수상) 연도를 기준으로 평정한다.
  ※ 교사의 직위에서 연구가 이루어지고 교감 승진 후에 수상을 했을 때에도 교감 직위에서의 연구실적으로 평정할 수 있다.
- 시 · 도 간 교류로 전입한 교원의 전입 전 해당 시 · 도 교육감이 수여한 연구실적은 승진규정에 의거 연구실적으로 평정한다.

- 학위취득실적
- 직무와 관련 여부: 직접수업을 담당하는 교과목, 학생생활지도, 특별활동, 학교 또는 학급경영, 교무업무, 기타 교육활동과 관련된 내용
- 당해 직위에서 취득한 석사와 박사학위가 동시에 있는 경우: 하나만 평정(박사)

- 석사학위가 2개인 경우: 2005년 1학기 대학원 입학한 자 - 2개 학위 모두 인정
  2005년 2학기 대학원 입학한 자 - 1개의 학위만 평정 대상
  ※ 2개 이상의 석사학위가 동일한 전공이거나 수강기간이 중복될 때에는 그중 유리한 학위 1개의 실적만 인정한다.
- 교원으로 임용되기 전의 취득학위 논문: 불인정
- 학위취득실적과 연구대회실적은 동일년도에 사용 가능
- 자격연수성적으로 평정된 석사학위는 제외
  ※ 교육대학원 석사학위로 1급 정교사 자격을 취득하고 전문상담 교사자격연수 성적을 교육공무원승진규정상의 자격연수성적으로 사용하였다면, 석사학위 취득실적은 연구실적으로 평정받을 수 있다.

5) 가산점

가산점은 공통 가산점과 선택 가산점으로 구분한다. 가산점 항목의 개정은 승진 시 실질적인 결정요인으로 작용하는 가산점을 획득하기 위해 교원들이 지나치게 경쟁하는 부작용을 줄이기 위해 점수(선택 가산점 15점→10점)를 대폭 축소하고 가산점 항목도 축소 조정하였다.

표 12-14 가산점 개정 전 · 후 비교표

구 분	개정 전	개정 후	비 고
공통 가산점	• 총점 3.5점 - 교육인적자원부 장관 지정 연구학교 근무경력: 총 1.25점 - 재외국민 교육기관 파견 경력: 총 1.25점 - 직무연수 이수실적: 연도별 상한점 0.08점 이내	• 총점 3점 - 교육과학기술부 장관 지정 연구학교 근무경력: 총 1.25점 - 재외국민 교육기관 파견 경력: 총 0.75점 - 직무연수 이수실적: 연도별 상한점 0.08점 이내이며 총 1.0점	2009년 12월 부터 적용

〈계 속〉

선택 가산점	• 총점 15점 범위 내에서 교육감이 기준 결정 • 기준은 평정기간이 시작되기 전에 공개	• 총점 10점 범위 내에서 교육감이 기준 결정 • 기준은 평정기간이 시작되기 6개월 전에 공개 • 가산점의 중복 인정 기준 권한을 교육감에게 위임	
기간 계산	15일 이상은 1월로 계산 15일 미만은 미산입	1월 미만은 일 단위 계산	

2. 교원연수제도

교직생활을 하면서 연수는 반드시 필요하다. 요즘 들어 교사들이 대학원에 진학하여 수학을 계속하는 경우도 있지만, 지속적으로 연수를 받고 있는 교원들이 늘고 있다. 이는 교직의 특수성 때문에 교사가 지속적으로 학습하지 않으면 날로 새롭게 변하는 지식과 정보의 질적 · 양적 팽창을 따라잡을 수 없기 때문이다. 그리고 근자에는 학부모들의 학력도 과거에 비해 상당히 신장해 있기 때문에 교사의 교원연수를 통한 실력 함양이 반드시 필요하다.

교사들은 연수를 통하여 새로운 지식이나 기술을 유지할 수 있고 전공 분야의 지식과 능력 향상의 기회를 부여받을 수 있다. 이를 통해 학생들에게 미래 사회에 필요한 역량을 길러 줄 수 있다. 그리고 새로운 정치 · 사회 · 문화적 도전의 기회를 줄 수 있을 것이다. 교원연수에는 다음과 같은 종류의 연수가 있다.

1) 자격연수

자격연수란 상위자격이나 새로운 자격을 취득하기 위한 연수과정을 의미한다. 2급 준교사가 2급 정교사 과정을, 2급 정교사가 1급 정교사 과정을, 1급 정교사가 교감과정을, 교감이 학교장 과정 등을 취득하기 위한 연수를 생각하면 된다. 자격연수의 연수기간은 대략 30일 이상으로 하되 그 이수시간은 180시간 이상이다.

1급 정교사 자격연수 대상자는 2급 정교사 자격증을 취득한 후 3년 이상(시 · 도별로 약간의 차이가 있음)의 교직경력이 있는 자 중에서, 1급 정교사 과정의 연수를 받지 않고 2급 정교사로 근무한 기간이 오래된 자의 순위로 지명한다. 1급 정교사 자격연수를 받으면 1호봉 승급의 혜택이 부여된다.

교감 자격연수 대상자는 「교원연수에 관한 규정 시행규칙」 제4조에서 정한 기준 및 교과부 장관이 정하는 별도 기준에 따라, 1등급 정교사 자격증 취득 후 3년 이상의 교직경력, 1년 이상의 보직교사 경력, 총 경력 12~15년(4년제 대학졸업 기준) 이상인 자 중에서 선발한다. 교장과정의 연수 대상자는 「교원연수에 관한 규정 시행규칙」 제4조에서 정한 기준 및 교과부 장관이 정하는 별도 기준에 따라, 3년 이상 교감 경력(교육전문직 경력 포함) 소지자로서 4년제 대학 졸업기준으로 총 경력이 16~22년 이상인 자 중에서 선발한다. 교장 자격 연수는 한국교원대학교 종합교원연수원과 서울대학교 사범대학 부설 중등교원연수원(서울 지역)에서 실시하고 있다.

2) 직무연수

직무수행과 직장 적응에 필요한 능력과 자질 배양을 위한 연수다. 직무연수의 연수과정 및 내용과 시간은 당해 연수원장이 정한다. 직무연수의 연수 대상자는 당해 교육감 또는 소속기관의 장이 지명한다. 요즘은 직무연수를 원격연수로 듣는 경우가 많아졌으며 예전과 같이 지루하고 딱딱한 연수과정과는 달리 테니스 연수, 스킨스쿠버 기초연수, 스키연수 등 다양한 능력계발을 위한 연수과정이 있다.

3) 자율연수

교사들이 자발적이며 능동적으로 자신의 필요에 따라 수시로 연수활동에 참여하여 자신의 자질 향상과 자기완성을 위하여 개인 수준에서 이루어지는 현직연수를 말한다. 연수기관에서 실시하는 기관연수와 학교 조직 내에서 실시하는 자체연수만으로는 교원이 그 직무를 수행하기에는 충분하지 못해서 교사가 시간과 장소 등의 제약을 초월하여 각종 직무수행에 필요한 지식을 연마하는 활동이라고 볼 수 있다. 수업이 없는 방학을 이용하거나 방과 후 또는 퇴근 후에 대학원 진학의 방법과 개인적인 의도에 따라 각종 연수에 참여하거나 학회활동, 동호인 및 동아리 활동, 연구회 활동, 강연회 참석 등이 있다.

4) 특별연수

국가 또는 지방자치단체가 계획을 수립하여 교육공무원을 국내외의 교육기관 또는 연구기관에서 일정한 기간 동안 연수를 받게 하는 것을 말한다. 특별연수는 교사의 전문성 제고 및 자질 향상을 목적으로 한국교원대학교 대학원에 정규 석사과정과 계절제 석사과정을 두고 있다.

특별연수 중 국외연수는 국제화시대에 적응할 교육력 제고를 목적으로 1978년부터 소규모로 실시해 오다가 1989년 이후 연간 3,000명 규모로 확대하여 실시하고 있다.

3. 교원의 전직과 전보

1) 교원 전직

교원의 전직이란 종별과 자격을 달리하는 임용, 즉 직급은 동일하고 직렬이 달라지는 횡적 이동을 말한다. 예를 들면 교원이 장학사(관), 연구사(관) 등으로 이동하거나 장학사(관), 연구사(관)가 교원으로 이동하는 경우, 학교급 간(초등학교와 중등학교)에 교원이 이동하는 경우가 여기에 해당된다.

교육과학기술부가 2009년에 발표한 교육공무원 인사관리규정에 의하면 교원의 학교급별 전직은 제13조에 나타나 있다. 시 · 도 교육감은 교원수급상 필요한 경우 교원이 희망하는 바에 따라 당해인이 소지하고 있는 교원자격증과 관련 있는 학교급의 교원으로 전직 임용할 수 있다.

이어 제14조에는 교원의 교육전문직 공무원으로의 전직을 나타내고 있는데, 먼저 교원의 교육전문직 공무원으로서의 전직 임용은 다음과 같다. 첫째, 장학관 · 교육연구관으로의 전직임용에 관한 사항은 임용권자가 정한다. 둘째, 장학사 · 교육연구사로의 전직임용은 교육기관 · 교육행정기관 또는 교육연구기관의 추천을 받아 공개전형을 거쳐 임용하되, 전형기준 · 전형방법 및 전형절차 등은 임용권자가 정한다. 셋째, 교육과학기술부와 그 소속기관에 근무하는 장학사 · 교육연구사로의 전직임용은 정규교원으로서 실제 근무한 경력이 10년 이상이고 만 40세 이하인 자를 대상으로 공개경쟁시험에 의함을 원칙으로 하고, 공개경쟁시험은 소속기관 또는 전문기관에 위임 · 위탁할 수 있다. 다만, 임용권자가 능력 있는 교육전문직 공무원 확보를 위하여 특히 필요하다고 인정하는 경우에는 교육과학기술부와 그 소속기관에 일정 기간 파견근무한 자를 별도 전형에 의해 임용할 수 있다.

또한 교장을 교육전문직 공무원으로 전직시키고자 할 때에는 본인의 동의를 얻어야 한다. 끝으로, 교사를 장학사 · 교육연구사로 전직임용할 경우, 특별한 사유가 없는 한 전직임용에 필요한 직무연수를 이수시켜야 한다.

교육전문직 공무원이 교원으로 전직할 때에는 교원에서 교육전문직 공무원으로 전직할 당시의 직위로 전직하여야 한다. 다만, 교육전문직 공무원으로 2년 이상 근속한 자는 임용권자가 정하는 기준에 따라 교장 또는 교감으로 전직할 수 있다. 교육경력 10년 이상이고 교육전문직 공무원으로 10년 이상 근속한 자는 제1항의 규정에 불구하고 전직될 직위에 제한을 받지 않는다.

교육전문직 공무원 간의 전직이란 장학관과 교육연구관 상호 간 또는 장학사와 교육연구사 상호 간에 전직임용하는 것을 말한다. 장학관 · 교육연구관 또는 장학사 · 교육연구사의 전직임용에 관한 사항은 임용권자가 정한다. 시 · 도 교육감은 교원 · 교육전문직 공무원의 전직 및 인사교류 등에 있어 인적자원의 효율적 배치와 현장 연계성 유지를 위하여 교육과학기술부 장관이 정한 사항을 교육공무원 인사에 반영하여야 한다.

다만, 직위해제 후 복직된 자, 감사결과 인사조치 지시된 자, 직무수행능력이 부족하거나 근무성적이 극히 불량한 자 또는 근무태도가 심히 불성실한 자, 신체 · 정신상의 장애로 장기요양을 요하는 자 등은 전직 등이 제한된다.

2) 교원전보

전보는 동일 직위 및 자격 내에서 근무기관이나 부서를 달리하는 임용을 말한다. 예를 들면, 교장 · 교감 · 교사가 승진 없이 근무학교를 이동하거나 장학사(관),

연구사(관) 등이 행정기관 간 이동하는 것이 여기에 해당된다.

임용권자는 소속공무원에 대한 동일직위에 있어서의 장기근무로 인한 침체를 방지하기 위하여 매년 전보계획을 수립하여 전보를 하여야 한다. 이때 임용권자는 교원의 생활 근거지 근무 또는 희망 근무지 배치를 최대한으로 보장하여 사기진작 및 생활안정을 도모하고 전보임용의 공정성을 확보하기 위하여 최대한 노력하여야 한다. 시 · 도 교육감 또는 교육장이 교원전보계획을 수립할 때에는 관할지역 내의 국립학교 소속 교원을 포함하여야 한다. 이 경우 국립학교의 장은 시 · 도 교육감 또는 교육장의 인사원칙에 따라야 하며, 국립학교에서 공립학교로 전보될 자는 국립학교의 장이 선정하고, 공립학교에서 국립학교로 전보될 자는 시 · 도 교육감 또는 교육장으로부터 임용예정 인원의 3배수 범위 내에서 추천을 받아 국립학교의 장이 선정한다. 임용권자는 학교장의 전입요청에 따른 교원전보를 위해 대상 교원의 범위 및 요청방법 등의 내용을 담은 전보계획을 수립하고 이를 제1항의 전보계획에 포함하여야 한다.

임용권자는 전보를 함에 있어 거리 · 교통 등 지리적 요건과 문화시설의 보급 등을 고려하여 설정한 인사구역 및 인사구역별 근무기간 등을 정한 전보기준을 전보 발령 3개월 이전에 공개하여야 한다.

교원의 학교 간 전보는 임용권자가 정하는 기간 동안 동일 직위에 근속한 자를 대상으로 정기적으로 실시한다. 다만, 학교장이 「교육공무원임용령」 제13조의3 제5항의 전보유예를 요청하는 경우에는 그렇지 않다. 임용권자가 소속 교육공무원에 대하여 임용령 제13조의3 제3항의 규정에 의한 장기근무를 하게 할 때에는 임용권자가 정하는 특별한 경우를 제외하고는 당해 교육공무원의 근무성적이 '우' 이상이어야 한다. 교육과학기술부 장관이 지정한 실업계고등학교(종합고등학교 포함)에 근무하는 교장 · 교감 및 전문교과 담당 교사에 대하여는 제1항의 규정에 불구하고 근속기간에 제한을 두지 아니할 수 있으며, 당해 학교장의 추천에 의하여 전보할 수 있다.

반면, 임용권자는 학교장의 전보요청 등의 사유로 교육상 전보가 불가피하다고 인정할 때에는 동일 직위 근속기간이 정기전보기간 이내라 하더라도 전보할 수 있다. 학교장은 다음과 관련하여 다음 각호의 사유에 해당하는 경우 임용권자에게 전보요청을 할 수 있다. 이 경우 임용권자는 교원운용에 지장이 없는 범위 안에서 특별한 사유가 없는 한 이에 응해야 한다.

표 12-15 전보요청이 불가능한 경우

1. 직무수행능력이 부족하거나 근무성적이 저조한 교원. 단, 이 경우 학교장은 전보요청 전에 당해 교원의 능력개발을 위한 직무연수를 부과하여야 한다. 2. 징계처분을 받은 교원 3. 「교육공무원법」 제10조의3 제1항 각호의 사유와 관련하여 징계에 이르지 않는 주의 또는 경고 처분을 받은 교원 4. 당해 학교에서 재직하는 동안 3회 이상 징계에 이르지 않는 주의 또는 경고 처분을 받은 교원 5. 기타 임용권자가 정하는 사유

4. 수석교사

1) 수석교사의 개념과 특징

수석교사(秀席敎師, Advanced Skills Teacher)는 교장이나 교감 등의 관리직에 진출하지 않고 가르치는 일에 전념하면서 자신의 교수기술을 확산시키는 업무를 맡는 직위를 말한다. 우리나라를 비롯한 세계 몇몇 나라에서 실시하고 있다. 우리나라에서는 초 · 중 · 고등학교의 교사가 교감이나 교장 등의 관리직으로 승진하지 않고도 일정한 대우를 받고 교육에 전념하도록 하기 위해 만든 제도다. 2009년 현재 시범적으로 466명이 활동하고 있으며, 2010년에 500명을 더 선발하여 전면적으로 확대 · 시행된다. 2008년에 1차 시범시행을 한 바 있으며, 이듬해인 2009년에 2차 시범시행을 진행하였다. 그리고 2011년에 법제화됨으로써 학교 현장에서 본격적으로 수석교사제가 운영되고 있다.

2) 외국의 수석교사 운영사례

우리나라는 현재 시범운영을 하다가 2011년 법제화가 되었으나 영국과 미국, 싱가포르에서는 수석교사제가 제도로 정착되어 운영되고 있다. 영국의 수석교사 제도에는 'Advanced Skills Teacher(AST)'와 2006년 9월에 새로 도입된 'Excellent Teacher'가 있는데 그중 'Advanced Skills Teacher'가 우리나라에서 논의되고 있는 수석교사제도와 취지, 역할, 인원, 규모 등에서 더 유사하다(김희규 외, 2007).

AST는 높은 수준의 교수능력을 갖추고 자신의 교수 · 학습기술을 다른 교사들과 공유하는 일을 하면서 더 나은 보수를 받는 우수교사를 말한다. 공립 초 · 중등학교 모든 교과목의 교사를 대상으로 하여 AST 기준 도달 여부에 대한 엄격한 평가를 거쳐 학교, 교육구, 또는 교육부에 의해 임명된다(김혜숙, 백승관, 김희규, 2007).

영국에서는 2006년 9월부터 AST의 보수체계를 행정가 직렬과 연계하여 일반교사들과 구별되는 별도 보수체계로 운영하고 있다. AST의 구체적인 역할에는 첫째, 다른 교사들과 학급운영, 수업방법 등에 관해 협력하기, 둘째 교육학적 연구에 근거한 우수사례 보급하기, 셋째 교사의 현직 전문성 개발에 대해 조언하기, 넷째 다른 교사들에 대한 성과관리에 참여하기, 다섯째 신규교사 멘토링 수행하기, 여섯째 학교가 주체가 되는 교원양성에 관여하기 등이 있다. 이러한 직무를 수행하기 위해 수업시수의 20%가 경감된다. 2007년 현재, 영국에서 AST 제도를 운영하고 있는 학교는 전체 2만 5,000개 초 · 중등학교 중에서 16% 정도인 약 4,000개 학교다. 보통 대부분의 학교에는 1명의 AST가 있다(김희규 외, 2007).

미국의 캘리포니아 펜플 시의 교사경력 단계화 모형은 수직적 발달 단계로 볼 수 있는데, 부교사, 정교사, 선임교사, 그리고 수석교사에 이르기까지 4개 단계로 되어 있다. 수석교사에 대한 대우는 보수의 인상뿐 아니라 수업에 관한, 그리고 학교의 직무 전체에 관한 의사결정 권한의 분배가 포함된다. 수석교사는 연구자로서의 지적인 능력, 효과적인 수업지도성과 함께 탁월한 교사로서의 모든 능력을 소유한 교사로 인정받는다. 수석교사들은 정교사의 훈련, 특정 교육과정 영역에 관해 교육청 단위의 책임을 맡아 운영하며, 교육의 조류와 실제에 관한 식견, 연구에 대한 지식, 연구 결과와 교육계획, 훈련, 교육과정 개발과 관련짓는 능력이 있는 교사로 대우받는다. 수업을 공개하고 교사 현직 교육을 위한 교육방법 및 자료 개발을 위해 수업시간을 활용할 수 있다(김혜숙 외, 2007). 한편, 교과나 담당내용에 따라서는 수업 관련 선임교사, 교육공학 선임교사, 상담 선임교사와 같이 수평적 특성화를 촉진하고 있으며, 이들은 현직교육을 담당하고, 시범자료를 개발하며, 교육과정과 교육방법의 혁신을 주도하는 역할을 한다(유현숙, 2003).

싱가포르의 Master Teacher는 미래의 국가 교육력 제고와 교직 전문성 향상을 위해 싱가포르 교육부에서 2001년 1월에 발표한 '교직 전문성 향상과 경력계획'에서 제시한 교직의 새로운 경력구조방안 중 교수직의 최고직으로 새롭게 도입되었다. 싱가포르의 교원 직무구조는 3가지 차원으로 교수직-행적직-전문직으로 구분된다. 그중 교수직은 교수능력 향상에 초점을 맞추고 경력을 쌓으려는 교사들을 위한 진로이며, 기존에는 Senior Teacher 제도가 시행되고 있었다. Master Teacher가 Senior Teacher보다 상위직이며, Senior Teacher는 학교 내에서 활동하고, Master Teacher는 학교 단위가 아닌 학교군 단위에서 활동한다. Master Teacher의 역할은 단위 교실이나 학교를 넘어서 학교군 내에 있는 다른 교사들의 교수방법에까지 도움을 주며, 모범적인 역할 모델이 된다. Master Teacher는 교수직의 최고직이며, 교수법에 탁월하고, 교과지식의 전문가로 인정받는다(김혜숙 외, 2007).

3) 우리나라 수석교사제 법제화 내용(2011년)

(1) 개정 이유

전문화된 교사를 요구하는 시대의 요청에 부응하기 위해서는 현행 교사자격체제를 보다 분화하여 상위 자격 취득을 유도하고 이를 통하여 교사의 능력과 자질을 향상시킬 수 있는 제도가 필요하다.

따라서 교사 본인의 능력과 자질 향상은 물론 새로운 교수방법을 개발 · 보급하고, 교내외 현장연구와 연수를 지원하는 등 교사의 교수 · 연구활동을 지원하는 역할을 하는 교사자격인 수석교사제를 도입하려는 것이다.

(2) 주요내용

① 수석교사의 자격은 「유아교육법」 제22조 제3항 및 「초 · 중등교육법」 제21조 제3항의 자격이 있는 자로 함(안 제6조의2 신설).

② 수석교사는 최초로 임용된 때부터 4년마다 대통령령으로 정하는 업적평가 및 연수실적 등을 반영한 재심사를 받아야 하며, 심사기준을 충족하지 못한 경우 대통령령에서 정하는 바에 따라 수석교사로서의 직무 및 수당 등을 제

한할 수 있도록 함(안 제29조의3 신설).

(3) 「초중등교육법」

2011년 개정된 「초중등교육법」에 따르면 수석교사는 교사의 교수 · 연구활동을 지원하며, 학생을 교육한다. 그리고 수석교사는 소정의 자격증을 소지한 사람으로서 15년 이상의 교육경력(「교육공무원법」 제2조 제1항 제2호 및 제3호에 따른 교육전문직원으로 근무한 경력을 포함)을 가지고 교수 · 연구에 우수한 자질과 능력을 가진 사람 중에서 대통령령으로 정하는 바에 따라 교육과학기술부 장관이 정하는 연수 이수 결과를 바탕으로 검정 · 수여하는 자격증을 받은 사람이어야 한다.

(4) 수석교사제 모형과 지위

수석교사제의 승진 모형은 기본적으로 다음과 같다.

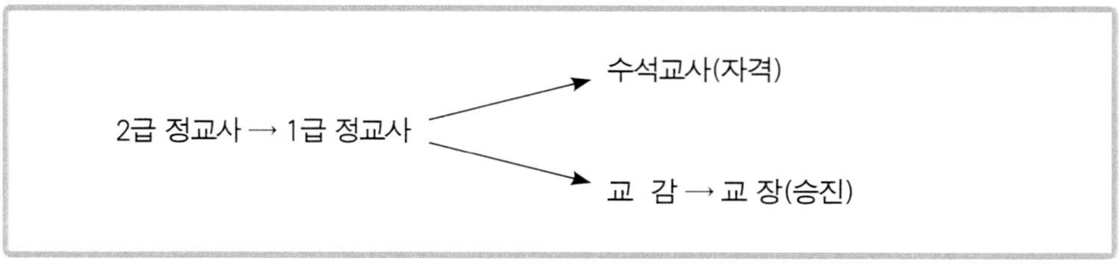

[그림 12-1] 수석교사 승진 모형

대체로 수석교사의 지위는 교장의 지도 · 감독을 받되, 최고의 수업전문가로서 교사들에 대한 교수 · 연구활동 지원 및 학생교육을 담당하게 된다. 이들은 현재 교장의 지도와 감독을 받게 되어 있지만 향후, 수석교사제가 더욱 정착 및 발전되어 갈수록 교감과 교장은 관리직으로서 행정업무를 담당하는 영역으로, 수석교사는 단위학교 또는 학교군에서 교수학습을 담당하는 교육 영역으로 변화 · 발전해 갈 것으로 보인다. 이렇게 될 경우 궁극적으로 교장은 수석교사를 지도 · 감독할 권한을 잃게 되고 수석교사는 독립적으로 단위학교 또는 학교군의 교수학습활동을 위한 지위를 획득하여 활동하게 될 것으로 예상된다.

이를 위해 수석교사에게는 다양한 능력이 요구된다. 수석교사로서 필요한 수업지도, 동료교사 멘토링, 신규 교사지도, 학생지도, 기타 역량 등이 이에 해당되는데 이를 철저히 평가하여야 한다. 아울러 미래 수석교사제는 한 번 수석교사가 되면 계속 그 자리에 머물러 있는 것이 아니라 지속적인 평가를 통해 그 역량이나 자질이 부족할 경우 다시 일반교사로 내려오고 일반교사의 역량이 우수할 경우 수석교사로 승진하는 단계의 환류 제도가 정착될 것으로 보인다.

아울러, 학교와 교원에 대한 대내외적 요구가 급변하는 상황에서 수석교사에게 요구되는 역량 역시 빠르게 변화할 것으로 보인다. 현재는 16개 시 · 도 교육청별로 약간의 차이는 있었으나 각종 연구대회 점수나 승진을 위한 점수와 일부 겹치는 바가 있었다. 하지만 향후 수석교사를 위한 다양한 역량과 보다 심층적인 역량 모델이 개발될 것으로 판단된다.

참고문헌

교육과학기술부(2010). 2009 수석교사 시범운영 성과분석 정책연구 결과. 교육과학기술부.

교육과학기술부(2012). 교원휴가업무처리요령. 교육과학기술부.

김혜숙, 백승관, 김희규(2007). 수석교사제 도입에 관한 기초 정책 연구. 교육인적자원부 정책연구 2006-지정-3.

김희규, 백승관, 전제상, 전상훈, 한영옥(2007). 수석교사 시범 운영을 위한 모형개발 연구. 교육인적자원부 정책연구개발사업 2007-공동-10.

민부자, 조호제(2010). 수석교사가 인식하는 직무의 중요도 및 수행도 차이 분석. 교육과정연구, 28(4). 한국교육과정학회.

위키피디아(2011. 08. 15.). http://ko.wikipedia.org/wiki/%EC%88%98%EC%84%9D%EA%B5%90%EC%82%AC#cite_note-0.

유현숙(2003). 미국의 교장자격 및 임용제도, 교원인사제도 혁신방안 수립을 위한 국민의견수렴 사업. 한국교육개발원. 제8차 정책워크숍 자료집.

한국교육신문(2007. 5. 28.). 2면 http://www.assembly.go.kr/renew10/info/law/tra_read.jsp?boarditemid=1100377838&&start=151&&sitem1=&sword=&display=10&boarditemid=.

13장 학급경영

1. 학급경영의 개념

학급경영이란 마치 기업가가 기업을 경영하듯 학급담임이 자신이 한 해 동안 담당하게 된 학급을 경영하는 것을 의미한다. 학급담임의 위치는 많은 책임과 현명함이 요구된다. 그렇기 때문에 자기 학반의 학생 개개인의 정신적 · 정서적 · 도덕적 성장과 발달에 지대한 관심을 가지고 지속적으로 관찰하며 이를 신장시킬 수 있는 전문성을 함양하고 있어야 한다.

학급경영은 학급의 목적을 효율적으로 달성하기 위해서 인적 자원과 비인적 자원을 활용하여 계획하고, 조직하고, 지도하고, 통제하는 일련의 활동을 통해 학급조직의 과업을 수행하는 활동이다. 또한 교수–학습활동과 생활지도, 학생 업무 등이 효율적으로 이루어질 수 있도록 도와주는 교육지원활동이라고 할 수 있다.

학급의 구성원은 좁게 보면 교사와 학생이 있고, 조금 더 넓혀 보면 해당 학부모까지를 포함할 수 있다. 따라서 학급경영은 담임교사가 해당 학생과의 사이에서 주도권을 어디에 주느냐(empowerment)에 따라 학생주도형 학급경영, 협력적 학급경영, 교사주도형 학급경영으로 구분된다(James & James, 2007).

학급은 학교교육이 이루어지는 가장 기본적인 단위체제다. 학급은 공동으로 학습하고 생활하는 집단이며, 집단적 특성을 활성화하여 전인적 발달을 도모하는 학교교육 운영의 기본적 조직이다. 따라서 학급경영의 성공/실패 여부는 학년, 학교에까지 파급효과를 미치는 중요한 활동이라 할 수 있다. 그리고 학교–학년–학급의 연계성 속에서 이루어지는 경영활동으로 독자적이며 창의적인 활동도 요구된다.

이러한 차원에서 학급경영은 "학교교육을 보다 충실하고 능률적이며 또 바람직하게 발휘시키기 위해서 여러 가지 조건을 정비하는 것(최희선, 1994)" "학생의 학습과 생활지도를 위한 학교의 가장 기본적 구성단위인 학급의 목표를 효과적으로 달성하기 위해 학급 성원의 협동적 행위를 조성하는 집단과정(남정걸, 1998)" "학교의 경영방침을 기초로 학급의 담임교사의 교육관 · 학급관에 따라 교사와 학생 및 상호 간의 두터운 신뢰관계를 가지고 경영목표 달성을 위하여 이루어지는 창의적 활동(이병진, 1998)" "단위학급 수준에서 학급담임이 학급 교육에 관하여 공동목표를 설정하고 목표 달성을 위한 제반 조건을 정비 · 확립하고 목표 달성을 위한 지도 · 감독을 포함하는 일련의 봉사활동(김종철, 1983)" "학급의 목적을 달성하기 위하여 인적 자원과 비인적 자원을 사용하여 계획하고, 조직하고, 지도하고, 통제하는 일련의 활동(박병량, 1985)" 등으로 정의된다.

생애사적 관점에서 보았을 때 학생이 가장 많은 시간을 보내는 곳은 실제로 학교이며, 그중에서도 학급이다. 가정이나 학원보다 훨씬 많은 시간을 보내는 장소로서 학급은 중요하다. 그 안에서 교사와 학생, 학생과 학생 등의 관계성부터 생활방식의 습득까지 모두 이루어져야 한다. 영향을 미치는 것도 학급생활임을 알 수 있다.

학급의 개념은 집단 · 조직 · 체제의 관점에서 정의할 수 있는데, 집단의 관점에서 학급은 교사와 학생들로 구성되며 학급 내에서 공식적 · 비공식적 지위와 역할을 가진다. 또한 교수–학습을 중심으로 하는 학습집단의 기능과 인간관계를 중심으로 하는 생활집단의 기능을 동시에 갖는다. 조직 관점에서 학급은 능력별 집단 구성이나 학년별 구성과 같이 규범 · 연령 · 교육내용의 계열 등에 근거하여 다양하게 조직된다. 체제 관점에서 학급은 학교 및 사회의 하위체제다. 체제 관점에서 학급에 대한 분석은 교육과정 · 시설 · 관습 · 학생 · 학부모 · 사회 등과 같은 다양한 원인의 상호 관련성을 바탕으로 연구된다(권기욱, 1996). 이처럼 학급은 하나의 사회단위로서 공동의 학습과 생활을 위한 인위적인 조직이라는 점에서 종합적이고 체계적인 '경영' 개념이 도입되었다.

2. 학급경영의 실제

1) 학급규칙 정하기

앞서 밝힌 바와 같이 학생들이 가장 많은 시간을 보내는 곳이 학급이기 때문에 학급에서부터 사회생활을 배워 간다고 해도 과언이 아니다. 일반 사회에도 법규가 있듯이 학급에서도 나름의 규칙이 있어야 하고 이 규칙을 지키지 않았을 때 함께 겪게 될 불편함을 학급 구성원 모두가 알고 공감해야 한다. 따라서 훌륭한 학급경영은 잘 계획된 학급규칙으로부터 시작한다고 해도 과언이 아니다. 학급규칙은 학급에 따라 다양하게 나타난다. 학생들이 어떻게 행동해야 하고, 언제 교실을 옮겨야 하며, 어디에 앉아야 하는 것과 같은 지침이 없다면 교사는 제대로 수업을 할 수 없을 것이고, 학생 또한 효과적으로 과업을 해 내지 못할 것이다. 교실을 들어오고 나갈 때, 학습교구를 사용할 때, 토론에 참석하거나 과제를 검사할 때와 같이 교실에서 일어나는 일상의 일에 대한 정해진 절차가 없다면 많은 시간을 낭비하게 될 것이며, 이는 곧 학생들의 흥미와 주의력 감소로 이어져 학업 성취를 저하시킬 것이다. 잘 갖추어진 규칙체계는 학급의 활동이 오로지 본질적인 교육활동에 전념할 수 있도록 해 준다. 교사는 다양한 수준의 학생에게 공부하는 방법을 지도해야 하며 동시에 행정적인 업무와 학습자료 제작, 학생 평가까지 해야 한다. 학급규칙과 절차는 이러한 일을 원활히 수행하고 혼란과 시간 낭비를 막을 수 있게 하며, 학생들이 학습활동에 전념할 수 있게 만들어 준다.

규칙은 모든 학생을 대상으로 하기 때문에 모든 학생이 인식할 수 있을 때 좀 더 잘 지켜진다. 교사는 학교에서 제정한 학생들의 규칙과 교사들이 지켜야 하는 절차 등을 잘 파악하고 있어야 한다. 예를 들면, 특별히 금지되거나 허용되는 행동, 규칙 위반 시 결과 처리, 수업시간에 반드시 지켜야 할 행정적 절차 등이 해당된다.

이런 규칙들은 학교에서 이미 만들어져 시행되고 있을 것이다. 만약 그 규칙이 교사가 학급을 운영하는 데 도움이 되지 않는다고 판단된다면 경험 있는 교사들은 어떻게 활용하는지 물어보고 협의하는 것이 도움이 된다.

학교의 규칙과 절차에 대해 파악한 이후에 규칙을 세우는 과정에 들어가게 된다. 많은 다양한 규칙이 있지만, 학급에서는 10개 내외의 규칙이면 일반 학급에서 일어나는 학생들의 중요한 행동을 다루기에 충분하다. 학급에서 일어나는 행동에 대한 규칙의 예시를 제시하면 다음과 같다.

표 13-1 학급규칙의 예시

우리 반의 규칙
• 교실에서는 뛰지 않는다. • 예의 바르게 행동하고 서로를 도와준다. • 공부시간에 질문이 있을 경우 손을 들고 한다. • 다른 사람의 물건에 손을 대지 않는다. • 다른 사람의 권리를 존중한다. • 복도에서는 우측통행을 한다. • 다른 과목 선생님이 들어오시면 공손하게 인사를 한다.

2) 학급조직

(1) 학급임원 선출

학기 초가 되면 교사는 학생들이 학급을 자치적으로 운영할 수 있도록 학급임원을 선출한다. 전체적인 과정은 민주주의 절차를 준용하면서 치러져야 한다. 이 과정에서 학생들은 자연스럽게 민주시민으로서의 자질 함양 교육을 받게 된다. 학급임원을 선출하기 위해서 학급담임은 학생들과 논의하여 전체 선거 일정을 결정하고 선거일과 후보 등록 일정 등을 결정한다. 경우에 따라 학교 교육과정에서 계획에 의거하여 학급임원 선출방식이나 일정을 결정할 수도 있는데 이럴 경우 학교가 정한 바를 그대로 따르면 된다. 굳이 학급의 일정이 맞지 않아 학교의 일정을 따르기 어렵다면 업무 담당자와 협의하여 사전 또는 사후에 치를 수 있다. 담임은 학급임원 선출의 절차와 중요성을 사전에 학생들에게 교육하고 과열이나 혼탁 선거를 방지하기 위해 노력해야 한다. 따라서 학급임원 선출을 위한 선거관리위원회를 조직하여 학급의 선거를 운영해 나가게 하는 것도 좋은 방법이다.

(2) 학급부서 조직

학급임원 선출이 끝나면 학급회의 시간에 부서를 조직하게 된다. 과거에는 학습부, 체육부, 생활부, 미화부, 홍보부, 도서부 등으로 구성하였으나 최근에는 교사와 학생 상호 간의 협의를 통해 다양한 부서를 조직한다. 학급부서를 정할 때 모둠과 1일 1인 1역할과 같이 학생들이 학급에서 담당해야 할 자기만의 역할을 함께 부여하는 것도 좋은 방법이다. 이렇게 되면 1년간의 활동을 계획하고 진행하는 데 큰 도움이 된다. 예를 들어 학습부의 역할을 수업자료 준비, 과제물 수합, 학습게시판 관리로 하고 홍보부를 학급분집 기획, 학급문집 자료 수집, 학급 생일잔치 준비 등으로 정한다면 학급의 경영계획과 실행과정이 자연스럽게 연결될 수 있다.

(3) 모둠 조직

모둠의 적합한 상호작용 수는 4명이지만 보통 학생 수나 책상 배치에 따라서 4~6명으로 구성한다. 구성 방법은 교사 주도의 구성, 무작위 구성, 동질집단으로 구성, 이질집단으로 구성 등이 있는데 협동학습이 이루어지기 위한 방법으로는 교사 중심의 이질집단 구성을 한다. 가장 효과적인 상호작용이 이루어지도록 교사는 한 달 정도 학생들을 면밀히 관찰하고 모둠을 구성하도록 한다. 따라서 3월 말이나 4월 초에 모둠을 구성하는 것이 좋다. 구성된 모둠은 자주 바꾸지 않으며 경우에 따라 친목이나 놀이를 할 경우나 동일한 관심사를 가진 학생 간의 토의를 할 때 단기적으로는 다른 모둠 구성방법을 병행한다.

모둠을 보다 체계적으로 운영하고 학습과 생활을 점검하기 위해 모둠일지를 사용한다. 모둠일지는 모둠원이 돌아가면서 하루의 발표, 숙제, 준비물, 일기 등을 검사하고 점수를 부여한다. 점수가 정해진 득점 이상일 경우 스티커와 같은 상점이 부여되고, 상점을 모아 월별로 우수 모둠을 시상한다. 모둠일지를 사용하면 모둠의 결속력을 높이고 서로 함께 노력하는 모습을 발견할 수 있을 것이다. 이렇게 구성된 모둠은 청소, 급식당번과 학급경영의 전반에서 두루 유용하게 사용된다.

(4) 당번 조직

청소당번은 너무 많으면 오히려 능률이 떨어지므로 4~6명이면 충분하다. 배정은 모둠별로 1주일씩 하는 방법, 분단별로 1주일씩 또는 하루씩 하는 방법이 있다.

최근에는 학원에 가야 하는 아이들로 인하여 점심시간이나 아침시간에 청소를 하거나 한 달에 청소를 해야 하는 날짜를 미리 정하고 희망에 따라 인원을 배정하는 방법을 사용하기도 한다. 교실은 학생들의 생활의 장이므로 청결이 매우 중요하다. 따라서 학생들에게 청소의 중요성을 강조하고 청소의 절차를 상세하게 지도한다. 청소당번에게 돌아가며 청소점검일지를 작성하게 하고 청소검사를 직접 하게 하는 방법도 좋은 방법이다.

급식은 각 학교의 사정에 따라 교실이나 학교식당에서 이루어진다. 학급에서 하는 경우 급식당번을 모둠별로 돌아가면서 하도록 정하고, 급식의 차례도 매일 또는 매주 돌아가도록 정한다. 국, 밥, 반찬 세 가지, 후식을 각각 한 명씩 맡도록 하고 뒷정리는 다함께 하도록 지도한다. 식당에서 배식을 할 경우에도 급식을 받는 순서와 급식 봉사하는 순서를 모둠별로 형평성 있게 정해 준다.

학급조직의 운영에 있어서 가장 중요한 일은 지켜야 할 규칙을 정하고 안내하는 것이다. 학급규칙은 학급 구성원이 다함께 성공적인 학급생활을 하기 위하여 지키기로 한 약속이다. 규칙의 제정은 학생들의 생활지도, 학습 분위기 조성, 학급의 효율적인 경영을 위한 것으로, 민주적 규칙의 제정이 되어야 한다. 학급의 효율적인 경영도 궁극적으로 학생을 위한 것이므로, 학생들의 의견을 수렴하여 자발적으로 규칙을 지킬 수 있도록 유도하여야 한다. 그리고 이때 지켜야 할 규칙과 함께 지켜지지 않았을 경우의 약속도 함께 정하도록 한다.

3) 체 벌

「초 · 중등 교육법 시행령」에서는 교육상 불가피한 경우를 제외하고는 학생에게 신체적 고통을 가하지 않는 훈육 · 훈계 등의 방법을 행하여야 한다고 명시하고 있다. 대법원(2004. 6. 10.)은 체벌의 교육적 의미를 알리지 않은 채 교사의 성격 또는 감정에서 비롯된 지도 행위, 개별적으로 훈계, 훈육의 방법으로 지도할 수 있는 상황이었음에도 공개적으로 학생에게 체벌, 모욕을 가하는 행위, 학생의 신체나 정신건강에 위험한 물건 또는 지도교사의 신체를 이용해 부상의 위험성이 있는 부위를 때리는 행위, 학생의 성별 · 연령 · 개인적 사정에 따라 견디기 어려운 모욕감을 주는 행위 등은 사회통념상 체벌이 용인될 만한 객관적 타당성으로 보기 어려운 경우라고 보고 있다.

헌법재판소(2006. 7. 27.)에서도 체벌은 교육상 불가피한 경우에만 행해져야 하고, 절차를 준수해야 하며, 방법이 적정하고, 정도가 지나치지 않아야 한다고 명시하고 있다.

교육상 불가피한 경우란 훈육이나 훈계 등 다른 교육적 수단으로는 교정이 불가하여 체벌을 할 수밖에 없는 경우를 말한다. 교사의 성격에서 비롯되거나 감정을 내세워 행해지는 폭력행위는 교육상 필요한 목적을 위한 것이라고 하기 어렵고 다른 대체수단으로 지도할 수 있음에도 체벌을 하는 경우에는 체벌의 불가피성을 충족하기 어렵다.

절차를 준수하라는 것은 체벌 전에 학생에게 체벌의 목적을 알리고 훈계하여 변명과 반성의 기회를 주고, 신체의 이상 유무를 살핀 후 시행해야 하며 만약 학칙에서 정한 체벌 절차가 따로 있는 경우에는 특별한 사정이 없는 한 그에 따라야 한다는 것을 의미한다.

방법이 적정해야 한다는 것은 체벌은 부득이한 사정이 없는 한 정해진 체벌도구를 사용해야 하고 위험한 도구나 신체를 이용하여서는 안 되며, 체벌의 장소는 가능한 비공개 장소에서 개별적으로 행해야 하는 것이다. 또한 체벌 부위는 상해가 발생할 위험이 적은 둔부 등이어야 한다. 정도가 지나치지 않아야 한다는 것은 학생의 연령, 개인적인 사정에 따라 받아들일 수 있는 정도여야 하고, 특히 견디기 어려운 모욕감을 주어서는 안 된다는 것을 의미한다.

참고문헌

김종철(1983). 교육행정의 이론과 실제. 서울: 교육과학사.

권기욱(1996). 학급경영론. 서울: 원미사.

남정걸(1998). 교육행정과 학교경영. 서울: 세영사.

박병량(1985). 교육행정 및 경영. 서울: 학지사.

이병진(1998). 현장교사론. 서울: 양서원.

최회선(1994). 학교 · 학급경영-이론과 실제. 서울: 형설출판사.

James, L., & James, N. (2007). *Principle of Classroom Management: A Professional Decision-Making Model* (5th ed.). Boston: Pearson Education.

14장 학생안전사고 예방 및 관리

1. 학교안전사고

1) 학교안전사고의 개념

교육활동 중에 발생한 사고로서, 학생이나 교직원 또는 교육활동 참여자의 생명 또는 신체에 피해를 주는 모든 사고 및 학교급식 등 학교장의 관리 · 감독에 속하는 업무가 직접 원인이 되어 학생 · 교직원 또는 교육활동 참여자에게 발생하는 질병으로서 대통령령이 정하는 것으로 규정하고 있다(조석훈, 김용, 2007) 학교와 관련된 사고의 피해자는 학생 교직원, 외부인이 모두 포함될 수 있는데, 이 중에서 학생이 피해자인 사고가 학생안전사고에 속한다.

2) 교육활동 중에 발생한 사고

학교안전사고는 '정규교육활동' 중 체육시간에 학생 상호 간 사소한 다툼이나 장난, 교외활동(현장체험학습, 수학여행 등) 중의 학생 부주의, 수업 중의 장난으로 인하여 주로 발생한다. 교육활동이란 학교의 교육과정 또는 학교의 장이 정하는 교육계획 및 교육방침에 따라 학교 안팎에서 학교장의 관리 · 감독하에 행해지는 수업 · 특별활동 · 재량활동 · 과외활동 · 수련활동 · 체육대회 등의 활동, 등 · 하교 및 학교장이 인정하는 각종 행사 또는 대회 등에 참가하여 행하는 활동, 그 밖에 대통령령이 정하는 시간 중의 활동 등을 총체적으로 말한다.

'비정규 교육활동' 중에는 점심시간, 쉬는 시간, 청소시간 순으로 학교안전사고가 발생하는 것으로 보아 취약시간대를 알 수 있으며, 이것은 교사의 관리 · 감독이 소홀한 시기에 많이 발생한다는 것을 알 수 있다.

표 14-1 학교안전사고의 유형

<table>
<tr><th rowspan="2">분류 기준</th><th colspan="3">판단근거</th></tr>
<tr><th>시간/원인
행위자</th><th>시간</th><th>세부항목</th></tr>
<tr><td rowspan="12">1. 교육활동과의 관련성</td><td rowspan="7">정규
교육활동</td><td rowspan="3">정규
교과수업</td><td>일반교과수업 중</td></tr>
<tr><td>실험 · 실습 중</td></tr>
<tr><td>체육시간 중</td></tr>
<tr><td rowspan="4">정규
특별활동</td><td>합창, 체육대회, 축제 등 교내활동 중</td></tr>
<tr><td>현장학습, 수학여행 등 교외활동 중</td></tr>
<tr><td>체육대회 등 교외행사 출전 등</td></tr>
<tr><td>클럽활동 등 학생자치활동 중</td></tr>
<tr><td rowspan="3">비정규
교육활동</td><td colspan="2">점심시간 중</td></tr>
<tr><td colspan="2">청소시간 중</td></tr>
<tr><td colspan="2">휴식시간 중</td></tr>
<tr><td colspan="3">학교의 일과 전후</td></tr>
<tr><td colspan="3">등 · 하교 중</td></tr>
<tr><td rowspan="5">2. 원인행위자</td><td rowspan="2">학생 자신</td><td colspan="2">학생의 고의: 자살 · 자해 등</td></tr>
<tr><td colspan="2">학생의 부주의</td></tr>
<tr><td rowspan="3">교원</td><td colspan="2">체벌</td></tr>
<tr><td colspan="2">심리적 체벌</td></tr>
<tr><td colspan="2">직무상 소홀</td></tr>
</table>

<table>
<tr><td rowspan="7">2. 원인행위자</td><td rowspan="4">다른 학생</td><td>폭행</td></tr>
<tr><td>집단따돌림</td></tr>
<tr><td>우발적 접촉 및 부주의</td></tr>
<tr><td>학생간부의 학생지도 시 체벌 등</td></tr>
<tr><td colspan="2">학교시설 · 설비</td></tr>
<tr><td colspan="2">식중독 등</td></tr>
<tr><td colspan="2">제삼자</td></tr>
<tr><td rowspan="2">3. 장소</td><td colspan="2">학교 안</td></tr>
<tr><td colspan="2">학교 밖</td></tr>
<tr><td rowspan="2">4. 피해의 내용과 정도</td><td colspan="2">중대사고: 피해 정도가 심한 경우</td></tr>
<tr><td colspan="2">경미사고: 피해 정도가 경미한 경우</td></tr>
<tr><td rowspan="2">5. 교원의 임장 여부</td><td colspan="2">임장 중</td></tr>
<tr><td colspan="2">비임장 중</td></tr>
</table>

출처: 한국교원단체총연합회(2008: 251-253).

3) 학교안전사고 부당행위 피해의 전개 형태

학교안전사고가 발생하게 되면 교육활동과의 관련성 여부나 담당교사의 과실 여부에 상관없이 개별적으로 교권침해 형태가 전개될 수 있다. 구체적으로 살펴보면 학교에서 발생한 안전사고는 대부분 고의 중 과실로 인해 가해자가 있는 경우 가해자와 피해자 간 원만한 합의가 이루어지지 못할 때 학부모가 학교나 교사에게 치료비 및 위자료를 요구하면서 피해를 받는다. 그리고 학교안전공제회에서 학교안전사고로 인정하여 지급하는 급여액에 학부모가 불만을 품고 학교나 교사에게 과도한 금품을 요구하고, 요구사항을 충족하지 못할 경우 민사소송으로까지 진행되기도 한다. 또한 학부모의 부당, 과도한 치료비, 간병비 및 향후 의료비 요구뿐 아니라 안전공제회에서 치료비를 지급받지 못할 경우 학교에 치료비를 요구하면서 분쟁이 발생하기도 한다.

- 학교장 또는 담당교사에게 도의적인 금전보상 요구
- 학교장 또는 관할 교육지원청에게 부당한 인사조치(담임 교체, 전보, 징계 등) 요구
- 허위사실 또는 과장된 사실 언론 유포
- 상급 교육행정기관 또는 정부기관에 허위 민원 제기
- 민 · 형사 소송 제기

4) 사고 처리 절차

사고 발생

▼

신속한 구호활동	• 119 신고 • 현장 응급처치 및 보건실, 인근병원 후송 • 담임은 반드시 병원까지 동행하여 검사 실시

▼

학교장 보고 및 학부모 연락	• 사건 경위 및 일지 기록(6하원칙) - 사고 발생 일지 및 사고 관련자 - 사고원인 및 목격자 - 교사 직무수행 및 사후 조치 내용 반드시 포함

▼

안전공제회 사고 통지 및 보상 청구	- 공제급여관리시스템에 지체 없이 신고(48시간 이내) - 치료 후 공제급여 청구 - 공제회: 학부모에게 송금 및 학교에 결정내역 통지

▼

사건 종결

[그림 14-1] 사고 처리 절차의 흐름

출처: 한국교원단체총연합회(2008: 9).

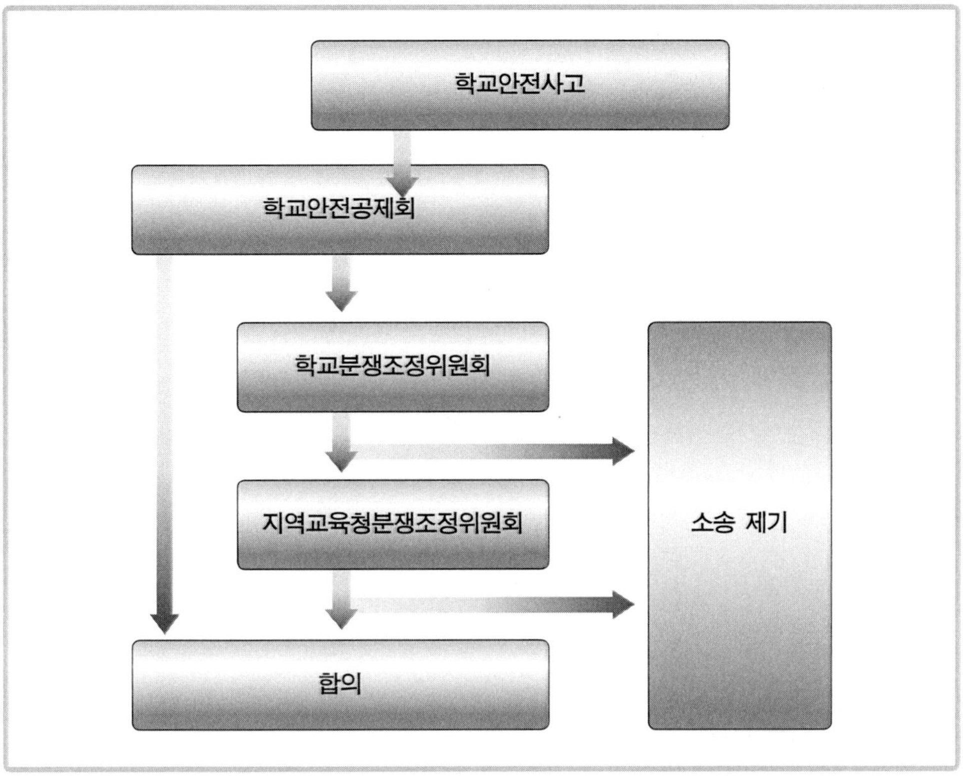

5) 학교안전사고 발생 시 유의사항

학교안전사고가 발생하면 다음과 같은 사항을 참고하여 대처하여야 한다.

① 책임 있는 자(보건교사, 응급처치 자격증 소지자 등)가 사고 수습, 피해자 후송 등은 신속히 119에 연락해야 한다.

② 소송 및 각종 조사에 대비해야 한다.

- 사고에 대하여 경험 있는 자(전문가, 학교안전공제회 등)와 협의하여 처리
- 사고 발생과정을 잘 알고 있는 증인 확보 및 관련 기록 확보(사고 현장 사진, 주위에 함께 있던 학생 등)
- 사고 발생 시부터 사고 종결 시까지 진행과정을 일기 형태로 자세히 기록
- 학부모의 불법행위(폭언, 협박, 폭행 등)가 있는 경우 목격자 진술서, 진단서,

녹취록, 기사사본 등을 확보 보관

③ 원만한 사고 처리를 위한 대처

- 피해자로 하여금 학교에서 최선을 다하고 있다는 의식을 갖도록 모든 조치를 강구(학교 관리자, 사건 관계자 등의 병원 방문, 성의 있는 언행, 사건 결과를 예단하지 않기, 논쟁하지 않기)
- 가급적 피해자의 입장에서(성적, 출석처리 등) 문제를 생각하고 처리
- 사고 처리 과정에서 학교 측의 창구를 단일화하여 대처(사고 담당자 지정, 학교교육분쟁조정위원회)

④ 학교장 또는 담당교사에게 도의적인 금전보상 요구

- 학부모 요구사항은 서면으로 받아 보관

⑤ 학교장 또는 관할 교육청에 부당한 인사조치(담임 교체, 전보, 징계 등) 요구

- 불이익한 처분(전보, 담임 박탈 등)이나 징계처분 시 소청심사 청구

⑥ 허위사실 또는 과장된 언론 유포

- 언론중재위원회에 정정보도 요구

⑦ 상급 교육행정기관 또는 정부기관에 허위 민원 제기

- 사건 경과일지를 바탕으로 예상되는 교육청 감사에 철저히 대비

⑧ 민 · 형사상 제기

- 학교안전공제회, 교원단체, 교권법률지원단을 통해 변호사 선임 후 적극 대응

⑨ 사건 종결 및 처리

- 가급적 치료비, 위자료 등은 사건이 해결되었을 때 지급하도록 노력하되 합의서 영수증은 반드시 확보

⑩ 학교안전사고 예방법

- 안전사고 예방교육을 주기적으로 실시(조사)
- 교육활동 중 예상되는 각종 위험요인에 대한 안전교육 실시
- 교육활동 중 가급적 교육활동이 이루어지는 장소에서 떠나지 않도록 주의
- 학교시설물의 정기적인 안전관리 실시
- 학생 간 집단따돌림 또는 폭력발생 시 지속적인 지도(상담일지 작성 등)
- 현장학습 · 수학여행 등의 교육계획 수립 시 다음 사항을 필히 준수

- 차량 이용 시: 자동차종합보험에 가입되어 있는지 확인 후 계약
- 수련원 등 계약 시: 「청소년활동진흥법」에 의한 보험 가입 여부 확인
- 놀이시설 계약 시: 「어린이놀이시설안전관리법」에 의한 보험 가입 여부 확인
- 숙박시설 이용 시: 영업배상책임보험 가입 여부 확인

2. 학교안전공제회

1) 학교안전공제회 설립과 운영

「학교안전사고 예방 및 보상에 관한 법률」에 따라 각 시 · 도 교육감은 학교안전공제회를 설립 · 운영하고 있다. 학교안전공제회는 학교안전사고를 예방하고 학생 · 교직원 및 교육활동 참여자가 학교안전사고로 입은 피해를 신속하고 적정하게 보상하기 위한 학교안전사고보상공제사업을 담당한다. 학교안전공제의 가입자는 「유아교육법」 제2조 제2호의 규정에 따른 유치원, 「초 · 중등교육법」 제2조의 규정에 따른 학교, 「평생교육법」 제20조 제2항의 규정에 따라 고등학교 졸업 이하의 학력이 인정되는 평생교육시설의 학교장이며, 「초 · 중등교육법」 제60조의 2의 규정에 따른 외국인 학교의 학교장은 학교안전공제회의 승인을 얻어 학교안전공제에 가입할 수 있다.

교육과학기술부 장관은 대통령령이 정하는 바에 따라 사업연도마다 전전년도 이전 최근 3년간의 학교안전사고의 발생 추이와 공제급여 지급 실적, 전전년도의 공제사업 및 예상사업 등의 운영경비와 물가 상승률 등을 반영하여 공제료 산정기준을 정하고, 이를 고시한다. 학교안전공제회는 고시된 공제료 산정기준에 근거하여 관할 구역 내 학교안전사고의 발생 추이와 공제급여의 지급 실적, 학교의 종류 및 규모 등을 고려하여 공제료를 산정하고 이를 공제 가입자에게 통보한다. 시 · 도별 공제료는 약간의 차이를 보이는데, 학생 1인당 기준으로 보통 유치원과 초등학교는 1,000원 내외, 중 · 고등학교는 2,000원 내외다. 학교장이 납부해야 할 공제료는 교육비특별회계에서 직접 부담하거나 학교회계의 재원으로 납부한다.

2) 피공제자와 공제 대상

학교안전공제회로부터 보호를 받는 피공제자는 학생, 교직원, 교육활동 참여자다. 학생은 학교안전공제에 가입한 학교에 입학(전입학 포함)한 때, 교직원은 학교안전공제에 가입한 학교에 임용되거나 전보된 때, 교육활동 참여자는 학교안전공제에 가입한 학교의 교육활동에 참여하게 된 때(학교장의 명시적인 의사에 반하여 참여한 경우는 제외)에 피공제자의 자격을 갖게 된다. 학교안전공제회를 통해 피공제자의 자격을 가진 자가 공제를 받을 수 있는 학교안전사고는 다음과 같다.

표 14-2 공제 가능한 학교안전사고

• 교육활동 중에 발생한 사고로써, 학생 · 교직원 또는 교육활동 참여자의 생명 또는 신체에 피해를 준 모든 사고 • 학교급식 등 학교장의 관리 · 감독에 속하는 업무가 직접 원인이 되어 학생 · 교직원 또는 교육활동 참여자에게 발생한 질병(학교급식이나 가스 등에 의한 중독, 일사병, 이물질의 섭취 등에 의한 질병, 이물질과의 접촉에 의한 피부염, 외부 충격 및 부상이 직접적인 원인이 되어 발생한 질병)

보상 대상이 되는 교육활동이란 다음과 같이 직접적인 학교 내 교육활동, 등하교 시간, 교외 행사 및 대회 등을 포함한다. 다만, 직접적인 교육활동의 경우 학교장이 교육계획에 따라 인정하는 것이어야 한다.

표 14-3 보상 가능한 학교교육활동

• 학교의 교육과정 또는 학교장이 정하는 교육계획 및 교육방침에 따라 학교 안팎에서 학교장의 관리 감독하에 행해지는 수업 · 특별활동 · 재량활동 · 과외활동 · 수련활동 또는 체육대회 등의 활동 • 등하교 및 학교장이 인정하는 각종 행사 또는 대회 등에 참가하여 행하는 활동 • 통상적인 경로 및 방법에 의한 등하교 시간, 휴식시간 및 교육활동 전후의 통상적인 학교체류시간, 학교장의 지시에 의하여 학교에 있는 시간 또는 학교 외의 장소에서 교육활동이 실시될 경우 집합 및 해산 장소와 집 또는 기숙사 간의 합리적 경로와 방법에 의한 왕복시간에 이루어진 활동으로서 위의 두 가지와 관련된 활동

학교안전사고로 발생한 피해에 대하여 공제받을 자가 학교안전공제회로부터 공제급여를 받은 경우에는 배상책임을 지게 될 학교의 교직원, 가해 학생 또는 지방자치단체는 그 범위 안에서 배상책임을 면할 수 있다. 다만, 피공제자의 고의 또는 중대한 과실로 학교안전사고가 발생한 경우에는 사정이 다르다. 이 경우 학교안전공제회는 지급한 공제급여에 상당한 금액의 지급을 학교안전사고를 일으킨 자 또는 그 보호자 등에게 청구할 수 있다.

참고문헌

조석훈, 김용(2007). 학교와 교육법. 서울: 교육과학사.

한국교원단체총연합회(2008). 교권침해 이렇게 대응합시다.

15장 학생생활지도 및 상담

1. 학생생활지도

1) 생활지도의 개념 및 목표

생활(生活)이란 말 그대로 삶을 살아가는 것을 의미한다. 이러한 맥락에서 학교에서의 생활지도란 '학생이 학교에서의 삶을 어떻게 살아 내느냐?'와 관계된다고 할 수 있다. 일반적으로 생활지도는 학교에서 수업과 함께 매우 중요한 부분을 차지하고 있는 영역이다.

그래서 수업과 마찬가지로 생활지도에 대한 다양한 접근과 개념 규정이 내려져 왔다. 생활지도에 대한 국내외 여러 학자의 의견을 종합해 보았을 때 생활지도란 '학생들의 흥미와 관심을 고려하여 각자의 개성을 살릴 수 있는 능력을 기를 수 있도록 돕고, 이런 과정 속에서 자아실현을 이룰 수 있도록 조력해 주는 교육적 활동'이라 할 수 있다.

이러한 생활지도는 학생이 자기 자신에 대한 이해를 통해 스스로 성장하고 문제를 해결할 수 있도록 하여 삶의 다양한 상황 속에서 올바른 적응과 선택을 하고 조화로운 발달을 꾀함으로써 자기 자신의 발달과 더불어 사회를 위하여 공헌할 수 있도록 하는 것을 그 목표로 삼고 있다고 보는 것이 일반적이다.

2) 생활지도의 필요성

학교폭력, 왕따, 성적(性的) 문제 등 근래 학교생활은 과거에 비해 다양하고 복잡한 문제 상황 속에 놓여 있다. 이러한 때에 생활지도의 필요성과 중요성은 거듭 강조해도 지나침이 없을 것으로 판단된다. 이러한 관점에서 생활지도의 필요성에 대해 보다 면밀히 살펴보면 다음과 같다.

(1) 학생 비행문제의 예방과 치료

일반적으로 학교에서 발생하는 학생들의 비행문제의 경우 날로 그 정도가 심각해지고 범죄로까지 확대되는 경우가 빈번하다. 이러한 학생들의 비행문제로 인해 학교에서의 생활지도는 매우 필요하다.

(2) 성장기 학생들의 성격 형성

초등학생 시절부터 청소년기까지는 인간의 성격이 형성되는 시기로서 이 시기를 어떻게 보내느냐에 따라 성인이 되었을 때의 성격이 좌우된다. 학창 시절의 생활에 따라 때로는 여유 있게, 때로는 급하게, 때로는 반항적인 성격 등으로 인성이 변하게 된다. 특히 편부모 가정이나 조손부모 가정의 학생일 경우 학교 부적응이나 탈선을 경험할 확률이 높다. 따라서 안정적이고 올바른 성격 형성을 위해 생활지도가 요구된다.

(3) 학생의 진로지도

디지털 네이티브에 해당하는 요즘의 학생들은 다양한 매체와 정보에 쉽게 노출된다. 이때 학생들에게 제공되는 정보는 가감 없이 그대로 그들에게 수용되는 경우가 많다. 이러할 때 학생들을 위한 올바른 생활지도를 통해 학생들의 올바른 인격 형성과 더불어 자신의 인생과 미래 진로를 결정함에 있어 올바른 안내가 필요하다고 할 수 있다. 특히 초등학교 시기는 진로인식의 시기이고 중등학교 시기는 진로탐색과 진로결정의 시기에 해당하므로 학생들에게 올바른 생활지도를 통해 자신의 진로를 선택할 수 있도록 하는 안내가 절실히 요구된다고 하겠다.

3) 생활지도의 기본원리

이렇듯 중요한 생활지도를 학교 현장에서 구체적으로 적용할 수 있는 기본원리는 무엇이 있을까? 생활지도의 효과를 위해서는 생활지도의 실시 계획 및 목표, 프로그램의 적용에 있어 합리적이고 창의적이며 전문성이 있어야 한다. 이것은 생활지도의 기본원리를 이해해야 가능하다고 할 수 있다. 생활지도의 다양한 원리 중 Gibson과 Mitchell(1981)이 제시한 내용을 살펴보면 다음과 같다.

표 15-1 Gibson과 Mitchell의 생활지도 원리

- 학교의 생활지도 프로그램은 모든 학생의 발달과 적응을 돕기 위해서 계획된 것이다.
- 생활지도는 학생의 전 교육 수준에 적용되는 지속적인 과정이다.
- 전문적인 자질, 지도성, 지도 등을 위해서 전문적인 훈련을 받은 전문생활지도 담당자가 필수적이다.
- 생활지도의 효과를 위해서는 특별히 효과 있는 프로그램을 계획해서 개발해야 한다.
- 학교의 생활지도 프로그램은 그 학교의 특수성을 반영해야 한다. 즉, 학교마다 제각기 다른 생활지도 프로그램을 갖게 된다.
- 학교 생활지도 프로그램은 학교의 요구와 학교의 환경을 고려해서 독특한 프로그램을 개발해야 한다.
- 학교 생활지도 프로그램은 개인의 전체 발달과 관련이 있다.
- 학교교육과 생활지도는 상호 관련이 있다.
- 일반 교사의 생활지도에 대한 이해와 지지가 생활지도의 성패를 좌우한다.
- 생활지도 프로그램은 책무성을 가지고 있기 때문에 성취와 효과에 대한 객관적인 증거를 제시해야 한다.

4) 생활지도의 다양한 방법

(1) 간접적인 방법

생활지도의 간접적인 방법으로 힌트, 상황 반전, 상담 등을 들 수 있다. 먼저 힌트란, 교사가 수업을 계속 유지하는 범위에서 시선 맞추기, 눈살 찌푸리기, 머리 흔들기 등의 간접적인 방법으로 아동에게 지금 상황을 파악하고 있으며 이를 받아들일 수 없음을 표시하는 것이다.

다음으로, 상황 반전은 상황 개선과 활동 변경으로 나눌 수 있다. 전자는 교사가

짧게 지시하고 유머를 하며 질책하거나 당황하지 않고 상황을 개선하는 것이다. 활동 변경은 지루할 때 재미있는 놀이와 게임, 노래 부르기를 하면서 활동을 변경하는 것이다.

끝으로, 상담은 교사가 아동의 행동에 대하여 긍정적인 수용 분위기를 형성함으로써 아동 스스로 긍정적인 방향으로 변화될 수 있도록 대화와 상담을 하여 허용적인 관계를 유지하는 것이다.

(2) 직접적인 방법

생활지도의 직접적인 방법은 요구, 경고, 야단, 체벌 등이 있다.

요구는 힌트에 비해 좀 더 적극적인 방법으로 아동의 수업 저해 행동에 대하여 직접적으로 명확한 의사표현을 함으로써 제재의 사유를 밝히는 것이다. 경고는 부적절한 행동이 사라질 때까지 단호한 태도로서 아동의 행동 억제에 많은 초점을 맞춘다. 야단은 아동을 제지하는 과정에서 불필요한 감정을 나타내며 어길 경우 또 다른 물리적 조치에 대한 위협이 가해진다. 체벌은 잘못한 행동에 대해 아동에게 직접적으로 고통을 가하는 것이다.

(3) 심리검사의 활용

학교 현장에서 생활지도와 관련하여 교사들이 많이 사용하는 직간접적인 방법 중 가장 효과적이며 바람직한 방법은 정적 강화다. 그리고 이러한 정적 강화는 인간관계에 기반한 상담이 주를 이루게 된다. 그런데 상담은 교육현장에서 적용하기에는 비전문가나 초임교사들이 적용하기에 매우 어려운 점이 있다. 이때 상담을 위한 객관적인 자료로서 사용할 수 있는 것이 바로 심리검사다.

일반적으로 교육 현장에서 자주 사용되는 심리검사는 MBTI와 MMTIC, 적성진단검사, 적성탐색 및 진로탐색검사, MMPI, 직업흥미검사, K-WAIS 혹은 KEDI-WISC, 학습기술검사, 학습방법진단검사 등이 있다.

5) 생활지도의 문제별 영역 내용

(1) 교육지도

교육지도와 관련된 내용은 다음과 같으며 입학부터 진로지도까지 그 범위는 매우 넓다.

표 15-2 생활지도 교육영역

- 입학 전 활동: 앞으로 입학할 학생과 그의 부모와 대화의 기회를 갖는 일, 각종 자료와 정보를 수집, 학교에 올 준비를 하도록 부모를 돕는 일
- 신입생 오리엔테이션: 신입생으로 하여금 보다 빠른 시일 내에 학교생활에 적응하고 정상적인 학업생활에 정진할 수 있도록 각종 정보를 제공하는 활동으로 학교의 연혁, 교사, 교수진, 학교시설, 학생복지, 도서관 이용, 과외활동(특별활동 등)의 종류와 내용을 소개
- 학생에 관한 이해: 재학생 중에 학업지도를 포함하며 학력 향상을 위한 지도로써 교과목 선택, 효과적인 학습방법, 독서지도를 지도한다.
- 진학 및 진로지도: 상급학교의 진학과 장차 학교를 졸업한 후의 미래의 직업, 취업을 위한 지도를 말하며, 포괄적인 자료수집과 정보를 제공하며 학습과정에 낙오되지 않게 적절한 적응력을 돕기 위한 지도를 포함한다. 종합적으로 신입생을 위한 오리엔테이션, 학업부진아 지도, 학습지도방법 및 독서지도, 진로지도 기타 수학상의 제 문제 등을 취급한다.

(2) 진로(직업)지도

직업지도는 학생들의 직업선택, 직업준비, 취업알선 등 장차 직업에 관련된 영역을 지도하여 적응할 수 있도록 직업의 세계를 알려 주어 직업준비에 대한 탐색적 경험을 갖도록 지도한다. 직업지도 시에는 먼저 직업군으로 지도하여 익숙토록 하고, 발달 단계별로 초등학교에서는 진로인식 단계, 중학교에서는 진로탐색 단계, 고등학교에서는 진로준비 단계, 대학교에서는 진로 전문화 단계로 구분하여 지도한다. 실제로 지도할 내용은 다음과 같다.

① 직업의 성질
② 직업조건 학력 및 훈련
③ 보수
④ 승진 및 전망

⑤ 직업수행을 위한 정보자료

(3) 성격지도

성격지도란 개인의 인성적 · 심리적 문제로서 정서적 불안, 욕구불만, 정신건강, 신경과민, 개인적 습관과 태도 등 개인적 · 심리적 적응문제에 관한 알맞은 지도를 말한다. 사회에 나가 적응할 수 있는 기본적 성격을 형성시켜 주기 위하여 정서교육 등 안전에 관한 지도를 포함한다.

(4) 사회성 지도

대인관계를 통하여 자기를 성장, 성숙시킬 수 있는 방법을 지도하는 것이다. 학생의 교양, 도덕적인 윤리관, 인간 존중의 습관 형성, 의식전달의 합리적인 방법, 이성교제, 부모와 자식 간의 관계, 교우관계, 집단활동 등 지식의 전달과 여러 가지 훈련을 통하여 사회인으로서 원만한 적응과 창의적인 활동을 전개하여 잠재력을 향상시키는 방법으로써 필요한 것이다.

(5) 건강지도

신체적 결함, 운동의 부족, 영양실조, 위생관념, 영양식 등 주로 신체적 건강과 정서적 건강을 위한 지도로써 적절한 생활지도의 내용이 절실하게 필요하다. 여러 가지 보건 활동 프로그램을 전개하여 새로운 인식을 부각시켜 학교생활에 건전한 적응을 기대할 수 있도록 건강교육을 장려하고 지도한다.

(6) 여가지도

여가선용지도는 학교나 사회에서 개인이 자유로운 시간을 유용하게 이용할 수 있도록 하는 지도로써 우리 학생들에게 필요한 분야다. 시간이 있어도 이것을 어떻게 뜻있게 보낼 수 있는가 하는 문제는 다른 나라 사람에 비하여 절실하게 요구되는 점이 많다. 그러므로 이러한 영역도 교과과정에 없는 문제이니 생활지도에서 적절히 발굴해 주는 것이 또한 필요하다. 오락 지도 역시 이 분야에 속한다.

2. 상담이론

1) 상담이란

상담은 문자 그대로 해석하면 마주 앉아 이야기를 나누는 것이다. 그러나 학생과 교사가 마주 앉아 단순히 대화만을 나눈다고 하여 그것이 상담이 될 수는 없다. 그렇다면 구체적으로 상담이란 무엇이며, 그것은 어떻게 해야 하는 것일까?

일반적으로 상담이란 전문적인 자질을 가진 상담가와 미해결된 과제(문제)를 가진 내담자가 어떤 뚜렷한 목표를 가지고 이를 해결해 나가고자 하는 관계를 의미하며 문제의 해결은 다양한 방법을 통해 해결이 가능하다.

실제적으로 상담의 장면에서 가장 중요한 것은 내담자보다는 상담자다. 상담자가 전문적인 자질과 기술을 갖추고 내담자를 맞이하고, 그를 진심으로 이해하고 받아 주며 그 문제를 해결할 수 있어야 한다.

그렇다면 구체적으로 상담의 전문적인 자질은 무엇인지 한번 살펴보자.

2) 상담자의 자질

상담은 사람들이 흔히 하는 일반적인 대화와는 달리 뚜렷한 문제나 목표를 가지고 이루어진다. 따라서 상담의 일차적인 목표는 내담자가 표현하는 심리적 불편이나 증상에 대한 부담을 덜어 주는 것이 필요하다.

이는 내담자가 내면적 자유를 회복하고 자신의 수많은 가능성과 잠재력을 드러낼 수 있도록 성격을 재구조화하는 등 인간적 발달과 인격적 성숙을 이루도록 하는 것과 관련된다. 이런 목표를 '성장 촉진적 목표'라 이름 붙일 수 있다. 상담자는 이 같은 상담 목표를 이루기 위해 그것과 관련된 상담이론과 경험을 미리 갖추는 것이 요구된다.

일반적으로 상담을 위한 전문적 자질에는 크게 세 가지가 필요하다. 첫째는 다양한 상담이론에 대한 이해이며, 둘째는 상담을 효율적으로 진행하는 방법과 각 단계별 절차에 대한 이해이며, 마지막은 이 두 가지를 바탕으로 실제 상담하면서 고려해야 할 여러 가지 사항을 일일이 검토하는 실습 훈련 경험이다. 이런 자질을 갖춘 사람과 행해지는 상담이 전문적 상담이라 할 수 있다.

또한 상담자는 전문적인 자질과 함께 인간적인 자질을 함께 갖추고 있어야 한다. 이를 위해 상담자는 스스로 자기에 대한 이해와 수용, 타인에 대한 열린 마음과 경청의 자세, 삶에 대한 진지함과 용기를 갖추고 있어야 한다.

3) 상담이 이루어지는 과정

상담은 상담자와 내담자가 관계를 맺음으로써 성립되는데, 이를 상담관계라 한다. 상담관계에는 질적 측면과 형식적 측면이 있다. 질적인 측면은 상담관계가 질적으로 어떠한 특성을 지니는가에 관한 것이고, 형식적 측면은 상담자와 내담자가 관계를 맺는 방식을 말하는 것이다. 질적인 측면이란 상담관계가 우호적이고 상호 신뢰적이며 존중하고 이해하는 촉진적 · 치료적 상담관계와 비촉진적 · 비치료적 상담관계를 일컫는 것이며, 이는 상담 성과와 직결되는 중요한 문제다. 형식적 측면이란 내담자와 직접 얼굴을 맞대어 관계를 맺어 나가는 대면상담과 전화나 컴퓨터, 편지, 방송 등의 언론 매체 등을 이용하여 간접적으로 관계를 맺어 나가는 상담 등을 들 수 있다.

4) 전문적 상담과 일반적 상담

이제까지 우리가 살펴보았던 전문적 상담과 일반적 상담에 대해 정리하면 다음과 같다.

(1) 상담자가 일정한 자격이나 전문성을 갖추고 있는가

일반적인 상담에 비해 전문적인 상담은 상담자가 상담에 대한 이론과 방법에 대한 체계적인 지식이나 기술을 갖추고 있으며 이를 활용하여 풍부한 상담실습과 훈련지도과정을 거친 전문가로서의 소양을 갖추고 있는 사람에 의해 진행되는 상담을 의미한다. 이러한 전문가들에 의해 진행되는 상담은 보다 효과적 · 효율적일 수 있고 성공 가능성 또한 높아진다. 하지만 일반적인 상담의 경우 내담자의 문제를 이해하고 해결하는 데 있어 상담자 개인의 경험이나 주관적인 판단에 의존하는 경우가 있기 때문에 경우에 따라서는 위험할 수도 있다.

(2) 내담자의 문제에 대한 체계적인 평가가 내려지는가

상담의 목표는 내담자가 가지고 있는 문제를 해결하는 것에 있다. 그런데 일반적으로 내담자가 표현하는 자신의 문제는 표면적인 문제에 그칠 경우가 있다. 이때 상담자는 내담자가 소유하고 있는 보다 근원적이고 복잡한 문제를 찾아 이를 체계적으로 정리 · 관리 · 평가하여 보다 근원적인 문제의 원인을 찾아낼 수 있어야 한다. 하지만 일반적인 상담의 경우 이를 제대로 찾지 못해 상담에 실패할 가능성이 높다.

(3) 문제해결을 위한 구체적인 절차와 방법이 사용되는가

전문적인 상담자는 내담자의 문제를 해결하기 위한 적절한 상담방법이나 해결책을 소유하고 있어야 한다. 한두 가지의 방법만을 가지고 섣불리 내담자를 만났다가 실패할 경우, 자칫 내담자의 마음을 더욱 다치게 할 수도 있다. 따라서 전문적인 상담자는 문제해결을 위한 구체적이고 다양한 절차와 방법을 보유하고 있어야 한다.

(4) 상담에 규칙성이 있는가

상담은 단순히 한두 번으로 결정나지 않는다. 상담은 보다 장기적이며 정기적으로 이루어져야 한다. 이때 상담을 정기적으로 여러 번에 걸쳐 행하는 것을 상담의 규칙성이라고 한다. 일반적으로 인간이 소유한 심리적인 문제는 단번에 해결되는 것이 아니라 시간을 두고 점진적으로 해결되어 가기 때문에 상담에 어느 정도의 규칙성이 담보되어야 하고 전문적인 상담자는 이를 위해 상담 초기에 내담자와 함께 상담의 전체 일정을 조율하고 관리해야 한다.

5) 상담의 기본 방법

숙련된 상담자는 어느 한 이론에 얽매이지 않고 실제 경험을 토대로 내담자에 따라 다양한 접근방법을 활용해야 한다. 인간은 신체와 정신을 가지고 있고 느끼고 생각하고 행동하는 존재다. 즉, 내담자의 문제도 느낌에만 있는 것이 아니라 생각과 행동이 얽혀 있다고 이해해야 할 것이다. 그러므로 한 내담자와의 상담에서 행동 · 사고 · 감정 및 인간관계 등의 여러 측면으로 다양하게 접근할 필요가 있으며 이 과정에서 내담자의 지적 수준과 문제의 성격에 맞추어 상담자가 방법을 선택, 조정하는 것이 바람직하다. 이 말은 필요에 따라 상담이 지시적(합리적 정서치료, 현실치료 등) 상담이 될 수도 있고 비지시적(로저스 상담, 정신분석 등) 상담이 될 수도 있다는 것이다. 지시적 · 비지시적 상담의 기본 방법인 면접은 신뢰감을 바탕으로 한 촉진관계 형성이 우선 형성되어야 하며, 이는 상담자의 인간적 자질을 통해 내담자와 함께 형성해 나갈 수 있다. 주요 면접의 기본 방법을 설명하면 다음과 같다.

(1) 경청

경청이란 내담자의 말과 행동에 상담자가 선택적으로 주목하는 것을 뜻한다. 물론 상담자는 내담자의 말과 행동을 하나하나 그냥 흘려 보내서는 안 되지만 모든 말과 행동에 주목하여 반응을 하면 상담이 원하는 방향으로 흘러가지 못한다. 따라서 상담자는 상대적으로 더 비중을 두어야 할 내담자의 말과 행동을 선택하여 주목하는 것이 필요하며 때때로 자신이 내담자의 말을 주목하여 듣고 있음을 전달해 줄 필요도 있다. 예를 들어, 내담자가 말할 때 진지한 관심을 나타내고 있다는 눈길을 보냄으로써 그와 함께하고 있음을 알려 주고 자연스럽고 이완된 자세를 취함으로써 내담자에게 믿음을 주는 것이다. 또한 내담자의 발언 중에 질문을 던지거나 말을 가로막든가 새로운 문제를 제기하는 것은 바람직한 자세가 아니다.

(2) 반영

반영은 내담자의 말과 행동에서 표현된 기본적인 감정, 생각 및 태도를 상담자가 다른 참신한 말로 부언해 주는 것이다. 이것은 내담자의 자기 이해를 돕고 내담자로 하여금 자기가 이해받고 있다는 인식을 갖게 해 준다. 이때 주의할 점은 내담자의 말을 그대로 반복해서 나타내는 것이 아니라 가능한 다른 말을 사용하여 관심을 보임으로써 반복에서 오는 지겨움을 없애고, 내담자가 자기의 말에 신뢰를 가질 수 있도록 하는 것이 중요하다. 상담자는 내담자의 감정을 정확히 파악하여 이를 전달하는 것이 상담의 진행에서 매우 중요하다.

(3) 명료화

명료화는 내담자의 말 속에 내포되어 있는 뜻을 명확하게 내담자에게 인식시켜 주는 것이다. 재진술이 아닌 내담자의 실제 반응에서 나타난 감정 또는 생각 속에 암시되었거나 내포된 의미를 내담자에게 보다 분명하게 말해 주는 것으로, 반영과 달리 내담자 자신이 미처 충분히 자각하지 못하는 의미 및 관계가 자료가 된다. 즉, 내담자가 애매하게만 느끼던 내용이나 불충분하게 이해한 자료를 말로 정리해 주어 자기가 이해받고 있으며 상담이 잘 진행되고 있다는 느낌을 갖게 해 준다.

(4) 직면

직면은 내담자가 모르고 있거나 인정하기를 거부하는 생각과 느낌에 대해서 주목하도록 하는 상담자의 언급(혹은 지적)이다. 내담자가 모르고 있는 과거와 현재의 연관성, 행동과 감정 간의 유사점과 차이점 등을 지적하고 그것에 주목하도록 하는 것으로, 내담자의 변화와 성장을 증진시킬 수 있는 강력한 방법이다. 반면 내담자의 심리적인 위협과 상처를 줄 수도 있으므로 상담자는 내담자가 그것을 받아들일 수 있는 준비가 되어 있는지를 면밀히 고려해야 한다. 직면은 내담자가 상담자를 깊이 신뢰하고 있고 상담자가 내담자의 성장과 변화를 진솔하게 배려하는 분위기에서 행해져야 효과가 있다.

직면은 다음과 같은 상황에서 사용될 수 있는데, 첫째 내담자 스스로 깨닫지 못하고 있지만 그의 말이나 행동에서 어떤 불일치가 발견될 때다. 둘째, 내담자로 하여금 자신의 욕구에 의해서만 상황을 바라볼 것이 아니라 상황을 있는 그대로 볼 수 있도록 할 때다. 즉, 직면을 통해 내담자로 하여금 상황에 대한 대안적 틀을 가지게 함으로써 기존 경험상의 왜곡을 해소하도록 할 수 있다. 그리고 직면은 내담자가 상담에서 어떤 화제를 피하거나 다른 사람의 의견이나 생각, 느낌 등을 받아들이려 하지 않을 때 이를 내담자에게 이해시키는 데에도 사용된다.

직면 사용 시 주의할 점은 단순히 내담자의 부정적 측면에 초점을 맞추거나 내담자 자신의 한계를 깨닫도록 하는 것이 전부가 아니라 내담자가 미처 깨닫지 못한 능력과 자원을 지적하여 주목케 하는 것도 직면에 포함된다.

(5) 해석

해석이란 내담자가 자기의 문제를 새로운 각도에서 이해하도록 그의 생활 경험과 행동의 의미를 상담자가 설명해 주는 것으로, 내담자의 여러 말과 행동 간의 관계 및 의미에 대한 가설을 제시하는 것이다. 해석은 상담자에게 너무 많은 치료적 책임을 갖게 한다고 하여 상담자들은 주로 반영과 명료화 방법을 많이 사용한다. 그렇지만 감정의 반영도 대부분 온화한 해석으로 이를 별개로 취급하는 것은 잘못된 생각이다. 즉, 모두가 하나의 연속체에 속한다고 보아야 할 것이며 내담자의 내면세계에 접근하는 깊이의 차이일 뿐이다. 깊이의 순으로 나열해 보면 반영 → 명료화 → 직면 → 해석으로 정렬해 볼 수 있다. 해석은 내담자가 인식하지 못하는 의미까지 지적한 후 설명해야 하므로 가장 어렵고 전문성이 요구된다. 해석방법은 행동 및 성격 변화의 원리와 가정에 따라 결정되는 것이기 때문에 일반적 지침을 말하기는 어렵다. 사례에 따라 적절하게 그리고 다양하게 활용할 수 있을 것이다.

6) 상담의 진행방법

상담은 여러 번의 면접으로 이루어진다. 한두 번의 면접으로 문제가 해결되어 상담이 끝나는 경우도 있기는 하나 대개는 5~6회, 길게는 20여 회에 이르는 것도 있다. 이런 상담회기 수는 상담의 진행과정을 통해 상담자가 결정하게 되는데, 항상 똑같게 적용되지는 않는다. 그러나 각 단계별로 이루어지는 활동은 충분히 알고 숙지된 후에야 상담회기의 조절이 가능한 것이다.

(1) 초기 단계

상담의 초기 단계에서 가장 큰 목표는 상담의 기틀을 제대로 잡는 것이다. 여기에는 세 가지 내용이 포함된다. 첫째, 내담자의 문제를 제대로 이해하는 것, 둘째 상담의 목표 및 진행방식에 대해 합의를 이루는 것, 셋째 촉진적인 상담관계를 형성하는 것이다.

내담자의 문제를 이해하기 단계에서는 도움을 청하는 직접적인 이유의 확인과 문제의 발생 배경의 탐색, 문제해결 동기의 평가 등이 이루어져야 한다.

상담목표 및 진행방식에 대한 합의 단계에서 우선 목표는 일차적 목표(증상 또는 문제해결적 목표)와 이차적 목표(성장 촉진적 목표)를 설정하는데, 대개 상담은 일차적 목표에서 끝나는 것이 비용적 측면의 문제로 인해 대부분을 차지한다. 그러나 여건이 허락하는 경우에는 이차적 목표를 다시 정하고 상담을 계속하기도 한다. 상담목표 설정 시 고려해야 할 사항으로는, 첫째 상담목표는 구체적이고 명확해야 한다는 것이다. 둘째, 목표가 현실성이 있어야 한다는 것이다. 셋째, 문제의 축약이다. 내담자가 제시하는 수많은 문제를 일일이 해결할 수 없기 때문에 전체적 상담의 효율성을 위해 유사한 원인을 가지는 몇 가지 주요 문제로 압축하는 것이다. 진행방식을 상담의 구조화라고 명명하는데 여기에는 기간 및 시간에 대한 합의와 바람직한 내담자의 행동 및 역할 안내가 포함된다.

마지막 촉진적인 관계 형성은 상담 초기 단계에서 상담자가 신경을 많이 써야 하는 부분이다. 왜냐하면 상담 분위기가 딱딱하고 경직되면 내담자가 좀처럼 자신을 드러내지 않기 때문이다. 이에 로저스는 상담자와 내담자의 올바른 관계 형성이 상담의 진전과 성공에 큰 영향을 미친다고 설명한다. 촉진적 관계 형성을 위해서는 끊임없이 내담자를 이해하려는 진지한 자세, 모든 것을 내담자 입장에서 생각해 보려는 내담자 중심적인 태도, 수용하고 존중하는 허용적인 자세, 어떤 가식도 없는 진솔한 태도, 내담자를 도와주고자 하는 인간적 자세 등이 상담자에게는 꼭 요구되는 조건이다.

(2) 중기 단계

상담의 중기 단계는 초기 단계의 끝 무렵부터 시작해서 상담목표가 어느 정도 달성되기까지의 전체 과정을 말한다. 이 단계의 가장 큰 특징은 초기 단계에서 설정되었던 상담목표를 구체적으로 작업한다는 것이다. 이런 의미에서 문제해결 단계로도 불리며, 핵심적 단계라 할 수 있다. 상담자들은 내담자가 호소하는 문제를 해결하기 위해 여러 가지 상담기법이나 방법을 이 단계에서 주로 사용한다. 중기 단계에서 상담자는 궁극적으로 달성하고자 하는 목표에 대한 해박한 지식과 경험이 있어야 하며, 이를 바탕으로 구체적인 과정적 목표를 설정하고 해결 노력을 기울여야 한다. 또한 중기 단계에서는 내담자의 저항이 출현하며 이는 내담자 변화의 걸림돌로 작용하기 때문에 저항을 극복하지 않으면 안 된다. 이럴 때 상담자는 내담자의 저항을 보다 줄일 수 있는 상담방법을 고안해 내야 한다. 일반적으로 내담자의 입장을 고려하지 않은 상담자의 일방적인 지시나 통제, 비우호적인 상담 분위기, 미처 준비되지 않은 내담자에게 급격한 변화의 압력을 가하는 상담자의 행위 등이 내담자의 강한 저항을 불러일으키는 주요 요인인 것으로 알려져 있다. 그러므로 상담자는 이런 경우를 주의해 가며 내담자의 변화를 고취시키는 방향으로 상담을 이끌어 나가야 한다.

(3) 종결 단계

내담자가 원했던 변화가 일어나게 되면 상담은 종결된다. 그러나 모든 상담이 성공적으로 종결되는 것은 아니다. 상담자로서 여러 노력을 기울였으나 실패로 끝나는 경우도 있다. 여기서는 성공적인 목표 달성 후의 종결로 가정하여 종결 과정에서 고려해야 할 몇 가지 주요 사항을 제시한다.

① 성과 다지기

내담자가 원했던 결과가 상담을 통해 나타났다고 해서 바로 상담을 종결하는 것은 바람직하지 못하다. 종결은 급격히 이루어지기보다는 일정한 과정을 거쳐 서서히 이루어지는 것이 내담자가 실생활에 적응하는 데 도움을 준다. 그러므로 종결이 서서히 다가올수록 상담자는 만나는 기간을 일주일에서 열흘, 보름, 한 달 등으로 늘려 가며 서서히 종결을 준비하는 것이 낫다. 이런 점진적 과정을 거치면서 얻게 되는 이득은 매우 크다. 그중에서도 내담자가 실생활 적응을 통해 그 과정에서 생기는 문제점을 스스로 평가할 수 있는 기회를 가지게 된다는 것이 가장 큰 장점이다. 이를 성과 다지기 과정 혹은 실생활 적응 훈련 과정이라 볼 수 있을 것이다.

② 종결 후유증 극복

상담에서 친밀한 관계를 가졌던 관계를 정리한다는 것이 내담자에게는 특히 어려운 일이 될 수 있다. 따라서 상담자는 내담자와 관계가 종결될 때 일어날 수 있는 여러 감정과 생각을 적절히 다뤄 주는 과정을 가질 필요가 있다. 우선 상담의 종결과 함께 문제 상황의 재발 여부를 걱정하며 부정적 정서를 드러내는 내담자와는 종결 전에 상담과정의 여러 단계에서 일어난 변화의 종류와 내용을 재음미하고 요약할 필요가 있다. 이런 과정을 통해 종결되어야 내담자는 상담자에 대한 의존성이 극복된다. 또한 자신의 행동에 대해 상담자에게서 이해나 지지를 얻기보다는 스스로 계획하고 판단하고 실행에 옮기는 단계로 나아갈 수 있다. 작고 큰일을 내담자 스스로 판단과 결정에 의해 일을 해결해 나가는 과정 속에서 상담자는 그 결정에 대해 허용하고 격려하는 태도를 보여야 한다. 이를 통해 내담자는 독립되고 적응된 삶을 영위해 나갈 수 있게 되며 상담은 성공적 종결의 길로 가게 된다.

3. 학교폭력 예방

1) 학교폭력의 개념

학교폭력이란 「학교폭력예방 및 대책에 관한 법률」 제2조의 의하면, '학교 내외에서 학생을 대상으로 발생한 상해, 폭행, 감금, 협박, 약취·유인, 명예훼손, 모욕, 공갈, 강요·강제적인 심부름 및 성폭력, 따돌림, 사이버 따돌림, 정보통신망을 이용한 음란·폭력 정보 등에 의하여 신체·정신 또는 재산상의 피해를 수반하는 행위로 정의하고 있다.

- 따돌림: 학교 내외에서 2명 이상의 학생들이 특정인이나 특정집단의 학생들을 대상으로 지속적이거나 반복적으로 신체적 또는 심리적 공격을 가하여 상대방이 고통을 느끼도록 하는 일체의 행위(출처: 「학교폭력예방 및 대책에 관한 법률」)
- 사이버 따돌림: 인터넷, 휴대전화 등 정보통신기기를 이용하여 학생들이 특정 학생들을 대상으로 지속적·반복적으로 심리적 공격을 가하거나, 특정 학생과 관련된 개인정보 또는 허위사실을 유포하여 상대방이 고통을 느끼도록 하는 일체의 행위(출처: 「학교폭력예방 및 대책에 관한 법률」)

학생들에 대한 생활지도 시 '사소한 괴롭힘', 학생들이 '장난'이라고 가장한 행위도 학교폭력임을 분명히 인식할 수 있도록 분명하게 가르쳐야 한다. 「학폭법」에서 정의된 학교폭력은 폭행, 상해뿐만 아니라 명예훼손, 모욕 등 법 제2조에서 정한 여러 형태를 포함하는 개념이고, 그중 강제적인 심부름, 따돌림, 사이버 따돌림을 제외한 나머지 모두는 형법 또는 특별법상 그 자체가 범죄로 되어 있는 죄명이다.

「학폭법」의 학교폭력은 '학생들을 대상으로 하는 폭력'이므로, 가해학생이 학생이 아니라도 피해학생이 학생인 경우 반드시 피해학생에 대한 보호조치를 실시하여야 한다.

2) 학교폭력의 유형

학교폭력의 유형을 살펴보면, 다음 〈표 15-3〉과 같다.

표 15-3 학교폭력의 유형

유 형	학교폭력예방법 관련	예시상황
신체폭력	• 상해 • 폭행 • 감금 • 약취·유인	• 일정한 장소에서 쉽게 나오지 못하도록 하는 행위(감금) • 신체를 손, 발로 때리는 등 고통을 가하는 행위(상해, 폭행) • 강제(폭행, 협박)로 일정한 장소로 데리고 가는 행위(약취) • 상대방을 속이거나 유혹해서 일정한 장소로 데리고 가는 행위(유인) ☞ 장난을 빙자해서 꼬집기, 때리기, 힘껏 밀치는 행동 등도 상대학생이 폭력행위로 인식한다면 이는 학교폭력에 해당
언어폭력	• 명예훼손 • 모욕 • 협박	• 여러 사람 앞에서 상대방의 명예를 훼손하는 구체적인 말(성격, 능력, 배경 등)을 하거나 그런 내용의 글을 인터넷, SNS 등으로 퍼뜨리는 행위(명예훼손) ☞ 내용이 진실이라고 하더라도 범죄이고, 허위인 경우에는 형법상 가중 처벌 • 여러 사람 앞에서 모욕적인 용어(생김새에 대한 놀림, 병신, 바보 등 상대방을 비하하는 내용)를 지속적으로 말하거나 그런 내용의 글을 인터넷, SNS 등으로 퍼뜨리는 행위(모욕) • 신체 등에 해를 끼칠 듯한 언행("죽을래?" 등)과 문자메시지 등으로 겁을 주는 행위(협박)

금품갈취	• 공갈	• 돌려 줄 생각이 없으면서 돈을 요구하는 행위 • 옷, 문구류 등을 빌린다며 되돌려주지 않는 행위 • 일부러 물품을 망가뜨리는 행위 • 돈을 걷어오라고 하는 행위 등
강요	• 강제적 심부름 • 강요	• 속칭 빵 셔틀, 와이파이 셔틀, 과제 대행, 게임 대행, 심부름 강요 등 의사에 반하는 행동을 강요하는 행위(강제적 심부름) • 폭행 또는 협박으로 상대방의 권리행사를 방해하거나 해야 할 의무가 없는 일을 하게 하는 행위(강요) ☞속칭 바바리맨을 하도록 강요하는 경우, 스스로 자해하거나 신체에 고통을 주는 경우 등이 강요죄에 해당
따돌림	• 따돌림	• 집단적으로 상대방을 의도적이고, 반복적으로 피하는 행위 • 싫어하는 말로 바보 취급 등 놀리기, 빈정거림, 면박주기, 겁주는 행동, 골탕 먹이기, 비웃기 • 다른 학생들과 어울리지 못하도록 막기 등
성폭력	• 성폭력	• 폭행·협박을 하여 성행위를 강제하거나 유사 성행위, 성기에 이물질을 삽입하는 등의 행위 • 상대방에게 폭행과 협박을 하면서 성적 모멸감을 느끼도록 신체적 접촉을 하는 행위 • 성적인 말과 행동을 함으로써 상대방이 성적 굴욕감, 수치감을 느끼도록 하는 행위 등
사이버폭력	• 사이버 따돌림 • 정보통신망을 이용한 음란 폭력정보 등에 의해 신체·정신 또는 재산상 피해를 수반하는 행위	• 특정인에 대해 모욕적 언사나 욕설 등을 인터넷 게시판, 채팅, 카페 등에 올리는 행위 • 특정인에 대한 허위 글이나 개인의 사생활에 관한 사실을 인터넷, SNS, 카카오톡 등을 통해 불특정 다수에 공개하는 행위 • 성적 수치심을 주거나, 위협하는 내용, 조롱하는 글, 그림, 동영상 등을 정보통신망을 통해 유포하는 행위 • 공포심이나 불안감을 유발하는 문자, 음향, 영상 등을 휴대폰 등 정보통신망을 통해 반복적으로 보내는 행위

출처: 교육과학기술부(2012).

3) 학교폭력발생 사안 처리 절차

전담기구

학교폭력 사건 발생 인지 ➡ 신고접수 및 학교장 보고 ➡ 즉시조치 (긴급조치 포함) ➡ 관련학생/보호자 면담 ➡ 사안 조사 ➡ 사건보고 ➡ 자치 위원회

단 계	처리내용	비 고
학교폭력 사건 발생인지	사건발생을 인지한 교사, 학생, 보호자 등은 학교폭력 전담기구에 신고	
▼		
신고 접수 및 학교장 보고	• 학교폭력 전담기구는 신고된 사안을 신고대장에 반드시 기록하고, 학교장과 담임교사에게 보고한 후 피해 가해 · 학생 보호자에게 통지 • 사안이 중대한 경우, 학교장 및 자치위원장에게 즉시 보고	학교폭력 전담기구
▼		
즉시조치 (긴급조치 포함)	• 피해학생과 가해학생 즉시 격리 • 피해학생 및 신고 고발한 학생이 가해학생으로부터 보복행위를 당하지 않도록 조치 〈피해학생〉 • 「아동 · 청소년의 성보호에 관한 법률」에 따라 성폭행에 대해서는 반드시 수사기관에 신고하고, 성폭력 전문상담기관 및 병원을 지정하여 정신적 · 신체적 피해 치유 • 피해학생의 신체적 · 정신적 피해를 치유하기 위한 조치 실시 • 피해학생의 보호가 긴급한 경우, 「학폭법」 제16조제1항에 따라 학교장은 피해학생에 대한 조치(제1호, 제2호, 제6호)를 취한 후, 자치위원회에 즉시 보고하여 추인	학교장, 학교폭력 전담기구, 담임교사
▼		
	〈가해학생〉 • 가해학생의 선도가 긴급한 경우, 「학폭법」 제17조제4항에 따라 학교장은 가해학생에 대해 조치(제1호부터 제3호까지, 제5호 및 제6호의 조치를 할 수 있으며, 제5호와 제6호는 병과조치 할 수 있음)를 취한후, 자치위원회에 즉시 보고하여 추인	
▼		

사안조사	• 학교폭력전담기구에서 구체적인 사안조사 실시 - 피해 · 가해학생의 면담, 주변학생 조사, 설문조사, 객관적인 입증자료 수집 등 • 피해 · 가해학생 심층 면담 • 조사한 결과를 바탕으로 사건보고서 작성 • 성폭력의 경우 비밀유지에 유의	학교폭력 전담기구, 담임교사

▼

관련학생/ 보호자 면담	• 조사결과에 대해 해당학생 보모님께 알리고, 향후 진행 절차 등에 대해 통보	학교폭력 전담기구, 담임교사

▼

사건보고	• 가해 및 피해사실 여부에 관하여 종합적으로 정리하여 학교의 장 및 자치위원회(자취위원회의 요청이 있는 경우)에 보고	학교폭력 전담기구

▼

자치위원회

출처: 교육과학기술부(2012).

4) 학교폭력관련 징계사항 학교생활기록부 기재

학교생활기록 작성 및 관리지침(교육과학기술부 훈령 제239호)에 의거하여, 학교폭력대책자치위원회의 조치사항을 학교생활기록부 '출결상황' '학적사항' '행동특성 및 종합의견'란에 기재하고, 학생지도 및 상급학교 진학 시 자료로 제공한다.

학교생활기록부 '출결상황' '학적사항' '행동특성 및 종합의견'란에 학교폭력대책자치위원회에서 결정되는 가해학생 조치사항을 기록한다(2012년 3월 1일 이후 발생한 학교폭력 사안부터 적용).

표 15-4 학교폭력관련 가해학생 생활기록부 조치사항

학교생활기록부기록영역	가해학생 조치 사항 「학교폭력예방 및 대책에 관한 법률」 제17조 1항
학적사항 특기사항	• 8호(전학)
	• 9호(퇴학처분) - 고등학교에만 해당

〈계 속〉

출결사항 특기사항	• 4호(사회봉사)
	• 5호(특별교육이수 또는 심리치료)
	• 6호(10일 이내의 출석정지)
행동특성 및 종합의견	• 1호(서면사과)
	• 2호(접촉, 협박 및 보복행위 금지)
	• 3호(학교에서의 봉사)
	• 7호(학급교체)

출처: 울산광역시교육청(2012).

참고문헌

교육과학기술부(2012). 학교폭력 사안처리 가이드북. 교육과학기술부.

울산광역시교육청(2012). 학교폭력예방 및 근절 종합 매뉴얼.

Gibson, R. L., & Mitchell, M. H. (1981). *Introduction to guidance*. N. Y.: Macmilla publishing Co., Inc.

부록

Q1. 인터넷의 자료를 복사해 와서 체계적으로 관리할 수 있는 방법이 있나요?

Q2. 쉽고 편하게 이미지를 꾸미고 편집할 수 있는 방법이 있나요?

Q3. 전문가답게, 그러나 쉽고 편리하게 동영상을 편집할 수 있나요?

Q4. 인터넷의 동영상을 쉽게 다운로드 받아 수업자료를 만들 수 있나요?

Q5. 프레지가 무엇인가요?

1 인터넷의 자료를 복사해 와서 체계적으로 관리할 수 있는 방법이 있나요?

C 브라우저

http://www.rodream.net

C 브라우저(C Browser)는 Spell의 후속 버전으로, 펌 방지 기능을 제공하는 멀티 탭 브라우저다(멀티 탭 브라우저란 구글 크롬이나, IE 9처럼, 한 창에서 여러 개의 인터넷 창을 동시에 쓸 수 있는 브라우저를 말한다).

펌 방지란, 바로 블로그나 홈페이지 등에서 마우스 오른쪽 클릭이나 드래그 앤 드롭 등을 방지하여, 사용자들이 다른 사람의 글을 인용하지 못하도록 방지하는 것이다.

참조: http://rodream.blog.me/120145695550

에버노트

http://www.evernote.com

에버노트(Evernote) 프로그램의 가장 큰 장점은 스마트폰과 태블릿 PC를 동일한 인터페이스로 지원할 뿐 아니라 빠른 동기화(서버를 통한)로 언제 어디서든 자신이 정리한 노트를 볼 수 있고, 편집할 수 있고, 또 다른 방법으로(이메일, 트위터, 페이스북 등) 다른 사람과 공유를 할 수도 있다.

문득 떠오르는 아이디어를 정리해 놓을 수도 있고(에버노트 프로그램이 설치된 Device를 이용), 웹 서핑 도중에 마음에 드는 글이나 유용한 글(즉, 웹 페이지 링크)이 있다면 웹 브라우저 Plug-in을 설치(Safari, Chrome, Firefox 지원)해서 바로 에버노트에 등록할 수 있다. 또한 회의 시간에 화이트보드 등에 정리해 놓은 다양한 다이어그램, 정리 내용 등을 스마트폰 카메라로 찍어 놓으면 좋은데, 이때는 다시 PC로 옮기기 위해 별도 작업을 해야 하는 경험을 해 봤을 것이다. 이럴 때 에버노트를 이용하면 좋다. 스마트폰과 PC를 연결할 필요 없이(물론 Cloud를 이용하는 방법도 있겠지만) 스마트폰에 설치된 에버노트 프로그램을 실행하여 새로운 note를 작성하여 이미지 파일만 첨부하면 끝이다.

나중에 PC에 설치해 놓은 에버노트 프로그램을 통해 언제든지 가져올 수 있고, 더불어 그때 메모해 뒀던 내용까지도 바로 확인해 볼 수 있다.

2 쉽고 편하게 이미지를 꾸미고 편집할 수 있는 방법이 있나요?

포토웍스

네이버 포토웍스

포토웍스(photoWORKS v1.5)는 디지털카메라로 찍은 사진이나 기타 JPG 형식의 사진을 웹 앨범에 올리거나 PC에 정리해 둘 때, 자동으로 여러 파일에 동시에 액자 넣기, 리사이즈, 효과 주기(Sharpen, Auto Level 등)의 기능을 수행하는 프리웨어 유틸리티다.

| 주요 기능 |

포토웍스의 주요 기능은 다음과 같다.

- 화질 손상 없는 사진 확대/축소
- 다양한 액자(프레임) 적용(사용자 추가 가능)
- Auto Level, Sharpen, Rotate 등 다양한 효과
- 다양한 Signature/Watermark 지원
- 다양한 저장옵션 및 HTML 생성 기능
- Exif 정보 보기 기능
- 사진 변환 시 Exif 정보 유지

이 프로그램의 가장 큰 특징은 포토샵(Photoshop)과 비교해도 손색없는 화질이다. 그리고 다른 종류의 액자를 추가해서 사용할 수도 있는 스킨 방식의 액자(프레임) 기능

[그림 1] 사진 변환 샘플

과 사진 변환 시에 Exif 정보가 유지되는 점 및 사진에 사진을 찍은 날짜를 출력하는 등 다양한 Signature/Watermark 출력 기능 또한 장점이라 할 수 있다.

① 사진 크기 줄이기

인터넷상의 브라우저의 크기는 한정되어 있다. 모니터의 크기가 한정되어 있기 때문이다. 그래서 다른 사람들이 보기 편한 사이즈로 줄여 주면 좋다.

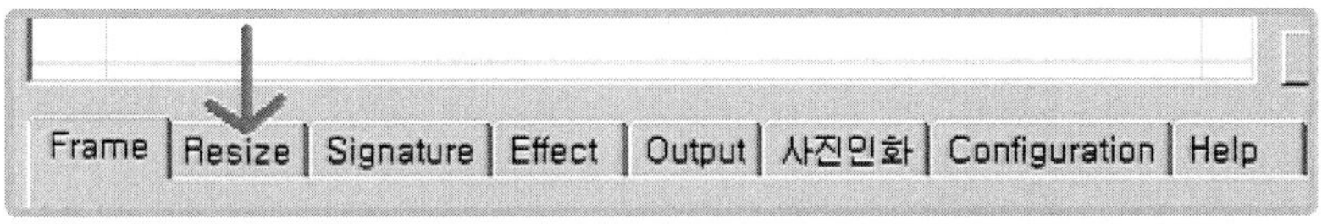

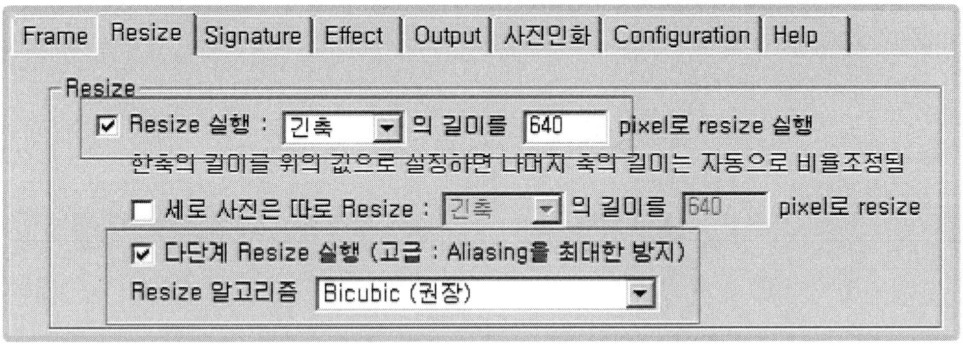

보통 640 사이즈가 보기에 가장 편안한 사이즈다. 되도록이면 800 사이즈를 넘지 않는 것이 좋다. 또한 사이즈 변경 시 화질이 떨어지지 않게 다단계 리사이즈에 체크하고 Bicubic(권장)을 선택하면 된다.

② 사진에 서명하기

인터넷에 게시하는 사진이기 때문에 내가 찍었다는 것을 사진에 표시할 필요가 있다. 그림을 그리고 낙관을 찍듯이 말이다.

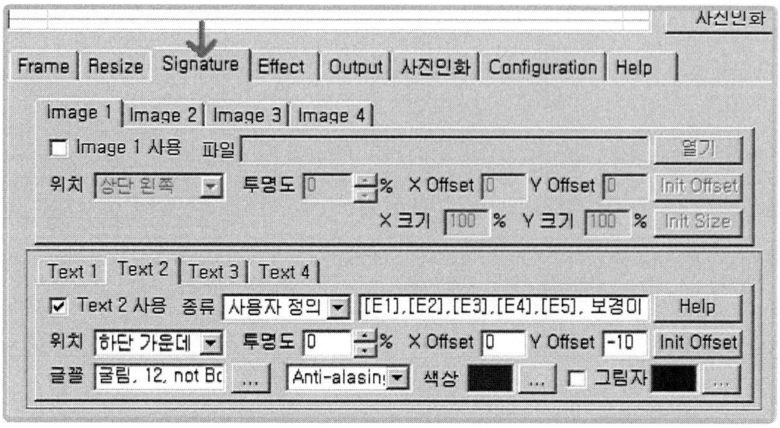

서명의 종류는 4가지를 만들 수 있다. 4종류를 만들어 두고 그때그때 상황에 따라 바꿔 쓰면 된다.

종류는 사용자 정의에 두고 그 옆에 이름, 닉네임 또는 표시하고픈 글자를 입력하면 된다. 그런데 그림에 이상한 글자들이 보이나요?

[E1], [E2], [E3], [E4], [E5] 이것은 사진의 EXIF 정보를 표시하는 글자다.

- [E1]: 촬영일자
- [E2]: 카메라 기종
- [E3]: 셔터속도
- [E4]: 조리개값
- [E5]: ISO값

사진에 EXIF 정보가 없다면, 나오지 않는다. 이러한 정보를 사진에 표시하면 촬영 당시의 조건을 쉽게 알아볼 수 있다.

③ 사진에 보정효과 주기

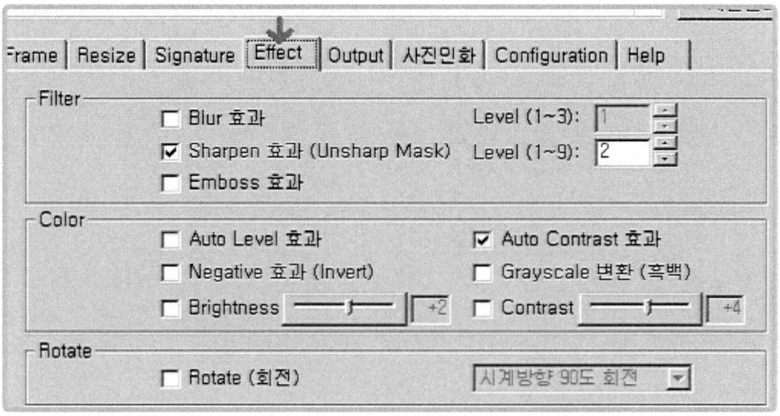

사진을 예쁘게 보이게 하는 옵션들이다. 흐릿한 사진을 날카롭게 'Sharpen' 효과를 주고 레벨은 2 정도로 설정한다. 사진의 색상을 적절히 맞춰 주는 'Auto Contrast' 효과에 체크한다.

④ 보정된 사진의 품질 저장하기

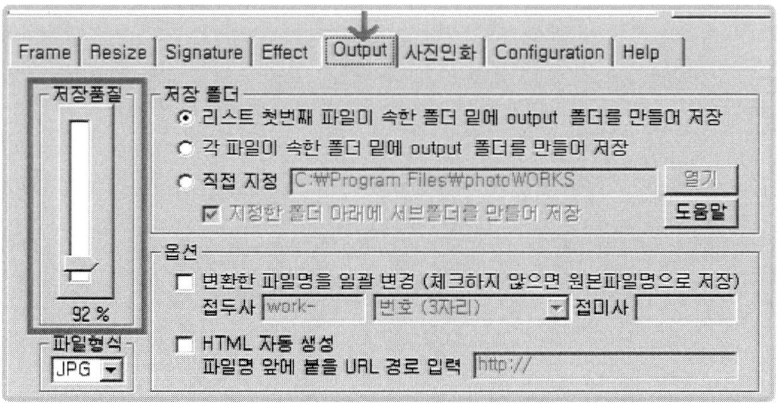

사진을 보정 · 편집하고 저장할 때 출력물의 품질을 지정한다.

인터넷에 게재되는 것이라 좋은 품질은 지향하면서 그 파일 사이즈가 작아야 좋다. 품질을 높이면 파일 크기가 커지고, 품질을 낮추면 파일 크기가 작아진다.

웹 게시용 품질은 90~96% 사이를 추천한다.

⑤ 액자 만들기

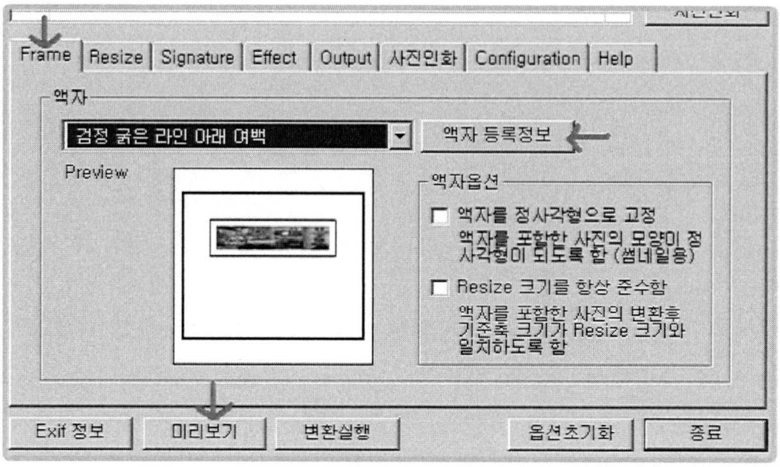

사진에 액자 형태의 테두리를 표시하면 훨씬 예쁘게 보일 것이다. 사실상 이 프로그램도 이것 때문에 만들어졌다. 액자 등록정보를 눌러서 마음에 드는 액자를 골라 아래의 [미리보기] 버튼을 누르면 사진이 보정된 화면을 볼 수 있다.

⑥ 기본 설정으로 저장해 두기

지금까지 설정한 내용은 언제든지 재사용이 가능하도록 저장할 수 있도록 되어 있다.

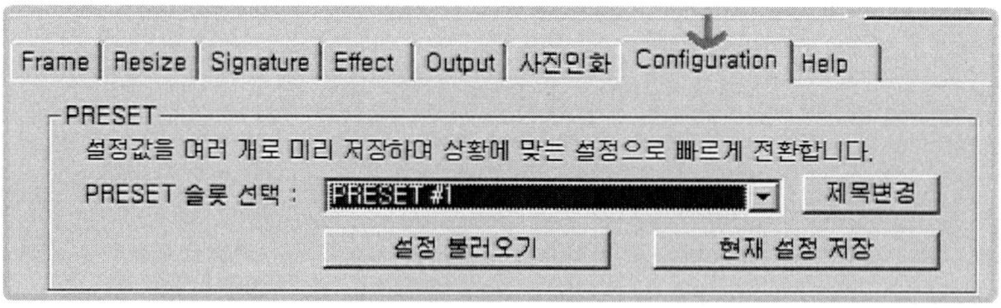

[제목변경] 버튼을 눌러서 제목을 지정하고 [현재 설정 저장] 버튼을 눌러 주면 된다. 만약 다른 설정이 필요하면 드롭다운 버튼을 눌러서 설정 제목을 선택하고 [설정 불러오기] 버튼을 눌러서 저장해 두었던 설정을 다시 사용할 수 있다.

⑦ 미리보기

그럼 지금까지 옵션으로 사진이 어떻게 변했을까?

참고로 [변환실행] 버튼을 누르면 불러온 사진 리스트 전체가 현재 설정으로 한꺼번에 편집·보정되어 저장된다.

사진 하나하나마다 설정을 달리하려면 [미리보기] 화면에서 설정해 주면 된다.

[미리보기] 화면과 오른쪽에 촬영 정보가 있다. 여기서 액자 종류를 고를 수 있다. 오토레벨, 샤픈, 오토 콘트라스트도 볼 수 있고, 그레이스케일을 선택하면 흑백모드로 변환도된다. [미리보기] 화면을 보면서 선택 가능하기 때문에 편리하다.

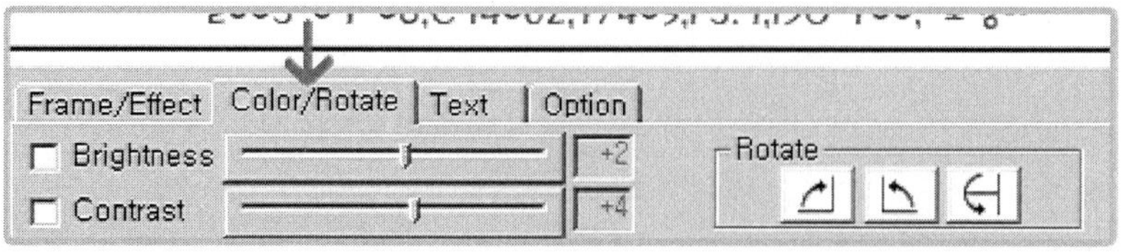

뭔가 부족하다고 느낀다면, 밝기, 추가 콘트라스트를 선택하고 옵션값을 변경해 주면 된다. 어두운 사진은 밝기 보정으로 밝게, 색상이 좀 흐릿하면 콘트라스트 옵션값을 변경한다. Rotate는 말 그대로 사진을 회전시켜 준다. 이것저것 선택해 보고 마음에 드는 사진으로 만들어 보자.

만약 이전 서명하기 옵션이 마음에 안 들면 여기서 변경한다. 서명할 글자를 입력하고 [적용] 버튼을 누른다. 글꼴도 마음에 드는 걸로 변경한다.

만약 서명 글자 위치가 맘에 안 들면, 위의 화면처럼 [Text와 Image의 위치/크기 수정 가능한 모드]에 체크해 주면 글자 주위에 점선이 나타나며, 마우스로 글자의 위치를

마음대로 바꿔 줄 수 있다.

⑧ 편집한 사진 저장하기

지금까지 편집한 사진을 저장하기 위해 [파일변환] 버튼만 누르면 위의 화면처럼 변환성공 창이 뜨면서 저장이 된다.

'<' 버튼: 이전 사진 보기

'>' 버튼: 다음 사진 보기

하나의 사진을 편집 · 저장하였다면 위의 두 버튼을 눌러서 다른 사진도 같은 방법으로 편집 및 저장하면 된다.

⑨ 저장된 사진 보기

지금까지 사진을 편집하고 저장해 보았다. 그럼, 사진들이 어떻게 변했는지 저장된 사진들을 보도록 하자.

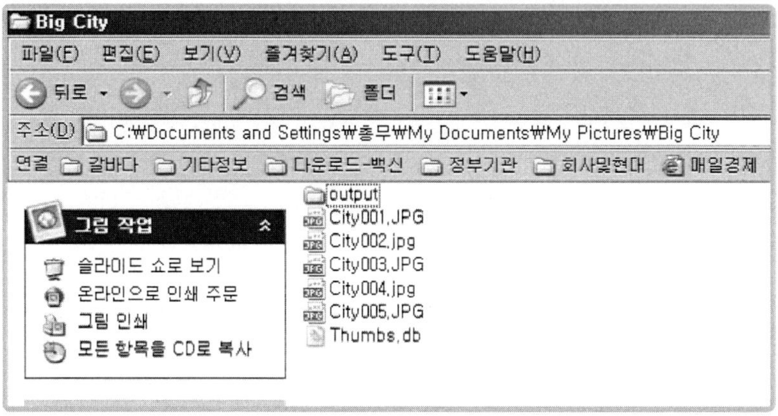

원본 사진이 저장되어 있는 폴더 내용이다. 사진 원본 외에 'output'이란 폴더가 새로 만들어져 있다. 바로 이 폴더 안에 편집된 사진들이 들어 있다.

기본적으로 포토웍스는 원본 폴더 아래에 'output' 폴더를 생성하고, 그 안에 편집된 사진을 저장한다.

■ Signature에 EXIF 정보 표시해 주는 글자 리스트

[E1]: 촬영 날짜(예, 2007-10-25)

[E1-1]: 촬영 날짜(예, 2007 10 25)

[E1-2]: 촬영 시간(예, 16:12:30)

[E1-3]: 촬영 시간(예, 10:12:30 P.M.)

[E1-4]: 촬영 날짜[년](예, 2007)

[E1-5]: 촬영 날짜[월](예, 03)

[E1-5S]: 촬영 날짜[월](예, 3)

[E1-5E]: 촬영 날짜[월](예, Mar)

[E1-6]: 촬영 날짜[일](예, 01)

[E1-6S]: 촬영 날짜[일](예, 1)

[E2]: 카메라 모델명

[E2C]: 카메라 모델명(대문자 변환)

[E2S]: 카메라 모델명(소문자 변환)

[E2-1]: 카메라 제조사

[E2-1C]: 카메라 제조사(대문자 변환)

[E2-1S]: 카메라 제조사(소문자 변환)

[E3]: 셔터속도(예, 1/60s)

[E3-1]: 셔터속도(예, 1/60)

[E4]: 조리개 값(예, F2.0)

[E4-1]: 조리개 값(예, 2.0)

[E5]: ISO 값(예, ISO 100)

[E5-1]: ISO 값(예, 100)

[E6]: 초점거리(예, 50.0mm)

[E6-1]: 초점거리(예, 50.0)

[E6-2]: 초점거리(예, 50mm)

[E6-3]: 초점거리(예, 50)

cf) 초점거리*환산초점배율(예, F717: [E6]*3.92)

[E7]: 사용렌즈(예, 28-135mm)

[E7-1]: 사용렌즈(예, 28-135)

[E7-2]: 사용렌즈[Nikon](예, 28-70mm F2.8)

[E7-3]: 사용렌즈[Nikon](예, 28-70 F2.8)

[E8]: 원본파일이름

[E9]: 노출 보정값(예, 0.3)

Wn: 줄 바꾸기

포토스케이프

http://www.photoscape.co.kr/

포토스케이프(PhotoScape)는 기본적인 사진뷰어 기능과 함께 이름변환, 사진편집 등의 기본적인 기능과 사진에서 유사한 형태의 얼굴을 검색하는 얼굴검색 기능과 색상검출 기능, 사진 이어붙이기 기능 등 사진 편집에 관련한 다양한 기능을 제공하고 있다.

디지털카메라(핸드폰카메라)로 찍은 사진을 포토샵을 이용하지 않고 쉽게 보정·편집하는 재미있는 사진 편집 프로그램이다.

- 사진뷰어: 폴더의 사진을 한눈에 보기, 슬라이드쇼
- 사진편집: 크기 조절, 밝기 조절, 색상 조절, 역광보정, 액자, 말풍선, 모자이크, 글쓰기, 그림 그리기, 자르기, 필터, 적목 보정, 포토샵
- 일괄편집: 여러 장을 한 번에 변환하는 일괄 처리
- 페이지: 여러 장을 템플릿 한 장으로 만들기
- 이어붙이기: 아래로, 옆으로, 바둑판으로 여러 장을 한 장으로 이어 붙이기
- GIF애니메이션: 움직이는 GIF 사진으로 만들기
- 인쇄: 증명사진, 명함사진, 여권사진이나 섬네일 인쇄
- 화면캡처: 화면을 캡처해서 편집, 저장하는 기능
- 색상검출: 사진이나 웹상의 화면을 확대해서 색상을 알아내는 색상검출기능
- 이름변환: 사진이름 일괄 변환
- RAW변환: RAW 파일을 JPG 파일로 일괄 변환
- 얼굴검색: 인터넷에서 동일하거나 비슷한 얼굴을 검색
- 사진 북마크: 사진전문 즐겨찾기

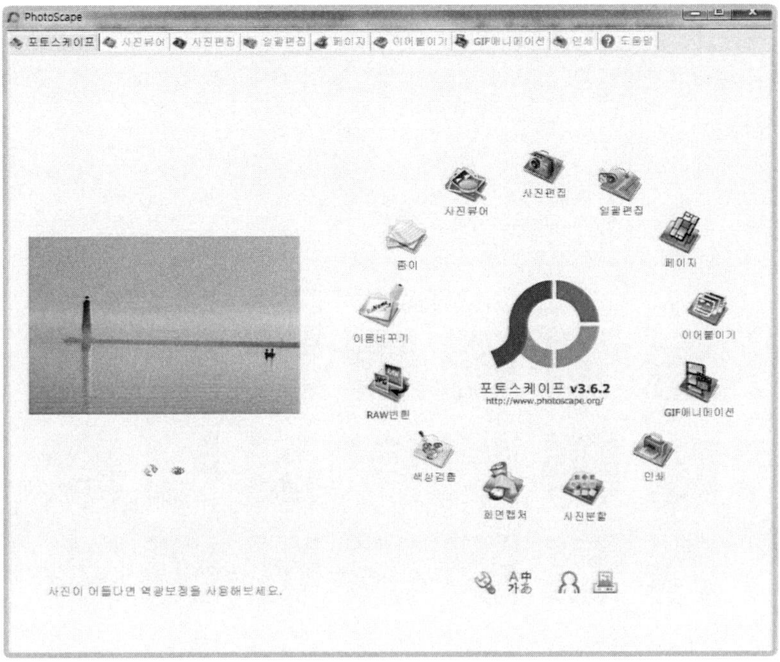

포토퍼니아

http://kr.photofunia.com

포토퍼니아(photofunia)는 사진을 합성하는 사이트다. Select an effect에서 마음에 드는 것을 골라 클릭한 후 Select your photo 페이지에서 찾아보기 버튼을 눌러 내 컴퓨터에 저장되어 있는 그림 파일을 선택한다. 합성이 끝나면 Save를 눌러 컴퓨터에 저장 후 웹에 올린다.

다음의 순서대로 작업을 진행한다.

① 인터넷 주소창에 포토퍼니아 주소(http://kr.photofunia.com/)를 검색한다.

② 프리웨어가 아닌 인터넷 무료 사이트이기 때문에 설치가 따로 필요 없다.

PhotoFunia
효과
Try Camtasia For Free
Screen Recording Made Easy. Free 30 Day Trial!
TechSmith.com/Camtasia
AdChoices
효과 선택
카테고리
인기 항목
Ads by Google
Photo Editor Online
Image Photo Editor
Photo Effects
Cool Photo Effects

3 전문가답게, 그러나 쉽고 편리하게 동영상을 편집할 수 있나요?

MovieMaker v2.0

MS Windows MovieMaker2.0에서는 기존 1.0의 최대 취약점이었던 비디오와 오디오 트랙을 각각 지원하고, 프로그램상에서 자막을 입힐 수 있는 기능이 있다. 자막의 경우는 여러 가지 이펙트 기능을 내장하고 있어 글자를 전달함에 있어 지루함을 최대한 막아 준다. 화려한 비디오이펙트를 제공하고 컷 편집에 따른 컷 변환 외에 여러 가지 장면전환 효과를 내장하고 있어 고급스러운 비디오를 제작하는 데 많은 도움이 된다.

만든 비디오는 바로 CD에 저장하거나 메일로 전송, 또는 웹으로 전송하거나, 캠코더를 통해 다시 DVD 테이프에 담을 수 있어, 다른 사람들과 같이 영상을 공유할 수도 있다. 초보자들에게 필요한 기능만 제공함으로써 참으로 알뜰한 소프트웨어라 말할 수 있다. 무엇보다 공짜라는 것이 마음에 든다.

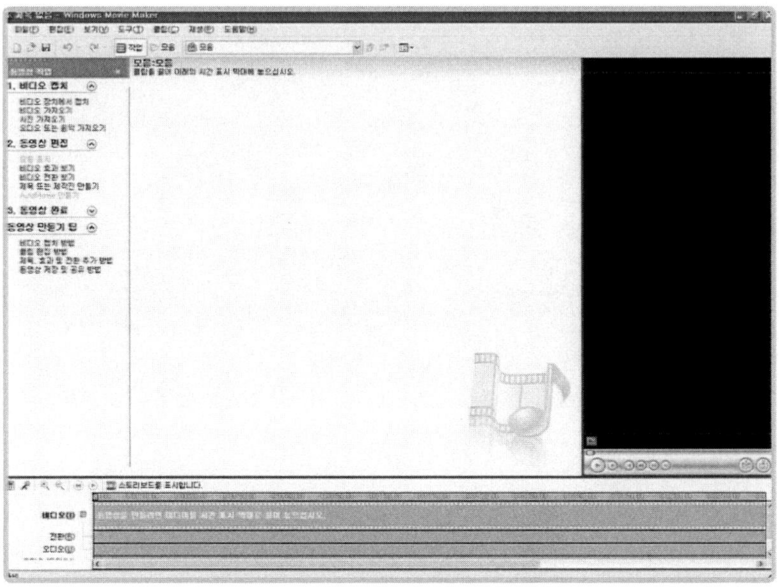

4 인터넷의 동영상을 쉽게 다운로드 받아 수업자료를 만들 수 있나요?

알툴바

http://www.altools.co.kr

(1) 동영상 다운로드

① 알툴바(Altoolbar)를 설치한 후, 유튜브에 들어가서 마음에 드는 동영상을 다운로드 한다. 아래의 그림과 같이 동영상 위에 마우스를 올리게 되면 우측 상단에 새로운 아이콘이 생긴 것을 볼 수가 있다. 이 아이콘을 클릭한다.

② 아이콘을 클릭하게 되면 아래 그림과 같이 다운로드 창이 뜬다. 기본경로는 C:\Documents and Settings\Administrator\My Documents\My Videos로 같이 정해져 있다. 사용자가 원하는 폴더를 지정하여 동영상을 다운로드 한다.

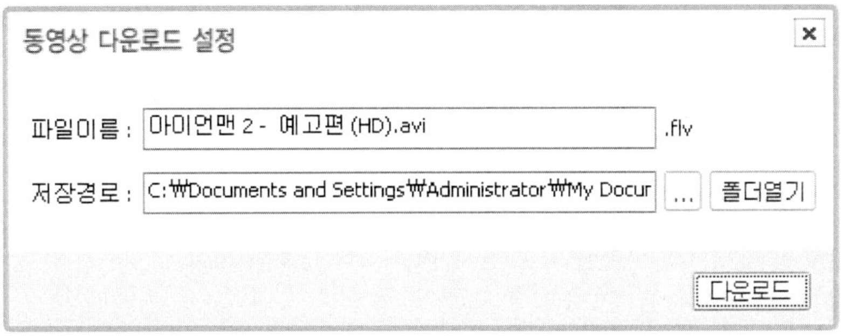

(2) 동영상 인코딩

보통 확장자는 flv로 되어 있어서 편집이 힘들다. 편집을 위해서 먼저 다음팟인코더(DaumPotEncoder)를 이용하여 wmv로 인코딩이 필요하다.

① 좌측 상단에 동영상을 불러온다. [불러오기] 버튼을 이용하던지, 아니면 다른 폴더에서 끌어다 놓으면 된다.

② 오른쪽 상단에 나타나는 것은 비디오에 대한 정보이며, 좌측 하단의 [PC 저장용] 버튼을 클릭한 후 [인터넷 동영상(스트리밍)]에 체크한다. [세부설정]을 클릭하여 코덱을 [Window Media Video 8]로 바꾼 다음 확인한다.

③ 저장 폴더를 확인한 다음 [인코딩 시작] 버튼을 누르면 인코딩이 시작된다. 인코딩은 보통 시간이 많이 걸리는 작업이다. 파일에 따라 다르지만 원본 파일의 전체 길이 X 배속에 따라 속도가 정해진다.

(3) Window Movie Maker를 이용하여 동영상 편집하기

① 제목 만들기-동영상 작업 부분에서 [2. 동영상 편집]-[제목 또는 제작진 만들기]를 클릭한다.

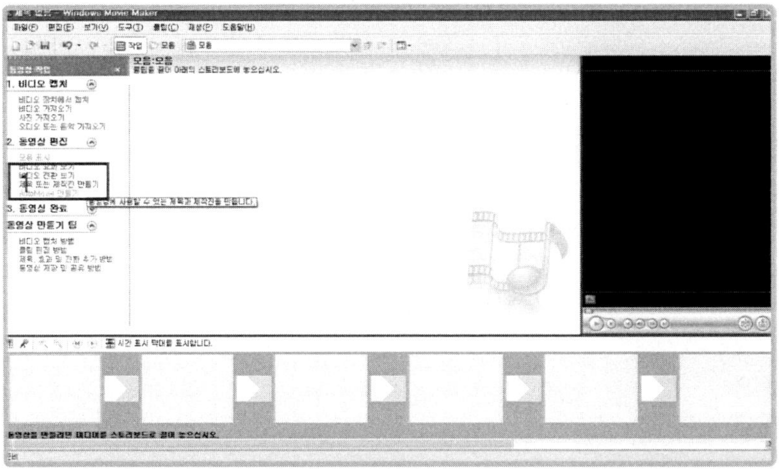

② 제목은 맨 앞부분 제목이므로 [동영상 맨 앞부분에 제목을 추가합니다]를 클릭한다.

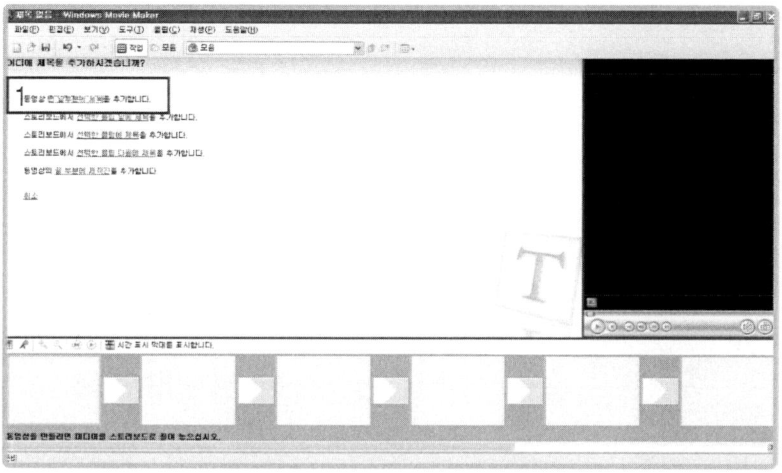

③ 제목 텍스트 입력 창에 위의 칸에는 '웃으며 삽시다.' 입력 아래 칸에는 '학번 이름'을 입력한다. 글꼴을 바꾸고 싶으면 [텍스트 글꼴 및 색 변경]에서 변경하면 된다. 다 입력했으면 [완료] 버튼을 누르면 된다. 완료를 누르면 하단의 [스토리보드]에 제목이 입력된다.

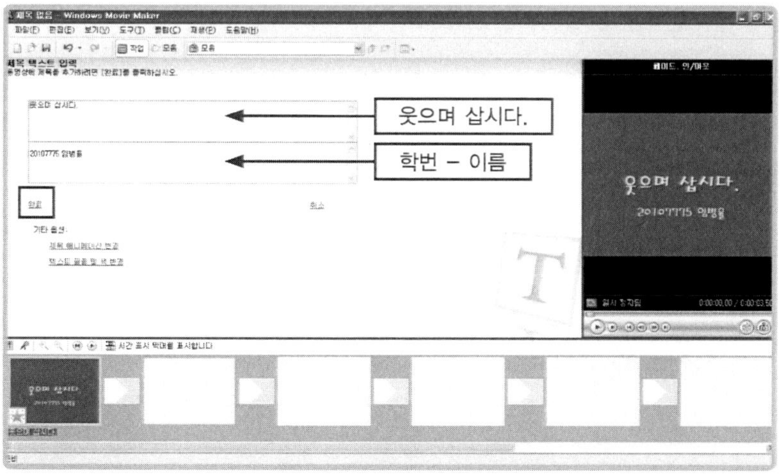

④ 이제 본격적으로 동영상을 넣어 보도록 하겠다. 좌측 동영상 작업 창에서 [1. 비디오 캡쳐]-[비디오 가져오기]를 클릭한다. 그러면 불러오기 창이 생기는데, 준비한 '재미난 영상.wmv' 파일을 클릭해서 창으로 불러온다.

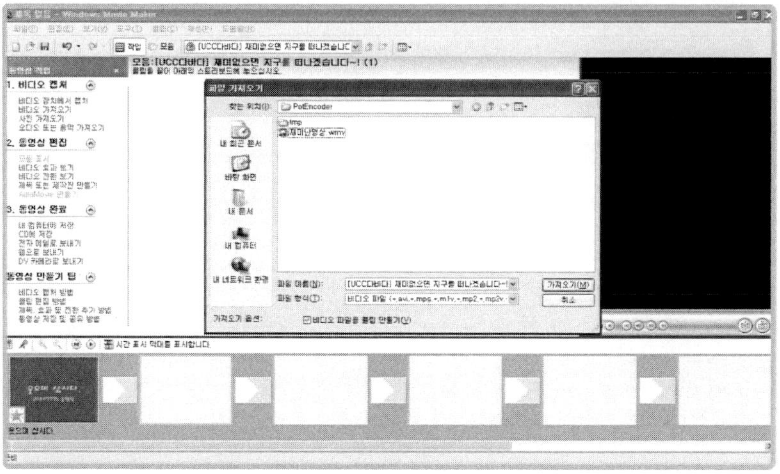

⑤ 다음과 같이 클립들이 불러와진 것을 볼 수 있다. 컴퓨터 임의로 클립으로 나누어 놓은 것인데 다시 이것을 하나의 파일로 합해 보자. [전체를 선택]한 다음(또는 ctrl+a) 클립 위에 놓고 [마우스 오른쪽 버튼]을 누르면 새로운 윈도가 아래로 열린다. 여기서 [결합]을 클릭하면 동영상이 하나로 합해진다. 하나로 합해지면 스토리보드의 다음 칸으로 드래그한다. 그 후 [시간 표시 막대를 표시합니다.]를 클릭한다.

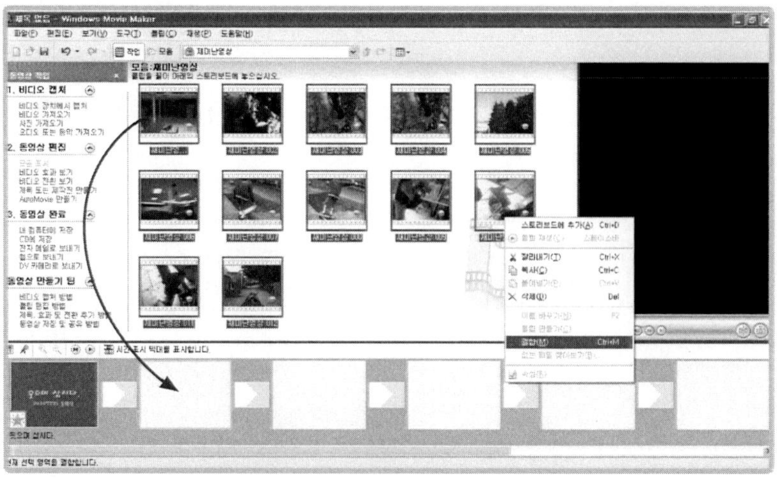

⑥ 시간 표시 막대에서 두 번째 장면이 끝나는 부분에 [재생 바]를 위치시킨다. 그 후 우측에 보이는 분할 버튼을 누르면 둘로 나누어진 것을 볼 수 있다. 뒷부분을 [삭제]한다.

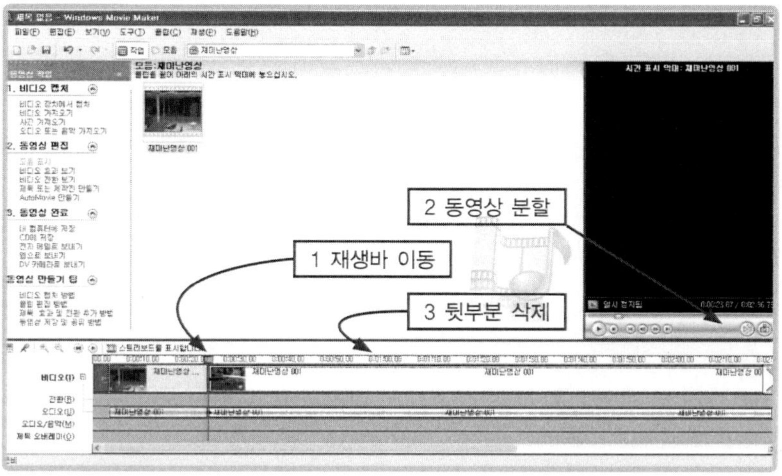

⑦ 이제 그림을 넣어 보자. 그림 넣는 법은 동영상 넣는 법과 비슷하다. 좌측 동영상 작업 창에서 [1. 비디오캡쳐]-[사진 가져오기]를 클릭한다. 그러면 불러오기 창이 생기는데, 준비한 사진 파일을 클릭해서 창으로 불러온다. 그리고 하단의 타임라인을 스토리 보드로 바꾸기 위해서 [스토리보드를 표시합니다.]를 클릭한다. 그리고 사진을 순서대로 스토리보드로 [드래그&드롭]한다.

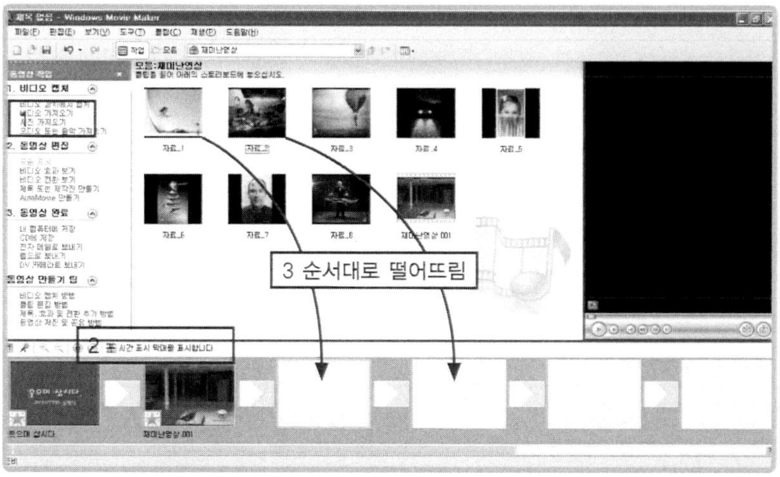

⑧ 떨어뜨린 후에 다시 좌측의 동영상 작업 창의 [2.동영상 편집]에 있는 [제목 또는 제작진 만들기]-[동영상의 끝부분에 제작진을 추가합니다.]를 클릭하여 텍스트를 다음과 같이 입력한다.

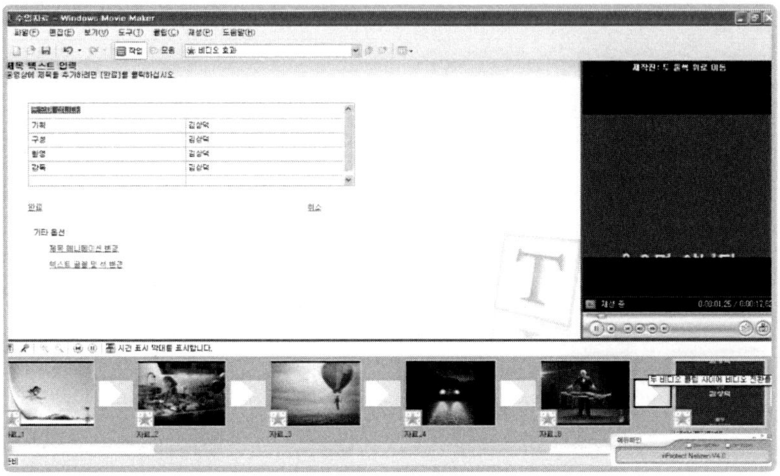

⑨ 이제 비디오 효과 보기와 비디오 전환 보기를 이용하도록 하자. 비디오 효과 보기는 클립에 효과를 주는 것이고 비디오 전환 보기는 클립과 클립 사이에 장면전환 효과를 주는 것이다. 효과가 부여되면 별표 마크가 활성화된 것을 볼 수 있다. 첫 장면은 [검정에서 페이드 인]을 클립 위로 드래그한다. 동영상은 그대로 두고 사진은 [점점 가까이]와 [점점 멀리]를 번갈아 가면서 효과를 준다. 마지막 장면은 [검정으로 페이드 아웃] 효과를 준다.

⑩ [2. 동영상 편집]-[비디오 전환 보기]를 클릭한다. 전환 보기는 클립 사이에 드래그하면 된다. 나머지는 마음에 드는 비디오 전환을 드래그하면 된다.

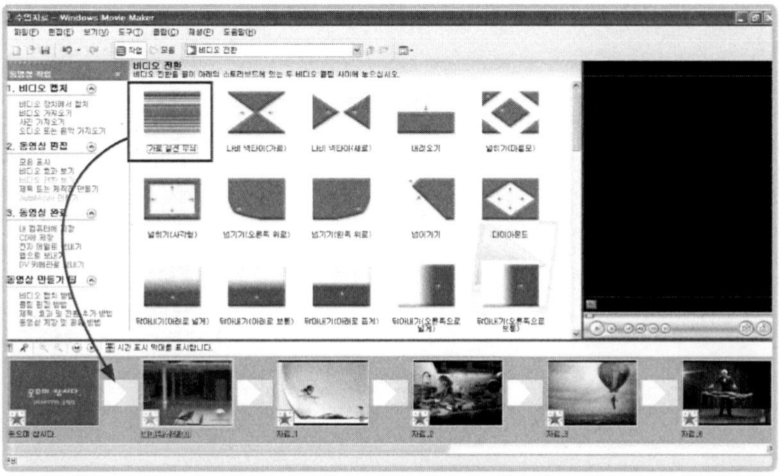

⑪ 자막을 넣는 것을 해 보도록 하자. 두 번째 클립을 선택한 후에 좌측의 동영상 작업 창의 [2.동영상 편집]에 있는 [제목 또는 제작진 만들기]-[선택한 클립에 제목을 추가합니다.]를 클릭하여 텍스트를 '학번 이름'으로 입력하고 아래에 있는 [제목 애니메이션 변경]을 클릭한다. 그리고 제목이 한 줄인 경우에 있는 [자막]을 클릭하고 [동영상에 제목 추가 완료]를 클릭한다. 다음과 같이 스토리보드 모드가 타임라인 모드로 바뀌게 된다. 나타내고자 하는 시간만큼 좌우를 드래그해서 움직이면 된다.

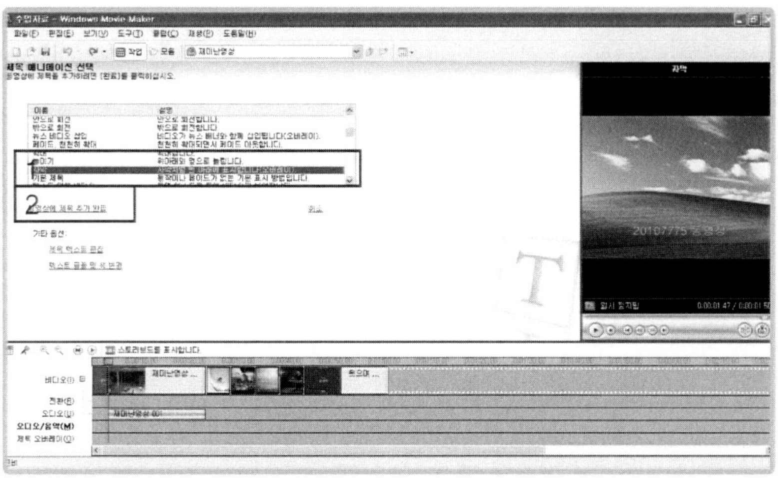

⑫ 이어서 배경음악을 넣어 보도록 하자. 동영상 작업 창의 [1. 비디오 캡처]-[오디오 또는 음악 가져오기]를 클릭한 뒤 작업창에 음악을 가져온다. 그 후에 좌우를 적당히 드래그하여 길이를 조절한다.

⑬ 이제 동영상을 완성해 보자. 동영상 작업 창의 [3. 동영상 완료]-[내 컴퓨터에 저장]을 클릭하면 동영상 저장 마법사 창이 열린다. 이름을 입력하고 위치를 선택한다. 다음을 선택하면 동영상 크기를 묻는 창이 나타난다. 다음을 누르면 동영상을 제작하여 파일로 생성된 것을 볼 수 있다.

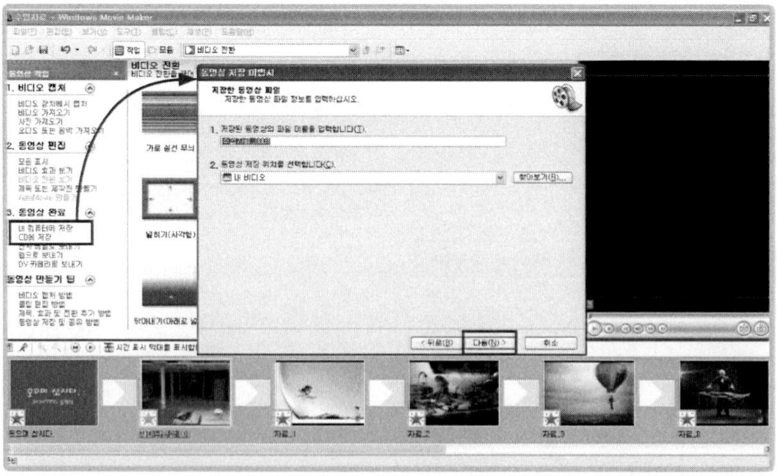

⑭ 완성된 파일은 미디어 플레이어 또는 알쇼, 곰플레이어 같은 동영상 재생프로그램에서 별도의 코덱 설치 없이 감상할 수 있다. 알쇼, 곰플레이어는 보고자 하는 동영상의 코덱이 컴퓨터에 설치되어 있지 않더라도 코덱을 검색하여 설치까지 도와주는 프로그램이다.

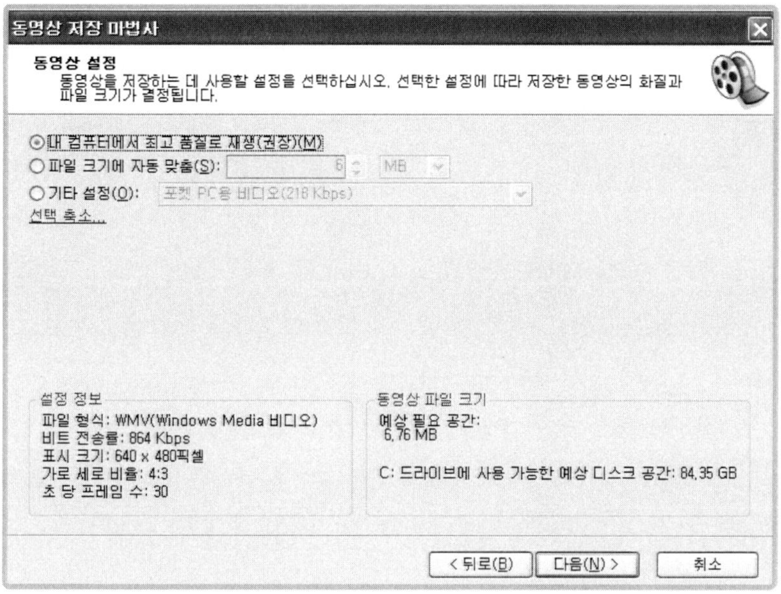

5 프레지가 무엇인가요?

프레지

http://www.prezi.com

프레지(Prezi)는 화이트보드와 슬라이드 사이에서 새로운 세상을 여는 클라우드 기반의 프레젠테이션 소프트웨어다. 클라우드 기반이기 때문에 온라인상으로 프로그램을 사용할 수 있고 다른 사람과 공유할 수 있다.

확대 · 축소가 자유로운 캔버스에 아이디어들을 쓰고 나서 연결만 시키면 된다. 그 결과 비주얼한 매혹적인 프레젠테이션이 청중을 매혹시킬 수 있다. 다 만들어진 프레지 파일은 다운받을 수 있으며, adobe flash player를 이용해 재생할 수 있다.

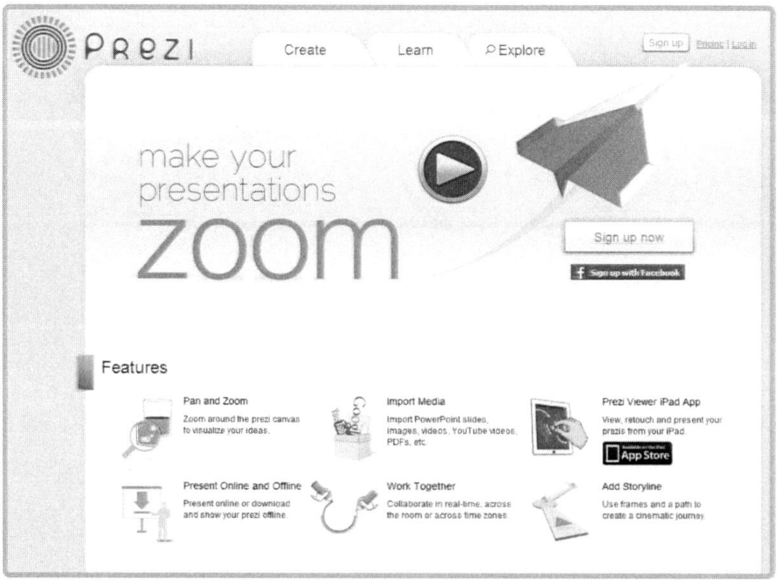

버블메뉴(Bubble Menu)를 간단히 알아보자. 상단 왼쪽에 위치한 파란색 버블은 캔버스를 편집하는 기능이다. 각 명령 앞의 글자는 단축키다. 즉, space 버튼을 누르면 모드를 변환시킨다.

- Space(toggle between show and edit): 편집모드와 쇼모드를 변환시킨다.
- I(insert menu): 이미지나 동영상 등을 삽입한다.
- S(Shapes menu): 형상을 직접 그릴 수 있다.
- F(Frames menu): 사각형이나 원형 프레임을 만든다. 만든 프레임에 Path(경로)를 연결시키면 슬라이드 쇼에 추가된다.
- P(Path menu): 슬라이드 쇼 경로를 변경하거나 추가한다.
- N(+Add button): 새로운 캔버스를 추가한다.
- Colors & Fonts: 색상과 폰트를 변화시킨다.

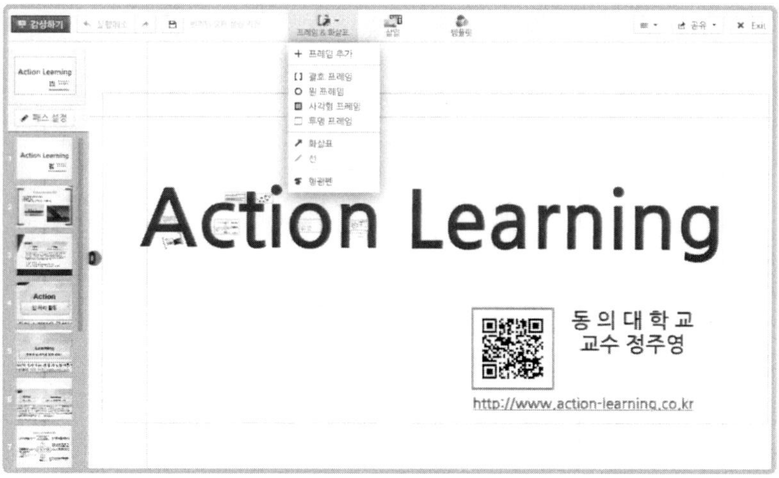

단축키 모음

○ 기본 단축키

1- 확대

2- 축소

3- 오른쪽으로 3도 회전

4- 왼쪽으로 3도 회전

화살표 키(Right, Left)- 경로를 따라 앞으로 전진 또는 후진(Show mode)

화살표 키(Up, Down)- 줌(Zoom) 확대 또는 축소(Show mode)

빈 공간에 마우스 Click- 글(text) 작성

Space- [Edit] and [Show] modes 이동

○ 쇼 실행 시 단축키(Navigation Shortcuts)

마우스 스크롤(Scroll Mouse)- 마우스 포인터(mouse pointer) 주변을 확대 또는 축소

x- x key를 누른 상태로 마우스를 움직이면 팬(pan) 방향으로 프레지 뷰를 이동시킴

z- z key를 누른 상태로 마우스를 움직이면 현재의 프레지 뷰를 확대 · 축소함

r- r key를 누른 상태로 마우스를 움직이면 현재의 뷰를 회전시킴

프레지에 있는 개체를 마우스로 한번 누르면 개체를 확대함

○ 편집할 때 단축키(Editing Shortcuts)

빈 공간에 마우스 Click- Writing text

Space- 버블 메뉴의 Colors, Path, Frame, or Shape와 같은 메뉴를 사용하다가 스페이스 바를 누르면 편집모드로 돌아옴

Space- [Edit] and [Show] modes를 이동

F- 버블 메뉴의 [Frame] 메뉴 활성화

I- 버블 메뉴의 [Insert] 메뉴 활성화

L- 버블 메뉴의 [insert] 메뉴 안에 있는 [files] 메뉴를 활성화시킴

S- 버블 메뉴의 [Shapes] 메뉴 활성화

P- 버블 메뉴의 [Path] 메뉴 활성화, 패스가 추가된 개체 활성화

N- 버블 메뉴의 + Add button이 활성화되어 새로운 캔버스를 추가함

Shift- shift key를 누른 채 마우스를 끌면 다중 아이템을 선택할 수 있음

CTRL+S- 저장하기(Save)

CTRL+Z- 되돌리기(Undo)

○ Zebra 사용 시

-개체가 선택된 경우

화살표 Left, Right, Up, Down- 1 pixels씩 개개 방향으로 개체를 이동시킴

Shift + Left, Right, Up, Down- shift key를 누른 채 화살표 key를 누르면 10 pixels씩 상, 하, 좌, 우 방향으로 개체를 이동시킴

Shift- + Click, shift key를 누른 채 마우스로 개체를 선택하면 개체를 추가하거나 제거할 수 있음

CTRL + C - 선택된 개체 복사

CTRL + V - 개체 붙여넣기

Delete, Backspace- 선택된 개체 삭제

○ 쇼 모드(Show Mode)

Right, Left- 이전 경로에서 다음 경로로 이동

Up- 화면 확대

Down- 똑똑한(smart) 화면 축소 ➡ 다음에 가장 큰 프레임을 찾거나 더 이상 프레임이 없을 때 전체를 보여 줌

0(zero)- 스페이스 바를 눌러 쇼를 실행한 후 0를 누르면 풀스크린(fullscreen)으로 보여 줌

Esc- 풀스크린(fullscreen) 모드 해제

찾아보기

[인 명]

[내 용]

저자 소개

정주영

부산대학교 교육학박사(Ph.D., 교육공학 전공)

(전) 부산인적자원개발원 연구위원

(현) 동의대학교 교직과 교수

〈저서〉 창의적 수학수업을 위한 문제중심학습 PBL(공저, 경문사, 2007)

수학교육에서의 엑셀 활용 III(공저, 경문사, 2007)

퍼즐을 이용한 창의성 신장 II(공저, 경문사, 2007)

체계적 액션러닝(공저, 학지사, 2010)

술술 풀리는 PBL과 액션러닝(공저, 학지사, 2012)

〈논문〉 핵심역량 강화를 위한 액션러닝 프로그램 개발(2005)

A Case Study on Knowledge Management of Busan Metropolitan City(2007)

교원의 퍼실리테이터 수행지원 강화 연수 프로그램 개발(2010)

국제 비교를 통한 교사-학부모 액션러닝 실천 공동체(PT Action Learning CoP)

활동 프로그램 개발(공동, 2011) 외 다수

이론과 실제가 함께 담긴
교직실무

2013년 3월 20일 1판 1쇄 발행
2022년 10월 25일 1판 2쇄 발행

지은이 • 정 주 영
펴낸이 • 김 진 환
펴낸곳 • (주) 학지사
04031 서울특별시 마포구 양화로 15길 20 마인드월드빌딩 5층
대표전화 • 02) 330-5114 팩스 • 02) 324-2345
등록번호 • 제313-2006-000265호
홈페이지 • http://www.hakjisa.co.kr
페이스북 • https://www.facebook.com/hakjisabook

ISBN 978-89-997-0087-3 93370

정가 17,000원